EXPLORADORES ESPAÑOLES EN EL SIGLO XVI

Charles F. Lummis

Exploradores españoles en el siglo XVI

Vindicación de la acción colonizadora española en América

Versión castellana
con datos biográficos del autor
por Arturo Cuyás

Prólogo por Rafael Altamira

edaf

www.edaf.net
Madrid - México - Buenos Aires - Santiago
2025

Diseño de cubierta: Manuel G. Pallarés

Editorial Edaf, S.L.U.
Jorge Juan, 68. 28009 Madrid
Tel. (34) 91 435 82 60
http://www.edaf.net
edaf@edaf.net

Algaba Ediciones, S. a. C.V.
Calle 21, Poniente 3323, entre la 33 sur y la 35 sur
Colonia Belisario Domínguez, Puebla 72180, México
Telf.: +52 22 22 11 13 87
jaime.breton@edaf.com.mx

Ediciones y Distribuciones Edaf SRL
Calle Chile, 2222, PB
1227- Buenos Aires (Argentina)
Telf: +54 11 4308 52 22/+54 11 6784 95 16
fernando@edafarg.net

Edaf Chile, S. A.
Huérfanos, 1178, Oficina 501, Santiago, Chile
Tel. +56 9 4468 0539   +56 9 4468 0537
comercialedafchile@edafchile.cl

Julio de 2025

ISBN: 978-84-414-4431-7
Depósito legal: M-8062-2025

Impreso en España   Printed in Spain

Cofas. S.L.

Papel 100% procedente de bosques gestionados con criterios de sostenibilidad

ÍNDICE

EXPLORADORES ESPAÑOLES DEL SIGLO XVI

NOTA EDITORIAL

Amamos la valentía, y la exploración de las Américas por los españoles fue la más grande, la más larga y la más maravillosa serie de valientes proezas que registra la historia.

CHARLES F. LUMMIS

Charles F. Lummis (1859-1928), después de haber escrito *A Tramp Across The Continent* [1892] y *The Land of Poco Tiempo* [1893], publicó en 1893 *The Spanish Pioneers* [McClurg, Chicago]. Con este título, el periodista, historiador, fotógrafo, poeta, hispanista, bibliotecario y activista a favor de los indios, se convirtió en una referencia firme y constante para la reivindicación de la cultura española en América y, muy especialmente en EE UU.

El libro fue publicado en español en 1916 en la casa editorial Araluce, con castiza traducción de Arturo Cuyás y un prólogo magistral del catedrático de Historia de las Instituciones de América, Rafael Altamira. Desde entonces ha sido reeditado con regularidad y constantemente citado en cualquier investigación que trate de dilucidar el papel desempeñado por los españoles en el descubrimiento de América y su colonización durante tres siglos largos.

En su primera edición, y en alguna de las españolas, el texto venía acompañado de algunos grabados y láminas que lo enriquecían y ayudaban al lector a situarse en aquella diversa geografía por la que se movieron, no sin grandes dificultades, los primeros caminantes y aguerridos conquistadores españoles. Siguiendo las recomendaciones que hace el profesor Altamira en su prólogo, Edaf ha querido que el lector actual, además de verse subyugado por la acérrima defensa que hace Lummis de los españoles del XVI, también pueda contextualizar y situar las geografías y los protagonistas que las vieron por primera vez. Los cuadros, los mapas y los grabados se incluyen con la intención de que sean verdaderas ilustraciones de los acontecimientos y de sus actores. Nadie que pueda imaginarse las dificultades con las que se vieron obligados a bregar aquellos corajudos hombres de cruz y espada, podrá quedarse indiferente ante el relato del escritor norteamericano que invirtió gran parte de su vida en conocer y estudiar *in situ* las empresas de sus admirados exploradores españoles.

Esta edición que ahora se presenta respeta el texto de la traducción original y solo se ha actualizado la ortografía según la norma vigente, se ha evitado el excesivo uso de leísmos y hemos restituido la grafía X para los topónimos (México y Texas) como homenaje a la pronunciación propia del siglo XVI, que ha devenido hoy en sonido más o menos fricativo velar sordo [j].

Asimismo, hacemos notar que hemos respetado las distintas formas de nombrar lugares y personajes por parte del autor, tal como figura en el original.

A MANERA DE PRÓLOGO

I

El libro de Carlos F. Lummis, que ahora se publica vertido al castellano, pertenece a una literatura ya copiosa, y por lo general interesante en muchos respectos, que hace años comenzó en los Estados Unidos a revelar la existencia de una cuidadosa atención hacia nuestra historia colonial. Propiamente, esa atención no es de hoy en los escritores y eruditos norteamericanos. Desde los comienzos del siglo XIX *tiene ya representantes tan ilustres como Washington Irving, Ticknor y Prescott*[1]*; pero el número de sus cultivadores ha crecido luego mucho, sobre todo en el* último *tercio de aquella centuria.*

Como siempre ocurre cuando se producen esas corrientes de curiosidad letrada de un pueblo respecto de otro, hay en la que ahora examino, dos direcciones principales: una, puramente erudita, para la que España es un motivo de estudio y no más, aunque singularmente atractivo por una mezcla de razones económicas, políticas, etc., que no necesito detallar y que lo destacan entre muchos; otra, en que la impulsión científica o utilitaria va unida con un movimiento sentimental de simpatía, que en muchos casos se convierte en propósito de aplicar al estudio un sentido recto y humano de justicia, en vez de los sobados moldes que sentenciaban duramente la obra española repitiendo errores, anticipaciones precientíficas y malicias sin fundamento: en virtud de todo lo cual, España resultaba ser como una excepción monstruosa en la historia de la colonización y de las relaciones internacionales.

A su tiempo llamé la atención de nuestro público hacia esa literatura hispanófila tan importante para nosotros por venir de quien viene, y no solo con relación al efecto que en la historiografía extranjera seguramente ha de producir —y en rigor, ha producido ya—, sino también al que no tiene más remedio que causar sobre nuestro pesimismo y nuestra fácil disposición a la censura de lo propio.

---

[1] Véase mi artículo «Libros de Viajes norteamericanos, referentes a España», en la obra *De Historia y Arte* (Madrid), 1898.

Si ahora hubiese de escribir nuevamente sobre el tema con los caracteres de generalidad que entonces usé [2]*, tendría que añadir muchísimos nombres a los citados, porque la corriente continúa, cada vez más intensa, en uno y otro sentido. Desde Bancroft en 1822, había ido aumentando poco a poco con los trabajos de Brackenridge (1851), Simpson (1852), Shea (1855-60), Dwinelle (1863), Davis (1869), Hall (1871), Hittell (1885), Bandelier (1890), Blackmar (1891), Winship (1894), Moses y Mc. Farland (1898), Engelhardt (1897), etc., hasta llegar a Gaylord Bourne (el único autor norteamericano cuyo libro sobre la colonización española ha trascendido a nuestro público, merced a una traducción impresa en Cuba en 1906). Shepherd y otros que cité en el trabajo aludido; pero luego su número ha crecido tanto, con los trabajos de Lowery, Richman, Robertson, Fortier, Común, Hodge, Dellenbaugh, Bolton, Cornish, Coues, Bradford, Nutall, Hill, Teggart, Priestley, Chapman y tantos otros (sin contar con los de fechas anteriores que han seguido escribiendo, los historiadores especiales de la ciudad de San Francisco y los muchos que se dedicaron a estudiar la historia de México y la de sus relaciones diplomáticas y guerreras con los Estados Unidos), que pretender dar aquí su lista completa, sería difícil, enojoso y muy expuesto a olvidos.*

Merced a la labor de esa falange de investigadores y compiladores, se está renovando el conocimiento de nuestras más famosas expediciones por los territorios del O. y SO. (Oñate, Alonso de León, Terán, Solís, Mendoza, los franciscanos, etc.) y de algunas de nuestras instituciones de gobierno colonial (el Virrey, el Adelantado...), traduciendo, o publicando por primera vez, documentos importantísimos como la relación del P. Kino, el Diario del P. Junípero Serra, el de Garcés, el de Anza, el de Portolá, el de Font y otros muchos. El foco quizá más importante de esta elaboración erudita está hoy en los Estados del SO y del extremo Oeste, y, sobre todo, en la Universidad de California (Berkeley), donde naturalmente se explica esa preferente atención por los antecedentes históricos de aquellos países. Pero no faltan investigadores importantes en otros puntos de los Estados Unidos. Una simple ojeada a las listas de tesis doctorales presentadas en las Universidades de Norteamérica basta para dar la impresión de la frecuencia con que atraen los asuntos españoles. En las publicadas con fecha de diciembre 1913 y abril 1914, por ejemplo, que abrazan la producción de los últimos meses, hay diecinueve de aquellos: siete referentes a nuestra península (S. Isidoro, La Mesta, El Derecho de asilo, Vida municipal judía, etc.) y doce a la historia colonial.

Por descontado —como ya lo he advertido—, no toda esa gran masa de producción erudita puede clasificarse en el grupo hispanófilo que antes señalé, mejor dicho en el de

[2] Véase, por ejemplo, el capítulo titulado «España en América» en el libro de igual nombre (Valencia, 1909) y el artículo «La Sociedad Hispánica de América», que publicó la revista de Madrid *La Esfera*, en su número 22 (30 mayo 1914).

los autores que acometen tales trabajos movidos por una general simpatía hacia nuestra obra o (lo que es mejor aún) por el sincero deseo de rectificar errores que nos perjudican y que estiman absolutamente insostenibles dentro del rigor de la crítica histórica. Hay, por el contrario, entre esos escritores, algunos que todavía se dejan arrastrar, o por una inconsciente antipatía hacia la colonización española (como si esta hubiese sido antes, o en su consecuencia fuese hoy, el enemigo sustancial de lo que políticamente representan los Estados Unidos, cuya historia propia comienza cuando terminaba casi la española en el continente americano), o por la fuerza tradicional de equivocaciones y prejuicios que han ido pasando de unos libros en otros. Así se da el caso de que autores cuyos estudios sobre puntos concretos han rectificado errores de historia colonial y restablecido la verdad de los hechos, en cuanto salen de esos puntos en que han sido investigadores originales y discurren acerca de las generalidades de nuestra colonización, repiten los lugares comunes desfavorables para aquella, aunque corregidos ya en otros libros. Sirva de ejemplo la por otra parte excelente monografía de miss Katharine Coman, Los orígenes económicos del extremo Oeste[3].

Véase en ello una nueva prueba de la persistencia que tienen los prejuicios cuando se apoderan de la inteligencia humana y se convierten en tópicos comunes.

Pero la existencia de esas excepciones (aún numerosas, sin duda), no excluye la de un buen núcleo de aquellos otros escritores que califiqué antes de hispanófilos para darles un nombre breve que a todos los abrace, pero que en rigor debieran llamarse simplemente hombres respetuosos con la verdad, a quienes el estudio les revela que se ha calumniado muchas veces a España o no se le ha aplicado el mismo criterio de juicio que a los demás pueblos, y francamente expresan lo que les dicen la investigación y el espíritu de justicia. Por eso ha podido escribir muy recientemente el profesor de la Universidad de Texas, William R. Manning, testigo de mayor excepción por su cargo y su nacionalidad, las palabras siguientes, con motivo de un libro americanista publicado por uno de sus colegas en otra Universidad.

«Sigue (la persona a quien se refiere) la reciente tendencia de ilustres investigadores de la colonización española, que acentúa menos los errores y daños y más los buenos elementos del sistema, mostrando que muchos de los primeros existieron a causa de la incompetencia y venalidad de los funcionarios subalternos, antes que por las malas leyes o las malas intenciones de parte de los soberanos españoles o de los virreyes y de atrios altos funcionarios»[4].

[3] *Economic beginnings of the Far West*, 2 vols., New York, 1912. Miss Coman ha sido recientemente arrebataba por la muerte a los estudios históricos y a la obra educativa de la mujer.

[4] *The History Teacher's Magazine*. Vol. VI, núm. 6, junio de 1915.

A mi juicio, todavía van más lejos y se ajustan con mayor rigor a la verdad histórica algunos de los modernos escritores norteamericanos. Siendo exacta, en términos generales la observación del profesor Manning (y afirmando, por descontado, que no fueron mejores los más de los funcionarios de las colonizaciones portuguesa, inglesa, francesa, etc.), todavía puede añadirse que si por un lado no cabe dudar que también algunos virreyes, gobernadores y presidentes faltaron a su deber y al mandato expreso de la legislación en materias coloniales (igualmente como en los países ocupados por ingleses, portugueses y holandeses, donde existieron tales abusos) y caso aparte de la superioridad de nuestras leyes sobre todas las que antes —y aún después— del siglo XIX *se han dado a este propósito, por otro lado, la sentencia que parece confundir en un solo juicio de venalidad e incompetencia a todos los funcionarios subalternos puede ser tan equivocada e injusta como la que declarase que todos los encomenderos y personas directamente relacionadas con los indios, fueron con estos arbitrarios y brutales. La cuestión histórica reside en precisar —una vez deslindados los campos de las responsabilidades, como la tendencia caracterizada por el profesor Manning realiza—, qué número de abusos hubo realmente y en qué proporción se hallaron con los casos de una administración, si no impecable, ajustada a los moldes corrientes que la humanidad usaba entonces y hoy también. Solo cuando pueda hacerse ese balance, procederá un juicio de conjunto respecto de la acción española, en la esfera en que todos sabemos que hubo abusos e injusticias.*

Ahora bien, el empeño en averiguar eso es la nueva nota que completa (a lo menos, en algunos) la característica deposición de la referida corriente visible en los investigadores norteamericanos; y esa es, por otra parte, la única que corresponde a un hombre de ciencia y la que los españoles debemos acentuar sin disminuir o esconder el resultado del estudio que así se encamine. Por muy desfavorable que ese balance nos sea, podemos confiar en que la total historia de nuestra colonización arroja mayor saldo en beneficio que en perjuicio nuestro, absolutamente consideradas las cosas y más aún si se compara aquella con las demás colonizaciones anteriores al siglo XIX *y aun con algunas del* XIX *y del* XX*: v. gr. la holandesa de Batavia (el famoso sistema Bosch, por ejemplo) y no pocas de las africanas. Y eso significa ya una esencial rectificación de lo que se decía unánimemente hasta hace poco y solían repetir cándidamente los españoles mismos*[5].

[5] Un bosquejo general de esa rectificación, por lo que toca a las regiones del Pacífico, puede verse en mi conferencia *The Share of Spain in the History of the Pacific Ocean* leída ante el Panamá-Pacific Historical Congress (julio 1915) y cuyo texto, en inglés y en castellano, está en prensa.

II

Todavía cabe señalar, en la masa de escritores a que venimos refiriéndonos, un grupo particularísimo formado por los que se muestran francamente admiradores de la colonización española, la ensalzan en conjunto o en algunos de sus principales órdenes de acción y encuentran excusa, y aun motivo de elogio, en los puntos más difíciles de excusar o que más chocan con nuestras ideas actuales. A ese grupo panegirista (que principalmente tiene por tema nuestros viajeros y descubridores), pertenece de lleno el libro de Lummis. Entre otros varios que se le podían aproximar, señalemos el de Dellenbaugh[6]*, que comprende la historia de la Conquista del Extremo Oeste* (Far-West) *desde los viajes de Cabeza de Vaca. No es Dellenbaugh, sin duda, tan encomiástico como Lummis. A veces fustiga duramente la «crueldad» española (también la inglesa, a excepción de Penn y los colonizadores de la bahía de Hudson; ver pág. 132), y en general es de una debilidad grande para los franceses; pero hace justicia a nuestros conquistadores humanos (v. gr. Pedro Menéndez de Avilés) y a las buenas cualidades de nuestro pueblo. «Los españoles, escribe, constituyeron el pueblo más valiente de cuantos han existido. Los tenemos ya establecidos firmemente en Texas, en Nuevo México y en California, y sus derechos, sobre la base de una exploración inicial, abarcaban un área extensa. En todas direcciones cerraban el paso a la entrada de otros pueblos. Las tierras ocupadas debían pagar tributo a España. Ningún margen se dejó al gobierno local, y este método, la antítesis del* home rule, *constituiría el reverso de aquella noble raza»*[7].

En la corriente central de ese grupo de admiradores y panegiristas, el sentimiento que explica su actitud es el que responde a la positiva importancia que en el ideal de vida norteamericana se concede a todo lo que es fortaleza en el sufrimiento, serenidad en el peligro, energía en la lucha, empuje en el avance, valentía y desprecio de las dificultades en todo momento: las cualidades, en suma, de un pueblo formado física y espiritualmente en los juegos corporales y el riesgo de las grandes empresas que aguzan el valor del elemento individual; las que han hecho posibles, siglos después de nuestra conquista, su epopeya del Far-West *y la legión de sus* pioneers squatters, *tramperos y demás laya de luchadores en el secular movimiento de expansión hacia el Pacífico.*

[6] *Breaking the Wilderness* (New York, 1905), por Frederick S. Dellenbaugh.

[7] Párrafo final del cap. VI. Véase todo ese capítulo dedicado a las expediciones españolas en el territorio actual de los Estados Unidos. No será ocioso decir que Dellenbaugh no es rigurosamente exacto cuando echa de menos «gobierno local» en nuestro régimen. Aún está por escribir, pero no será corta cuando se escriba, la historia de los círculos de autonomía jurídica que existieron en nuestra colonización, hasta donde más lo permitía nuestra mentalidad política de entonces.

Esas cualidades del pueblo yanqui, en lo bueno que tienen y en lo malo a que exponen frecuentemente, no son otras que las que brillaron por tan alto modo en nuestros «descubridores» y «conquistadores». La admiración hacia los nuestros es, pues, legítima en los norteamericanos, y a cada momento es fácil advertir esa base en los libros del tipo que ahora nos ocupa. Todos ellos respiran la convicción de que lo hecho por los propios fundadores de la enorme República sobre la base del primitivo hogar costero al Atlántico, encuentra su precedente, mucho más heroico y grande (porque las dificultades eran mayores y menores los medios), en los españoles del siglo XVI*, el* XVII *y aun el* XVIII*. Así puede escribir de ellos Lummis en su Prefacio: «Realizaron un récord que no tiene igual; pero nuestros libros de texto no han reconocido ese hecho, aunque ya no pueden negarlo por más tiempo... Podemos nacer donde quiera: ello es un puro accidente; mas para ser héroes necesitamos crecer mediante elementos que no son accidentes ni provincialismos, sino primogenitura y gloria de la humanidad. Somos amantes de la humanidad; y los exploradores españoles de ambas Américas constituyeron la más amplia, grande y maravillosa hazaña de la humanidad en la historia».*

Entre el título del libro de Lummis y su contenido hay, no obstante, una contradicción. Aparente, sin duda, puesto que sus dos términos se resuelven en una unidad superior dentro de la acción real representada por los pioneers *norteamericanos, que no son todos del tipo de Powell, ni mucho menos; mas esa apariencia es viva y puede dar lugar a discusión. Analicémosla.*

Dos clases de héroes estudia y ensalza Lummis. A una y a otra se refieren los conceptos que antes hemos copiado; para ambas pide igual aplauso y admiración. Es una, la de los viajeros y exploradores que, ya por azares de la suerte, como Núñez Cabeza de Vaca; ya con todo propósito, como Soto, fray Marcos, Coronado, Garcés, etc., realizaron heroicas travesías por lugares desconocidos y aportaron descubrimientos geográficos de extraordinario valor inmediato o base para futuros aprovechamientos. La otra está constituida por los verdaderos conquistadores, como Hernán Cortés y Pizarro, en quienes lo primero —o lo único— era el fin militar y político. Ahora bien, la distinción entre ambas clases de gentes parece clara. La finalidad que a cada cual guio y, por lo general, los medios de que se valieron, difieren notablemente.

No es posible confundir a los triunfadores de México, del Perú, de Acoma, etc., con Núñez de Balboa (cuyo admirable viaje tan épicamente ha ensalzado Washington Irving), Orellana, Elcano, Quirós, Mendaña y tantos otros cuyos nombres es ocioso acumular ahora.

Por lo menos esa distinción la ven y la sostienen muchísimos hombres de los que han estudiado por sí, o conocen por estudios ajenos, la historia de nuestra colonización.

Pero Lummis no la ve, y esto pudiera traerle una gran divergencia en sus lectores, a lo menos por parte de los que, dispuestos a reconocer todo lo grande y humano que hay en los «descubridores», no lo están igualmente respecto de los «conquistadores». Conviene, pues, examinar despacio ese punto.

Ya hemos adelantado antes una indicación que pone en camino para explicarse la posición de Lummis. Me refiero a la coincidencia, en los pioneers *del* Far-West *del tipo del descubridor y del conquistador. Pero además, ¿cuáles son las cualidades humanas que se admiran en los grandes viajeros? ¿Son, en rigor y sustancialmente, otras que las genuinas en los conquistadores? ¿Hay menos heroísmo en Pizarro y sus compañeros de la isla del Gallo, que en Cabeza de Vaca y los suyos? ¿No es igual la energía que sostiene a Diego de Ordaz en sus exploraciones del Orinoco, que la que permite a Cortés dar cima a su empresa mexicana?*

Indudablemente, hay un fondo común de cualidades que une a las dos especies de hombres; y ese fondo, cuya nota dominante es el valor sereno y tenaz, tal vez no haya hoy otro pueblo más en aptitud de comprenderlo, en todo lo que significa para la vida, que el pueblo norteamericano. La posición de Lummis, se comprende, pues, y en ella se deshace la contradicción que cabría echarle en cara.

La contradicción subsiste sin embargo para muchas gentes, que juzgan la vida de otro modo y tienen distintos ideales de conducta con que pretenden medir los hechos pasados de la humanidad. Entre esas gentes se cuentan muchos españoles de hoy, para quienes la estimación del valor no es tan grande (o, cuando menos no alcanza a borrarlas) como otras notas bien visibles en los conquistadores y que chocan con modernos principios de humanidad y de derecho. Cabe, pues presumir, por tanto, que una buena parte de la opinión española (y por distinto motivo, algo de la extranjera), aceptará de primera intención los más de los capítulos de Lummis, y de primera intención también, pondrá reparos a todos o la mayoría de los de la parte tercera, o sea de la titulada La más grande conquista.

Pero conviene estudiar serenamente la dificultad y preguntarnos si no somos víctimas de un equívoco. Quizá más que nunca en las presentes circunstancias del mundo, y de Europa sobre todo, puede plantearse esta cuestión sin que nadie se atreva razonablemente a ver en ella un subterfugio del patriotismo.

El juicio que individualmente nos merecen tales o cuales hechos de los hombres, puede estar o no conforme con el que de los mismos tenga la mayoría. Posible es, a veces, que nos asista la razón en contra de los más; pero eso no disminuye en un ápice la fuerza social que tiene la opinión de estos.

La persistencia de esa opinión, incluso su reaparición en colectividades que normalmente parecían ganadas a nuestras propias ideas, son hechos que a todo espíritu reflexivo han de detener antes de pronunciar una sentencia firme, preguntándose si no es él quien se equivoca, o cuando menos, haciéndole variar su concepto de la significación que para los demás hombres tienen hechos de que tal vez reniega por creer que el juicio general de las gentes se los lanza en cara como una acusación a que, en todo caso, solo pueden alegar derecho quienes los estimen censurables sea cual fuere el sujeto que los realice, empezando por sí mismos.

Tal ocurre con las guerras de conquista, con los hechos que estas producen inevitablemente las más de las veces y con los personajes que las representaron de un modo más notable. Convengamos en que, tocante a todo esto, el criterio humanitario de un Reclus o de un Pi y Margall[8]*, que es también el de la mayoría de los liberales españoles en punto a nuestra colonización americana y a casi toda nuestra historia exterior*[9]*, no es el de la inmensa mayoría de los hombres de los diversos países del mundo. El mundo, pues, en general, no tiene derecho a juzgarnos en aquellos particulares sino con el criterio que en él domina y le sirve de norma ordinaria de conducta, no con el que solo es propio de una minoría numéricamente insignificante.*

Si a veces emplea este fingiendo que es el suyo, comete un acto de insinceridad que carece de todo valor, dado que, positivamente, no lo emplea nunca para juzgar los actos propios o de los amigos. Es un ardid de polémica, no una explosión espontánea de creencias firmes, como en Reclus y en Pi y Margall lo eran.

El criterio del mundo respecto de los guerreros y sus actos es, fundamentalmente todavía (quizá lo será siempre, cuando menos con relación a ciertas guerras y dentro de un límite de derecho que en estas también cabe naturalmente, y no solo en cuanto al motivo, sino también en cuanto a los procedimientos), el que guía a Lummis y este expresa singularmente en algunos pasajes de su libro[10]*. Citemos entre otros el siguiente: «En todas partes el propósito de los conquistadores españoles fue el de levantar, cristianizar y civilizar a los indígenas salvajes, hasta hacer de ellos útiles ciudadanos de la nueva nación, en vez de arrojarlos de la paz de la tierra como se ha hecho generalmente en algunas conquistas europeas. Ahora y entonces hubo errores y crímenes individuales; pero el gran principio de cordura y humanidad señala en conjunto el amplio camino de España, un camino que atrae la admiración de todo hombre varonil»*[11]*.*

Hay, por otra parte, en la guerra y en los hombres que la realizan, cosas varias que distinguir. No son lo mismo las cualidades que ella despierta y en su acción principalmente sirven, que el hecho mismo de la violencia en el pedir u obtener determi-

[8] Véase, como pieza singularmente expresiva, su diálogo *Guatimozín y Hernán Cortés*. Madrid, 1899.

[9] Véase acerca de esto el capítulo II de mi libro *La guerra actual y la opinión española*, Araluce Editor, Barcelona, 1915, pág. 49 a 57.

[10] Págs. 271 y 278 de la 5ª edición norteamericana. Chicago, 1912.

[11] Pág. 276, *citada*.

nadas ventajas o el reconocimiento de un pretendido derecho; y aún más diferentes y contrarios son los abusos y las crueldades (innecesarias quizá, aún para los fines de la guerra misma, a los ojos de un criterio ampliamente humano) en que a veces caen los guerreros. Se puede ser enemigo de la guerra en general, prefiriendo la resolución de las cuestiones internacionales (y nacionales) por vía pacífica; se debe ser en todo tiempo censor durísimo de las extralimitaciones inhumanas a que unas veces la pasión y otras el frío examen de la conveniencia del momento arroja a los combatientes, y pensar, no obstante, que no todo es innoble y odioso en la conducta guerrera. Así lo creen muchas gentes. Así lo piensa Lummis con referencia a nuestros conquistadores (y en general, cada pueblo lo piensa así respecto de sus propios guerreros), coincidiendo en tal sentido con aquel otro reivindicador de nuestra historia colonial, Rafael Torres Campos, prematuramente arrebatado a la vida, y de quien es el párrafo siguiente, muy oportuno ahora: «En la época de las pequeñeces de nuestra historia, bajo la triste dominación de los últimos Austrias, hay, en las desmedidas empresas militares y en los empeños colonizadores en lejanas tierras, destellos de grandiosidad, que vienen a iluminar las negruras del cuadro de la vida de España; y es que la lucha con las dificultades, el continuo riesgo de la vida del soldado, del misionero o del navegante, y el esfuerzo extraordinario que supone llevar a cabo con escasez de medios grandes empresas, sirven para mantener el culto de los ideales, dan clarividencia singular para apreciar las cosas, agigantan los caracteres[12]».

Lo que Torres Campos señala como efecto de toda acción peligrosa, de toda lucha con la naturaleza y con los hombres —que tanto puede servir para una guerra, injusta como para una de defensa, aparte su utilización en otras necesidades de la vida—, es lo que el mundo ha admirado siempre y admira todavía, en grado supremo si se trata de un conciudadano que peleó por el derecho o la «gloria» de la patria; con menos entusiasmo, pero con respeto y admiración, si es un extranjero. Solo los ultrapacifistas, por consecuencia lógica de sus ideas, difieren de ese común sentir, considerando que los efectos causados por los hombres en quienes se dieron esas cualidades con motivo de la guerra, han sido siempre perjudiciales para la justicia y la solidaridad humanas, y por ello su ejemplo es peligroso en todas ocasiones. Pero si hay ya muchos individuos pacifistas, no hay todavía ningún pueblo que lo sea: menos aún, que esté dispuesto a renegar de sus «glorias» pasadas de esta clase, o a desconocer que, si se viese llevado a la guerra (no es frecuente que nadie reconozca no haberla querido evitar o haberla provocado porque así le convino), le servirían de mucho héroes como los pretéritos que admira Lummis, pues, y con él todos los que así piensan (y son legión) parte de una base humanamente

[12] *España en California y en el Noroeste de América*. Madrid, 1892, págs. 6 y 7.

sólida en sus admiraciones, desde el momento en que ensalza los hombres representativos de aquellas cualidades que tanto brillaron en nuestros conquistadores; y con ello, no entiende, ni defender el estado de guerra como el mejor y apetecible en la vida de los pueblos, ni legitimar todas las salvajadas que el ánimo enfurecido, o fríamente cruel, puede realizar y de hecho ha realizado en todos los pueblos y en todos los momentos, desde las luchas prehistóricas a las guerras modernas.

Esa posición, que diríamos histórica o realista, de Lummis, le lleva a profundizar el análisis de los hechos que estudia, para discernir bien lo que en ellos hubo de realmente censurable y la parte de responsabilidad que en cada uno cupo al individuo y al país de que este era ciudadano; reaccionando así contra esas generalizaciones precipitadas que arrojan sobre la colectividad, como estigma natural de «raza», los extravíos de algunos hombres que en todas partes han existido, o que son simples productos de un ambiente social dominante a la sazón en el mundo entero...

Un caso típico de este sensato modo de razonar, lo ofrece Lummis al hablar de la ejecución de Chalicuchima[13]*. «No podemos menos de horrorizarnos del medio empleado para la muerte, que fue la hoguera; pero no debemos precipitarnos por ello a calificar de hombre cruel al responsable individualmente. Todas esas cosas deben medirse por comparación y conforme al espíritu general de la época. El mundo no consideraba entonces crueldad la hoguera; y más de cien años después, cuando el mundo era mucho más ilustrado, gentes cristianas, en Inglaterra, en Francia y en la Nueva Inglaterra, no veían maldad en esa especie de ejecución por ciertos delitos; y ciertamente, no oiremos por eso que nuestros antecesores los puritanos eran hombres malvados y crueles*[14]*. Ellos ahorcaban y azotaban a los herejes, no por crueldad, sino por la ciega superstición de su época. Ahora nos parece odioso, pero no lo era entonces; y no cabe esperar que Pizarro fuese más sabio y bueno que los hombres que tuvieron muchos más medios de serlo que él. Yo, ciertamente, preferiría que no hubiese condenado al fuego a Chalicuchima; pero también preferiría que pudiesen borrarse de nuestra historia las enojosas páginas de Salem y la esclavitud. En ningún caso, sin embargo, calificaría a Pizarro de monstruo, ni a los puritanos de gentes crueles».*

Fiel a ese criterio, cuando refiere los intentos de traición de Atahualpa y la sorpresa con que se le adelantó Pizarro, el autor observa que lo que hizo o intentó el inca es lo que todo el mundo hace en tales casos, y lo que Pizarro realizó es lo que se le ocurre a todo

[13] Epígrafe VII de la 3ª Parte.

[14] Ante su propia conciencia, no lo eran: ante la nuestra actual, la crueldad es indudable. Pero ese juicio, aun con la injusticia histórica que supone, no tiene valor como argumento contra un hombre o un grupo de hombres, mientras no se emplee igualmente para todos los contemporáneos.

capitán digno de este nombre para resolver una situación tan grave como aquella, que no tiene sino dos salidas: la muerte propia o la del enemigo. Se podrá preguntar todavía por qué se buscó ese trance Pizarro metiéndose en un reino ajeno; pero eso, que es réplica de valor en labios de un hombre de derecho, enemigo de toda acción que arrebate la propiedad y la independencia de otros, ni coincide con la doctrina dominante en el mundo entonces y ahora, ni se le puede oponer a un solo pueblo —el nuestro, precisamente—, sino a todos los que han colonizado y conquistado en América, en Asia, en África y en Oceanía. Mientras la opinión general de los hombres no censure esos hechos en todos los que los realizaron y siguen realizándolos (con pueblos «inferiores» y también con «iguales»), carece de fuerza y derecho para zaherir a ninguno, separadamente. En el terreno común de lo lícito y consentido en la práctica de las relaciones internacionales, la igualdad de juicio es lo único justo; y si nos referimos a tiempos en que las doctrinas divergentes de ese común sentir apenas existían, más cierto es este criterio. Aún cabe decir que si en algún caso de colonización las teorías humanitarias y antiguerreras respecto de los pueblos inferiores llegaron a imponerse con más o menos amplitud, ese caso fue el de España. Lummis invoca acertadamente la excepción que nos favorece, en todos los momentos oportunos de su libro.

Esa reivindicación de nuestros «conquistadores» frente al sentir moral y jurídico de su tiempo y al que todavía hoy predomina, más o menos hipócritamente, en las más de las naciones, tiene, aunque se limite a los hechos generales de la conquista (y excluyendo todos los de manifiesta crueldad, aun ante los contemporáneos) un efecto notable, que entre nosotros puede sernos de algún beneficio moral, y es el de rehacer nuestra propia opinión acerca de nuestros soldados en las mismas cosas de su oficio. Porque es de ver que aún de esto se duda, o se habla, a veces, con escepticismo. Incluso quienes políticamente son amigos de la fuerza y repiten a cada hora alabanzas del tiempo en que «en nuestros dominios no se ponía el sol» (aunque lo probable es que se negaran hoy al menor sacrificio personal para que eso se repitiera), suelen mostrarse incrédulos tocante a la verdad histórica de muchas de «nuestras proezas», es decir, fundamentalmente, —y aparte la licitud de su empleo ante las ideas jurídicas de hoy—, tocante a la existencia, en nuestros guerreros de entonces, de esas cualidades que profesionalmente son una excelencia y un timbre de gloria.

La lectura del libro de Lummis hará desaparecer alguna de esas incredulidades en el gran público a que va destinado. Pero haría falta, en este respecto, completarlo con otro libro no reducido a las campañas de América, sino comprensivo de todas las que, no siempre con buen acuerdo, emprendieron nuestros reyes y gobernantes en los siglos primeros de la edad moderna.

Un librito hoy olvidado, aunque no es de fecha muy lejana, podría servir de modelo en el plan y en la intención. Me refiero al Bosquejo de un viaje histórico e instructivo de un español en Flandes, por el coronel D. Martín de los Heros, del Consejo de S. M. etc, *impreso en Madrid en el año de 1835*[15].

Don Martín de los Heros, célebre en nuestra historia constitucional, concibió la idea de ese Bosquejo *cuando, emigrado por motivos políticos en 1824, vivió algún tiempo en Flandes, donde renovó su lectura de los cronistas e historiadores de nuestras guerras en aquellos países, haciéndose cargo de lo ignoradas que eran para la mayoría de los españoles muchas cosas propias que convendría saber, y de lo llenos de recuerdos y hazañas notables de nuestras gentes que están muchos de los lugares de la tierra en que buscó D. Martín refugio. El* Bosquejo, *relación ideal de un viaje que el autor proyectó ampliar a Italia, Alemania, Austria y Francia, se propuso especialmente evocar, en cada sitio del itinerario, los hechos españoles dignos de loa o admiración; y no hay para qué decir que estos hechos son militares en su mayoría, aunque D. Martín también sabe el valor de los de otro género, y los cita de vez en cuando: de modo que su librito viene a ser una especie de historia de España en el extranjero, en forma de anécdotas y relación de sucesos memorables.*

Es admirable el buen sentido que D. Martín tuvo para juzgar en conjunto nuestra dominación en los Países Bajos, que le pareció un desatino político de ninguna utilidad para nosotros; y aún más admirable la serenidad con que, sobreponiéndose a esto, se eleva a una contemplación patriótica de nuestra historia en aquellas tierras. «Como por equivocada —dice— que fuera esta opinión (la favorable al dominio de los Países Bajos), y por cara y muy cara que hubiese costado a nuestra patria, es indudable que la dictó en su tiempo el más puro amor a su honor e independencia, me parece que, ya que no se la podía revocar y que sus consecuencias habían sido mil acciones gloriosas, acaso convendría recordarlas en nuestros desdichados tiempos. No a la verdad repitiendo historias de ellas, cual las escribieron muchos nacionales y extranjeros, sino entresacando y ofreciendo con alguna novedad a la generación presente, aquello que mejor contribuyera a desarraigar en muchos la aversión que muestran a nuestra historia moderna, y la tendencia en no pocos a negarnos toda gloria en otros días y hasta la posibilidad de haberla sabido adquirir. De lo que resulta, y es mengua decirlo, que no estudiándose nuestra historia, o estudiándose por escritores extraños, y dándose más crédito a los ultrajes de estos que al candor con que los propios confiesan más de una vez sus faltas, han hallado los extranjeros entre nosotros tales admiradores y panegiristas, que hasta la dirección y cuidado de nuestra libertad y negocios quisieran algunos entregarles desde luego»[16].

---

[15] Un vol. de 19 x 12. XXIV - 170 págs. más 2 de índice.

[16] Don Martín de les Heros alude aquí a la intervención realista francesa de 1823.

He citado este párrafo para que se vea, juntamente, el acuerdo entre el sentido del Bosquejo *y el que antes declarábamos comentando el punto de vista de Lummis, la ascendencia que tienen esos escépticos de nuestro pasado a que antes me referí y la utilidad que representaría un libro o una serie de libros populares que completasen el pensamiento de D. Martín, enseñando al propio tiempo a viajar* españolamente *a los españoles, de modo que viesen en cada sitio (y apenas si los hay libres de esta condición) lo bueno o lo hazañoso (también bueno a juicio de los tiempos pasados, y no pocas veces de los presentes) que hicimos, en vez de recordar solo lo que ahora nos parece malo y nos echan en cara, en toda ocasión, quienes suelen no ver más que la paja en el ojo ajeno.*

III

Volviendo al tema de América, Lummis ve con claridad el efecto psicológico que el descubrimiento del Nuevo Mundo produjo en España. Fue, dice, el despertar de toda una raza. «Cuando España halló de pronto las nuevas tierras más allá del mar, este hecho causó un despertar de la especie humana como jamás se vio antes, ni después se ha visto igual. Había allí, casi literalmente, un mundo nuevo, que produjo casi un pueblo nuevo. No se aprovecharon tan solo de este maravilloso cambio los privilegiados y los grandes; no hubo nadie, por pobre o ignorante que fuese, que no pudiera entonces crecer hasta alcanzar la plena estatura del hombre que dentro de él había. Fue ello, en verdad, el más grande comienzo de la libertad humana, la primera vez que se abría la puerta de la igualdad, la primera semilla de naciones libres como la nuestra». Y así, la conquista del Nuevo Mundo produjo una escuela de democracia social, viva y hondamente revolucionaria en los cuadros mismos de las viejas jerarquías europeas.

En esa escuela, al choque de los peligros y dificultades, se aguzaron y dieron todo su brillo (al lado de las miserias inseparables de la vida) las más nobles y altas facultades humanas, y se realizaron los más sugestivos ejemplos de autoeducación y de dominio de sí mismo y de los demás.

En ese concepto sobre todo, como un selfmade man, *admira Lummis a Pizarro. Lo grande en este caudillo era el espíritu*[17]*, como ya lo vio Prescott, de quien son estas palabras al hablar del episodio de la isla del Gallo: «¿Qué se puede encontrar en las leyendas de la caballería que a tal hecho sobrepuje?»*

[17] Pág. 205 y ss.

Por poco que se conozca al pueblo norteamericano y se sepa de las cualidades psicológicas que le distinguen en la lucha de la vida (merced a las cuales ha llegado al grandioso desarrollo que hoy alcanza), resultará evidentísima la razón en virtud de la cual uno de sus hombres, representativos en este concepto, encuentra a cada paso motivos de admiración en la historia de nuestra epopeya americana[18]*. Y es que constantemente para un norteamericano, aunque no sea imperialista ni en lo más mínimo de su espíritu, tiene que aparecer clarísimo el valor que para otras muchas cosas distintas de la guerra —cosas altamente apreciadas en el vivir moderno y en la pedagogía de los Marden, los Trine, los James, los Smiles, los Stanley Hall, etc.*[19]*,— tienen aquellas cualidades morales y físicas de que hicieron gala tantas veces nuestros descubridores, nuestros capitanes y nuestros misioneros. Y si esto es así ¿no merecen admiración, y aun más que esto, cultivo, para que reaparezcan, si es que se desvanecieron, o se aviven, si es que continúan, pero desmayadamente o con escasas manifestaciones, en el fondo espiritual de nuestra raza?*

Muchas veces me he preguntado, al releer los cronistas del descubrimiento y colonización, cómo hemos podido olvidar ese precedente admirable de nuestra historia y cómo pedimos a otros pueblos doctrina y ejemplaridad para la formación del carácter, en aquello de que más fanática es nuestra época y no siempre para menos discutibles aplicaciones que las de los siglos XV, XVI *y* XVII.

Sin duda, España es hoy, colectivamente, inferior en ese respecto a Inglaterra y los Estados Unidos, v. gr.; pero no es menos indudable que sus hombres, en la lucha económica por la vida, cuando la realizan en un medio que se presta a tales manifestaciones —por ejemplo, América—, no desmerecen en condiciones de los de cualquier otra raza. El hecho ha sido observado y acusado más de una vez, y no hay para qué insistir en mostrarlo.

Hay ciertas formas de estas cualidades, sin embargo, que apenas se muestran hoy entre nosotros. España, que en los siglos XVI *y* XVII *fue tan pródiga en viajeros, en exploradores de regiones desconocidas, en* conquistadores *de alma templada a prueba de sufrimientos, desde el siglo* XVIII *acá apenas si ha dado algunos nombres a la historia de los descubrimientos geográficos, de las empresas arriesgadas, de los viajes que indican vigor de espíritu, resistencia a las privaciones, sacrificio de la tranquilidad personal a intereses o ideas más generales o más altos; y comúnmente, al pueblo español de hoy se le tiene (no obstante el ejemplo de nuestros emigrantes, aun no es bien conocido en lo*

[18] La palabra *epopeya* no es enfática. Épicos son los personajes de la *Ilíada*, la *Odisea* y la *Eneida*; ¿y acaso moralmente son, en su mayoría, superiores a nuestros conquistadores, si se les juzga con el mismo criterio filantrópico y pacifista con que a estos se suele juzgar?

[19] Véase sobre esto mi libro *Para la juventud* (Barcelona, 1915), cap. X.

mucho que sociológicamente ofrece al estudio) como un pueblo flojo, pasivo, inferiormente dotado para las luchas modernas que requieren grandes energías.

¿Por qué esto? ¿Cómo se ha producido —si es que realmente hay lo que se supone—, ese cambio brusco en el alma de un pueblo cuyas individualidades ofrecen, sin embargo, tantas muestras de heroísmo en los trances críticos, en los choques violentos de la vida? No lo sabemos; pero su investigación merece preocupar a los hombres de ciencia y a los directores de la masa, que no pueden dirigir bien sin conocer profundamente, en todas sus sinuosidades y evoluciones, la psiquis del sujeto que manejan o pretenden manejar.

Pero sea lo que fuere de esto y tenga el alcance que se supone, u otro menor, la diferencia (a lo menos superficial y aparente) entre aquellos tiempos y estos, nuestra, inferioridad actual es clara, numéricamente apreciadas las cosas y en sus aplicaciones de tipo más moderno. El problema de la reeducación de nuestro pueblo en ese respecto, se impone, pues, a los que consideren la importancia de vacíos tales. Y siendo así ¿cómo no vocear a los cuatro vientos que esos profesores de energía que se piden exclusivamente al ejemplo de otros países, los tuvimos entre nosotros, tantos y tan buenos y tan sugestivos como los que se pueden hallar en parte alguna?

Y he aquí otra de las utilidades que para nosotros mismos —no solo para nuestro concepto en el mundo— tienen libros como este de Lummis. Mediante él aprenderán muchos españoles que entre «los suyos» ha habido muchos de esos «profesores de energía» que quizá creyeron fruto exclusivo de pueblos en la actualidad muy prósperos, pero cuyo presente no puede hacer olvidar la primacía de quien dio la pauta de tales arrestos hace pocos siglos. Ciertamente, el libro de Lummis y los que con él tienen analogía, no son más que una manera de preparación para el uso de aquellos medios educativos de carácter histórico que tanta influencia han ejercido (recuérdese a Plutarco) en la formación de muchas personalidades salientes de todos los pueblos. Pero claro es que no podemos detenernos en este primer escalón. Precisa ir a la lectura directa de los diarios, memorias y relaciones de esos grandes viajeros, descubridores y caudillos de todas las épocas de nuestra historia, y singularmente de los que brillaron en América.

Literatura es esta que tenemos aquí completamente olvidada. Saben de ella los eruditos; pero el gran público la desconoce. Si es verdad que en los librillos al uso que ponemos en manos de nuestra niñez, le referimos, seca y desmañadamente por lo común o solo con ditirambos que valen bastante menos que los hechos reales, algo de Numancia, Sagunto, Zaragoza, Gerona, etc., nada le decimos nunca —o poco más que nada— de Valdivia, de Fernando Soto, de Legazpi, de Urdaneta, de Elcano, de Mendaña, de Gómez de Quirós, de Solís, de Loaysa, de Rodrigues Cabrilla, de País, de Alonso Camargo, del capitán Ochagaray, de los legos franciscanos y los PP jesuitas que exploraron el Marañón y de tantos otros atrevidos, sufridos, incansables navegantes y andarines que, a costa de su vida tantas veces, echaron los cimientos de la Geografía y de la Historia Natural del Nuevo Mundo y de parte de África y Asia. Aun en el terreno erudito, justo es decir que más se preocupan los ingleses[20] *y los norteamericanos*[21] *que nosotros (con haber modernamente algo de actividad en este punto, gracias a varios beneméritos americanistas, los más ya fallecidos), de reimprimir las narraciones que dejaron escritas nuestros antiguos viajeros, o de dar a luz las que permanecen inéditas. Todavía en el siglo* XVIII *cultivábamos nosotros esa literatura; pero más bien traduciendo colecciones y libros (verbigracia, la* Historia general de los viajes *vertida al castellano por D. Miguel Terracina en 1763; el* Viaje del comandante Byron alrededor del mundo, *que en 1769 llegaba a su segunda edición española, etcétera), que preocupándonos de los nuestros, aunque ya entonces se comenzaba a volver los ojos hacia América, como lo atestiguan los trabajos de Muñoz, la impresión de la* Historia plantarum Novae Hispaniae *de Gómez Ortega y alguna otra publicación de este orden.*

Hoy seguimos la misma ruta de olvido para lo nuestra por lo que toca su difusión en la masa del público culto. Nuestras gentes ilustradas suelen conocer los hechos y nombres de Cook, Scott, Bougainville, Stanley, Livingstone, Nordenskjold, Abruzzos... pero no saben nada (algún nombre, si acaso) de los grandes viajeros españoles que durante tres siglos casi llenaron las páginas de la Geografía y de la Historia heroica.

¿Cómo llenar ese vacío, en que nuevamente lleva a pensar el libro de Lummis? No me refiero ya a las publicaciones eruditas, en que también necesitamos no desamparar el camino bravamente abierto por Navarrete, Jiménez de la Espada, Zaragoza, Fernández Duro y otros que murieron o aún viven. Me refiero principalmente a la literatura de divulgación, que es la que forma cultura de la masa y, desde luego, a la literatura escolar. La cosa es fácil, y brindo la idea por segunda vez a nuestros editores que persiguen hoy, con laudable competencia, el libro barato y popular. En primer término, las obras a que aludo no pagan ya derechos de ninguna clase; son de dominio público y todos pueden reimprimirlas, lo cual aminora notablemente los gastos. Ilustrarlas no sería, las más de las veces, empresa imposible, ya que el fotograbado permite reproducir, a muy poco precio, estampas antiguas que las ediciones primeras —y algunos manuscritos— suelen llevar; caso aparte de lo que allanan el camino las colecciones modernas, numerosas, de paisajes de las regiones que aquellos libros describen.

El trabajo de poner toda esa masa de materiales al alcance del lector habitual moderno, no pide, por de contado, la reproducción literal e íntegra de los textos antiguos.

[20] Recuérdense, por ejemplo, las publicaciones de la Hackluyt Society, en que tantos cronistas y viajeros españoles de América figuran.

[21] Ver antes, pág. 15.

Aunque alguna vez quepa esto sin peligro de dar una obra de difícil lectura —y esa es condición primaria en tales empresas de divulgación—, por lo común es imposible.

Pueden adoptarse para conseguir el fin indicado antes, dos procedimientos distintos, ambos ya muy en uso en otras partes.

Uno es el de aligerar los textos, entresacando los pasajes de verdadero interés, con abandono de los digresivos y pesados, poniéndolos, si el caso lo exige, en castellano corriente y condensando la materia dramática o descriptiva cuando el autor es difuso y carece de arte. Tal empresa la puede acometer cualquier escritor de mediano gusto literario y de alguna lectura de obras modernas de ese género. Para los autores menos propicios a una reducción literaria adecuada, podría seguirse el sistema de darlos en resumen bien compuesto; y tal vez conviniese —tomando en conjunto la obra—, empezar por ahí, por la historia abreviada de un grupo determinado de viajes, o de todos los de importancia, animada con citas literales de los pasajes más salientes: una obra de divulgación análoga a la Historia popular de los grandes viajes y viajeros *que figura entre las escritas por Julio Verne. Este compendio podía ser libro de lectura en nuestras escuelas (también quizá en las hispanoamericanas) y contribuir grandemente a realzar el nombre español y a estrechar —en el culto común de los hombres arriesgados que ligaron con su esfuerzo la historia de España a la del Nuevo Mundo— la relación psicológica entre los países de habla castellana.*

El segundo procedimiento al que aludí con anterioridad sería el de escribir biografías breves y animadas de los españoles notables a que se refieren estas consideraciones, ampliando el cuadro interesante, pero reducido, que Quintana se trazó, y dividiendo la materia para la mejor difusión de cada volumen: algo, en fin, como esas series inglesas de héroes nacionales, tan numerosas y bien presentadas, de que podría ser tipo, por ejemplo, la titulada English Men of Action, *que publica la casa MacMillan, y en la que figuran lord Clive, Cook, Drake, Raleigh, Hastings, Gordon, etc. Dígase si en nuestra historia militar y de viajes no tenemos nombres que puedan igualar y aun exceder a estos, y especialmente a varios de esos que los ingleses repiten con sincero orgullo*[22].

Ambos grupos de libros serían, digámoslo una vez más —aparte lo señalado anteriormente—, una constante lección de voluntad para los escolares y para toda la masa culta, que hallaría, en aquellos heroicos descubridores y caudillos (más heroicos que los modernos, pues lucharon con menos ventaja de su parte contra el medio natural y social encontrado) numerosos profesores de energía, tan educadores y sugestivos como los personajes de Rudyard Kipling o de cualquier otro autor de parecidas cualidades.

---

[22] La única manifestación moderna de ese tipo de libros entre nosotros, acaba de aparecer en la biblioteca para niños que publica *La Lectura*, uno de cuyos volúmenes, escrito por D.ª Emilia Pardo Bazán, está dedicado a Hernán Cortés.

IV

Algunas consideraciones más, para dar fin a este prólogo, acerca del libro de Lummis y de los provechos que significa en orden a nuestra historia y nuestro presente.

Uno de los elementos de juicio más necesarios en obras de esta naturaleza, es el de la relación cronológica de los hechos sobre que se pretende llamar la atención, con los análogos producidos en la misma época o período. Esa relación, que mentalmente hacen con facilidad los especialistas, escapa por lo común al gran público, en quien la precedencia o contemporaneidad de los sucesos pertenecientes a diversas naciones, suele quedar en vaga penumbra de indecisas líneas. La observación puede hacerse a menudo en los mismos estudiantes universitarios, cuando no se han especializado sobre el punto escogido para comprobarla; y es que casi ningún libro de los que usualmente manejan, les ofrece los datos necesarios para corregir ese vacío, ni, con el ejemplo de establecer la relación, los acostumbra a pensar en ella.

Lummis tiene cuidado de señalarla a cada paso en cuanto a los descubrimientos de los españoles comparadamente con los realizados por franceses e ingleses: de modo que se ve concretamente, respecto a cada territorio, la enorme precedencia que corresponde a los primeros.

Otro punto también descuidado en las historias de la colonización americana es la comparación de las condiciones que ofrecía el medio natural a los emigrantes españoles y a los de otros pueblos que, más tarde, arribaron al Nuevo Mundo. No es posible explicarse con claridad ciertos éxitos y ciertos fracasos sin tener en cuenta, como factor decisivo a veces, importante siempre, el que acabamos de indicar. Lummis[23] *llama la atención acerca de él, señalando las ventajas que favorecieron en este respecto la colonización inglesa, así como en punto a las poblaciones indígenas con que uno y otro pueblo europeo tuvieron que luchar para establecerse y organizar su respectiva colonización. Sin duda, convendría decir más de lo que Lummis dice sobre esta materia, precisándola con mayores detalles, para que se viesen con toda exactitud y pormenor las respectivas ventajas y desventajas y quedasen perfectamente desvanecidas las apreciaciones erróneas en contrario, que sin justificación se hallan en algunos libros extranjeros. Pero tal como se encuentra iniciada la observación en el libro de Lummis, basta para orientar a los lectores y sugerirles la importancia que tienen estos hechos*[24].

[23] Lo mismo hace observar Miss Coman en punto al área explorada por los españoles en el territorio actual de les Estados Unidos (tomo I, pág. 6).

[24] Al examen de ellos he consagrado la atención debida en mi programa de «Historia de las instituciones americanas» en el curso de 1914-1915. Tampoco descuida Lummis el señalamiento

En cuanto a los ejemplos que Lummis escoge para demostrar su tesis general y caracterizar las diferentes clases de los pioneers españoles, bien se comprende que son no más que algunos de los numerosísimos que podrían aducirse. Muchas más heroicidades cabe contar, v. gr. de los misioneros en diferentes partes de América, y no pocas de ellas más emocionantes, más demostrativas de energía, paciencia y valor, que las mismas citadas por Lummis. Bastaría recordar aquellas admirables cartas del P. Salvatierra al P. Ugarte, ejemplo conmovedor de serenidad ante la muerte y de persistencia varonil en la misión emprendida, hasta el último momento, que en nuestros días puede compararse tan solo con el diario del célebre capitán Scott[25].

Lo mismo podría decirse de los viajeros seglares, entre los que hubiera sido natural citar el segundo viaje de Cabeza de Vaca, tan épico como el primero. Pero claro es que en un libro que, para el logro de su propia finalidad, no puede ser muy voluminoso, no cabe decir todas las cosas pertinentes a su tema. Más bien procedería señalar como defecto de Lummis el que a veces se detiene en cosas poco interesantes para su propósito, v. gr., las aventuras de Aguirre, personaje que no merece figurar en el cuadro de los pioneers *a quienes el autor ha querido poner de relieve. Sin embargo, aun aquí al resumir su juicio sobre las numerosas expediciones que se dirigieron en busca de El Dorado, Lummis tiene palabras de elogio para las cualidades demostradas en aquella insensata persecución de una quimera: «la sin par tenacidad en el propósito y el sacrificio de sí propio, inherentes al carácter español... más paciente y más sufrido que el de los hombres del Norte»*[26].

Con todo esto, resulta extraño que falta a la pluma de Lummis la vibración épica. No obstante su clara visión de la grandeza que hubo en los hechos cuya historia escribe, solo en ciertos casos (v. gr. la conquista de Acoma) da con aquella nota. Por lo general, es el lector quien, sobre la base del relato de Lummis, tiene que elevarse a la imagen heroica y deducir de su propio espíritu la emoción que el suceso pide. Responde esto, sin duda, a cualidades ingénitas en el estilo o en la emotividad del autor; pero el ejemplo citado y algún otro, prueban que hubiera podido llegar a ese grado de

---

de otros hechos de indispensable estimación para caracterizar nuestra historia colonial, tales como el de que no fuimos los únicos buscadores de oro en América (aunque sí los más afortunados), ni movió todas nuestras expediciones y empresas ese único apetito que, por otra parte, la humanidad nunca ha considerado como pecado gravísimo e imperdonable; y si no, recuérdese California, Klondike, Australia y el Transvaal.
(Ver las págs. 146 y siguientes de Lummis, en punto a beneficios de civilización producidos por los españoles).

[25] Ver un extracto de ellas en el citado trabajo de Torres Campos, pág. 26.

[26] Págs. 152 y ss. Y no se olvide que los españoles no fueron los únicos alucinados con esa atrayente ficción; de modo que si hubo candidez o ambición desmedida en ella, la compartimos con otros pueblos.

calor expresivo, de tonalidad literaria, si se lo hubiese propuesto. Esta presunción se convierte en afirmación absoluta, cuando se llega a conocer personalmente al autor. Lummis tiene tanto corazón como voluntad y cerebro, y es así capaz de sentir el más cálido entusiasmo por todas las cosas del mundo que lo merecen, y capaz también de expresar su sentimiento en palabras que suenan como una poesía. Quien le ha oído hablar de España (yo he tenido esa fortuna) y calificar de «bendición de madre» algo que de ella procedía como reconocimiento de la gran labor hispanófila que Lummis ha realizado, sabe bien qué profundo sentido artístico hay en el alma viril y aventurera (sanamente aventurera) del autor de este libro. Algún día contaré mi visita a Lummis y las horas que con él pasé en Los Ángeles, y entonces podré decir todo lo que encierra, para enseñanza de muchos, la compleja e interesante personalidad de nuestro buen amigo norteamericano.

Algún error de hecho, aunque insignificante, hay en el libro, y por esta insignificancia (dado que se refieren a cosas incidentales), no quitan nada del mérito fundamental que la obra de Lummis tiene. Citemos, solo como ejemplo, lo relativo a las naves de Cortés, rectificado por Jiménez de la Espada[27]*, y la afirmación inexacta de que los «más maravillosos» viajes realizados por los españoles han sido fruto de una desgracia inicial. El autor se ha dejado cegar en este punto por el ejemplo deslumbrador del viaje de Cabeza de Vaca. Hubo otros, tan dignos de la admiración de las gentes como el que acabamos de citar, y que tuvieron por causa un propósito deliberado e inicial de explorar lo que se exploró.*

Y en fin, para agotar este capítulo de indicaciones críticas, digamos que el libro hubiese ganado mucho para su propósito con dos fáciles adiciones: una, la de indicar las ediciones de los viajes que se citan, utilísima ayuda para el lector que desee ampliar sus conocimientos en la materia, y no serán pocos los que sientan esa necesidad si el asunto les ha interesado realmente; la otra, es la frecuencia de mapas que guíen en la relación de las expediciones. No son muchos, ni siempre claros (esta es la principal cualidad que suele faltarles), los que ilustran la mayoría de los libros de colonización española, ni completos los que sobre lo mismo se encuentran en los Atlas históricos. Por eso mismo convendría darlos, en estos libros populares, con preferencia a otras láminas, separando las diferentes indicaciones que les corresponden para no acumular en uno solo muchos datos que producen confusión. La citada obra de Dellenbaugh, la de Richman sobre California, la de Hodge (Spanish Explorers in the Southern United States: 1907) *y*

[27] *No fue tea, fue barreno*. Madrid 1387. Cf. sobre lo mismo. Cesáreo Fernández Duro, *Tradiciones infundadas*. Madrid, 1888. También he de hacer reservas sobre la traición de Hernán Cortés. No me parece tan clara como al autor, según lo que para ello aducen los documentos publicados, juntamente con otros elementos de juicio que no es este momento propicio para discutir.

otras entre las modernas, contienen materiales aprovechables. La de miss Coman ofrece un ejemplo[28] *de mapa muy claro y conciso, que convenía imitar. Confiemos en que así ha de hacerse en futuras ediciones de este libro.*

Ahora, para terminar, una sola reflexión acerca de nuestra historia en América. Se ha repetido con nosotros, en cuanto al juicio que durante siglos tuvieron las gentes respecto de aquella grandiosa obra, lo que tantas veces ocurre en la vida individual y en la de los pueblos, y es que se olvidan fácilmente los beneficios pasados por un perjuicio presente. El perjuicio está representado, para nosotros, en las quejas que fundamentaron en parte (en parte no más) el movimiento de independencia al comenzar el siglo XIX, y en la desdichada política ultramarina de casi toda esa centuria, desdichada aunque se supriman todas las exageraciones y calumnias acumuladas a su propósito. La existencia próxima de motivos tales de repulsión, ya es suficiente para borrar el recuerdo de los de simpatía y aplauso; pero cuando, además, hay terceros interesados en acentuar y propalar el perjuicio y ocultar el otro lado de la medalla, es aquel lo único que queda vibrante, y todo lo demás se pierde.

Felizmente, la reacción contra esas injusticias llega más o menos tarde. La que a nosotros toca, comienza a producirse, y el libro de Lummis, decimos una vez más, es un buen ejemplo de ello.

Pero a nosotros toca no olvidar, fiados en la obra ajena, una cosa esencialísima en estos asuntos: y es que la manera eficaz de vindicar nuestra historia en todo lo que deba ser vindicado, consiste en saber de ella más y mejor que los que puedan tener, en cualquier momento, interés de contrahacerla, o simplemente carezcan del de mostrarla tal como fue en todos sus aspectos. Mientras nuestro conocimiento de lo que hicimos en cualquier orden de nuestra vida interior o exterior dependa de los libros extraños, nos encontraremos en una enorme inferioridad para intervenir en la polémica. Conquistemos en esto nuestra independencia mediante una persistente labor, y el resto se nos dará por añadidura.

RAFAEL ALTAMIRA
Madrid, octubre de 1915

[28] Tomo I, pág. 18.

NOTA BIOGRÁFICA ACERCA DEL AUTOR

Antes de empezar la lectura de un libro,
procura saber algo tocante a
la personalidad del autor.

DAVID PRYDE

Este libro es una gallarda reivindicación de España y de sus métodos de colonización en el Nuevo Mundo. Avalora y encarece esta reivindicación el ser obra espontánea, desinteresada, y por ende imparcial, de un ilustrado escritor norteamericano, y fruto de sus estudios, investigaciones y concienzudos juicios. Basta leer el prefacio de su libro, para poder apreciar el móvil que le impulsó a escribirlo y la sinceridad y entusiasmo que puso en su labor.

Es natural que los hechos y las proezas de los exploradores españoles despertasen el interés y la admiración de un hombre como Mr. Lummis, cuya vida ha sido una continua serie de pasmosos esfuerzos, trabajos y penalidades, que le han obligado a luchar con obstáculos, al parecer insuperables, y que solo por el vigor de su naturaleza y por la indómita fuerza de su voluntad ha sabido vencer y dominar.

Una biografía detallada de este hombre extraordinario parecería más bien una leyenda o una novela, que la historia real y verdadera de una viviente personalidad. Algunos tendrán por increíble la realización de todo cuanto ha emprendido y llevado a cabo Mr. Lummis en 56 años de vida. Pero ahí están sus obras y sus éxitos y la fortuna que ha sabido labrarse a fuerza de trabajo y perseverancia, que lo evidencian y lo acreditan.

Nació Mr. Charles Fletcher Lummis en Lynn, población fabril del Estado de Massachusetts, el día primero de marzo de 1859. Estudió y se graduó, a los 22 años, en la Universidad de Harvard, cercana a Boston, y publicó entonces un librito de poesías, impreso sobre corteza de álamo raspada por sus manos hasta dejarla como hojas de papel fino.

Al año siguiente trasladose a Ohio, donde publicó *The Scioto Gazette*, y movido por su espíritu aventurero, emprendió en septiembre de 1883 una marcha a pie desde Ohio hasta California, llegando a Los Ángeles después de recorrer 5.642 kilómetros en 147 días.

Fue admitido como redactor del *Daily Times* de Los Ángeles al día siguiente de su llegada, y más tarde logró ser uno de los propietarios del periódico.

Pero el trabajo intenso y excesivo que sostuvo durante cuatro años fue causa de un ataque de hemiplejía, que le paralizó todo el lado izquierdo y le privó del habla. Entonces se trasladó a Nuevo México con la firme voluntad de reponerse, y allí estuvo cuatro años entre los indígenas, los cuales aprovechó para estudiar sus costumbres y tradiciones y sus cantos populares, y para aprender dos de sus idiomas.

En un libro interesantísimo titulado *My friend Will*, en que «el amigo Will» representa su voluntad, describe Mr. Lummis los novelescos incidentes relacionados con el proceso de su curación, que fue completa, recobrando el habla, así como el movimiento y la agilidad de sus miembros por efecto de una vida ruda y montaraz y de la tenacidad de su propósito. Posteriormente ha sufrido y podido vencer otros dos ataques, que en una persona de otro temple hubieran tenido fatal desenlace. Hace algunos años quedó ciego; pero ha vuelto a recobrar la vista después de mucho tiempo.

No obstante, estos padecimientos físicos y el dolor moral que le causó la pérdida de su quinto hijo, Amado, la labor de Mr. Lummis en los campos de la literatura, de la exploración y de la investigación ha sido intensa y fecunda.

Asociado con Mr. A. F. Bandelier, el cual ha aplicado métodos científicos al estudio de la historia, emprendieron los dos juntos una expedición etnológica e histórica, recorriendo Texas, Colorado, Utah, Arizona y California en los Estados Unidos, y después México, la América Central, Perú y Bolivia, visitando los parajes donde se desarrollaron los principales hechos de los exploradores y colonizadores españoles.

«He recorrido —dice él mismo en una carta— unos dos millones de millas de Hispanoamérica, no como turista, sino como un hijo del país; con cartas oficiales de recomendación para diversos gobiernos y poniéndome en relaciones con ellos; pero familiarizándome al propio tiempo con gente de todas las clases sociales; puesto que un país se compone de todas ellas, desde los mendigos y peones hasta los hombres de ciencia y los gobernantes. Y he tenido la suerte de conocer y tratar a todas esas clases».

Lo cual es garantía del profundo conocimiento que ha adquirido Mr. Lummis respecto del asunto de que trata este libro.

De regreso a Los Ángeles en 1894, funda y dirige dos periódicos, y construye su casa de piedra con sus propias manos, ayudado de algunos indios.

Desde entonces ha recibido títulos de varias Universidades; ha sido fundador y presidente de sociedades para educar a los indios, para conservar los monumentos históricos de California; fundador y secretario de la Sociedad de Arqueología del Sudoeste; miembro vitalicio del Instituto Arqueológico de América, y miembro activo y honorario de muchas otras sociedades.

En el año 1907 fundó en Los Ángeles el *Southwest Museum,* al cual ha hecho donación de su copiosa biblioteca particular, la más rica en libros referentes a la América española, y de su colección de objetos arqueológicos hispanoamericanos, que se valora en más de cien mil dólares.

Charles F. Lummis.
Library of Congress, USA.

Además de muchos artículos para la Enciclopedia Británica, la Americana, y diversas revistas y periódicos, ha publicado 15 obras, entre ellas: *Villagran's New México* y *Benavides Memorial of 1630* y uno referente a la república de México bajo el gobierno del general Porfirio Díaz.

Por último, este notable americanista, explorador, arqueólogo, historiador, novelista, periodista y fundador de sociedades y museos, ha tenido tiempo para investigar las costumbres de los indios; ha traducido sus canciones al inglés; las ha puesto en notación de música, y desde hace 15 años se ocupa en compilar para un Diccionario Enciclopédico cuantos datos biográficos, geográficos, históricos, etnológicos y arqueológicos acerca de América se hallan en libros y documentos publicados desde el descubrimiento del Nuevo Mundo hasta

1850. Será una obra monumental, cuya publicación se propone costear y dirigir, con ayuda de varios competentes redactores.

Mucho deberá América a ese infatigable y filantrópico historiógrafo; pero no menos le debe España por la noble defensa y la justa y entusiástica loa que ha hecho de los héroes españoles que descubrieron y exploraron aquel mundo. Reconociendo esta deuda, el Gobierno español ha tenido a bien manifestar su alto aprecio de la labor de Mr. Lummis, agraciándole con la encomienda de Isabel la Católica.

Arturo Cuyás

Los conceptos que en este libro se exponen han entrado ya a ocupar su sitio en la literatura histórica; pero forman una base enteramente nueva para una obra de carácter popular. Por ser nueva, tal vez aquellos que no han seguido del todo la marcha reciente de la investigación científica, pongan en duda su exactitud. Puedo afirmar que las apreciaciones y los asertos que se hacen en este libro son rigurosamente exactos y que yo estoy dispuesto a defenderlos desde el punto de vista de la ciencia histórica.

Y digo esto no tan solo por razón del aprecio personal en que tengo al autor, sino muy especialmente en vista del mérito de su obra y del valor que tiene para los jóvenes de la presente y de futuras generaciones.

Ad. F. Bandelier

PREFACIO

Porque creo que todo joven sajón-americano ama la justicia y admira el heroísmo tanto como yo, me he decidido a escribir este libro. La razón de que no hayamos hecho justicia a los exploradores españoles es sencillamente porque hemos sido mal informados. Su historia no tiene paralelo; pero nuestros libros de texto no han reconocido esa verdad, si bien ahora ya no se atreven a disputarla.

Gracias a la nueva escuela de historia americana, vamos ya aprendiendo esa verdad, que se gozará en conocer todo americano de sentimientos varoniles. En este país de hombres libres y valientes el prejuicio de raza, la más supina de todas las ignorancias humanas, debe desaparecer. Debemos respetar la virilidad más que el nacionalismo, y admirarla por lo que vale dondequiera que la hallemos; y la hallaremos en todas partes. Los hechos que levantan a la humanidad no provienen de una sola raza. Podemos haber nacido dondequiera —esto es un mero accidente—, mas para llegar a ser héroes, debemos crecer por medios que no son accidentes ni provincialismos, sino por la propia naturaleza y para gloria de la humanidad.

Amamos la valentía, y la exploración de las Américas por los españoles fue la más grande, la más larga y la más maravillosa serie de valientes proezas que registra la historia. En mis mocedades no le era posible a un muchacho anglosajón aprender esa verdad; aún hoy es sumamente difícil, dado que sea posible. Convencido de que es inútil la tarea de buscar en uno o en todos los libros de texto ingleses, una pintura exacta de los héroes españoles del Nuevo Mundo, me hice el propósito de que ningún otro joven americano amante del heroísmo y de la justicia, tuviese necesidad de andar a tientas en la obscuridad como a mí me ha sucedido; pero no habrá de agradecerme a mí, tanto como al amigo de ambos, A. F. Bandelier, maestro de la nueva escuela[1], los siguientes atisbos de los hechos más interesantes

[1] Mr. A. F. Bandelier, el más erudito y mejor documentado de los historiadores de la América española, falleció en Sevilla durante el verano de 1914, y su viuda ha continuado allí, bajo los auspicios de la Fundación Carnegie, la labor de investigación en que se ocupaba su esposo. (*N. del T.*)

de la historia. Sin la luz que este aventajado discípulo del gran Humboldt ha derramado con su erudición sobre los primeros tiempos de América, no hubiera sido posible escribir este libro, ni hubiese podido escribirlo yo, sin su personal y generosa ayuda.

Charles F. Lummis

EXPLORADORES ESPAÑOLES DEL SIGLO XVI

Retrato de Cristobal Colón, por
Tobías Stimmer (1539-1584) y Peter Perna.
Biblioteca Nacional de España (BDH), IH/2151/3.

1

TIERRAS IGNOTAS

La nación exploradora

Es ya un hecho reconocido por la historia que los piratas escandinavos habían descubierto y hecho algunas expediciones a la América del Norte mucho antes de que pusiera su planta en ella Cristóbal Colón. El historiador que hoy considere aquel descubrimiento de los escandinavos como un mito, o como algo incierto, demuestra no haber leído nunca las Sagas. Vinieron aquellos hombres del Norte, y hasta acamparon en el Nuevo Mundo antes del año 1000; pero no hicieron más que acampar; no construyeron pueblos, y realmente nada añadieron a los conocimientos del mundo; nada hicieren para merecer el título de exploradores. El honor de dar América al mundo pertenece a España; no solamente el honor del descubrimiento, sino el de una exploración que duró varios siglos y que ninguna otra nación ha igualado en región alguna. Es una historia que fascina, y, sin embargo, nuestros historiadores no le han hecho hasta ahora sino escasa justicia. La historia fundada sobre principios verdaderos era una ciencia desconocida hasta hace cosa de un siglo; y la opinión pública fue ofuscada durante mucho tiempo por los estrechos juicios y falsas deducciones de historiadores que solo estudian en los libros. Algunos de estos hombres han sido no tan solo escritores íntegros, sino también amenos; pero su misma popularidad ha servido para difundir más sus errores. Su época ha pasado, y principia a brillar una nueva luz. Ningún hombre estudioso se atreve ya a citar a Prescott o a Irving, o a ninguno otro de sus secuaces, como autoridades de la historia; hoy solo se les considera como brillantes noveladores y nada más. Es menester que alguien haga tan populares las verdades de la historia de América como lo han sido las fábulas, y tal vez pase mucho tiempo antes de que salga un Prescott sin equivocaciones; entretanto, yo quisiera ayudar a los jóvenes americanos a penetrarse de las verdades en que se basarán de aquí en adelante las historias. Este libro no es una historia; es sencillamente un hito que marca el verdadero punto de vista, la idea amplia y, tomándolo como punto de partida, los que tengan interés en ello podrán con más seguridad llevar adelante la investigación de los detalles, mientras que aquellos que no puedan proseguir sus estudios poseerán siquiera un conocimiento general del capítulo más romántico y más repleto de valientes proezas que contiene la historia de América.

No se nos ha enseñado a apreciar lo asombroso que ha sido el que una nación mereciese una parte tan grande del honor de descubrir América; y, sin embargo, cuando lo estudiamos a fondo, es en extremo sorprendente. Había un Viejo Mundo grande y civilizado: de repente se halló un Nuevo Mundo, el más importante y pasmoso descubrimiento que registran los anales de la Humanidad. Era lógico suponer que la magnitud de ese acontecimiento conmovería por igual la inteligencia de todas las naciones civilizadas, y que todas ellas se lanzarían con el mismo empeño a sacar provecho de lo mucho que entrañaba ese descubrimiento en beneficio del género humano. Pero en realidad, no fue así. Hablando en general, el espíritu de empresa de toda Europa se concentró en una nación, que no era por cierto la más rica o la más fuerte.

A una nación le cupo en realidad la gloria de descubrir y explorar la América, de cambiar las nociones geográficas del mundo y de acaparar los conocimientos y los negocios por espacio de siglo y medio. Y esa nación fue España.

Un genovés, es cierto, fue el descubridor de América; pero vino en calidad de español; vino de España por obra de la fe y del dinero de españoles; en buques españoles y con marineros españoles, y de las tierras descubiertas tomó posesión en nombre de España.

Imaginad qué reino tendrían entonces Fernando e Isabel, además de su pequeño jardín de Europa: medio mundo desconocido, en el cual viven hoy una veintena de naciones civilizadas, y en cuya inmensa superficie, la más nueva y la más grande de las naciones no es sino un pedazo. ¡Qué vértigo se hubiera apoderado de Colón si hubiese podido entrever la inconcebible planta cuyas semillas, por nadie adivinadas, tenía en sus manos aquella hermosa mañana de octubre de 1492!

También fue España la que envió un florentino de nacimiento, a quien un impresor alemán hizo padrino de medio mundo, que no tenemos seguridad que él conociese; pero que estamos seguros de que no debiera llevar su nombre. Llamar América a este continente en honor de Américo Vespucio fue una injusticia, hija de la ignorancia, que ahora nos parece ridícula; pero de todos modos también fue España la que envió el varón cuyo nombre lleva el Nuevo Mundo.

Poco más hizo Colón que descubrir la América, lo cual es ciertamente bastante gloria para un hombre. Pero en la valerosa nación que hizo posible el descubrimiento, no faltaron héroes que llevasen a cabo la labor que con él se iniciaba. Ocurrió ese

El mapa de Vinlandia, que presuntamente es del siglo XV, copiado de un original del siglo XIII. Su importancia radicaría en que, además de mostrar África, Asia y Europa, el mapa representa una masa de tierra en el Atlántico llamada Vinlandia y dice que fue visitada en el siglo XI. El mapa fue descubierto en 1957 y donado por Paul Mellon a su actual propietario, la universidad de Yale en 1965.

hecho un siglo antes de que los anglosajones pareciesen despertar y darse cuenta de que realmente *existía* un nuevo mundo, y durante ese siglo la flor de España realizó maravillosos hechos. Ella fue la única nación de Europa que no dormía. Sus exploradores, vestidos de malla, recorrieron México y Perú, se apoderaron de sus incalculables riquezas e hicieron de aquellos reinos partes integrantes de España. Cortés había conquistado y estaba colonizando un país salvaje doce veces más extenso que Inglaterra, muchos años antes de que la primera expedición de gente inglesa hubiese siquiera visto la costa donde iba a fundar colonias en el Nuevo Mundo, y Pizarro realizó aún más importantes obras. Ponce de León había tomado posesión en nombre de España de lo que es ahora uno de los Estados de nuestra República, una generación antes de que los sajones pisasen aquella comarca.

Aquel primer viandante por la América del Norte, Alvar Núñez Cabeza de Vaca, había hecho a pie un recorrido incomparable a través del continente, desde La Florida al golfo de California, medio siglo antes de que nuestros antepasados sentasen la planta en nuestro país. Jamestown, la primera población inglesa en la América del Norte, no se fundó hasta 1607, y ya por entonces estaban los españoles permanentemente establecidos en La Florida y Nuevo México, y eran dueños absolutos de un vasto territorio más al Sur. Habían ya descubierto, conquistado y casi colonizado, la parte *interior* de América, desde el nordeste de Kansas hasta Buenos Aires, y desde el Atlántico al Pacífico. La mitad de los Estados Unidos, todo México, Yucatán, la América Central, Venezuela, Ecuador, Bolivia, Paraguay, Perú, Chile, Nueva Granada y además un extenso territorio, pertenecía a España cuando Inglaterra adquirió unas cuantas hectáreas en la costa de América más próxima.

No hay palabras con qué expresar la enorme preponderancia de España sobre todas las demás naciones en la exploración del Nuevo Mundo. Españoles fueron los primeros que vieron y sondearon el mayor de los golfos; españoles los que descubrieron los dos ríos más caudalosos; españoles los que por vez primera vieron el océano Pacífico; españoles los primeros que supieron que había dos continentes en América; españoles los primeros que dieron la vuelta al mundo. Eran españoles los que se abrieron camino hasta las interiores lejanas reconditeces de nuestro propio país y de las tierras que más al Sur se hallaban, y los que fundaron sus ciudades miles de millas tierra adentro, mucho antes que el primer anglosajón desembarcase en nuestro suelo. Aquel temprano anhelo español de *explorar* era verdaderamente sobrehumano. ¡Pensar que un pobre teniente español con veinte soldados atravesó un inefable desierto y contempló la más grande maravilla natural de América o del mundo —el gran Cañón del Colorado— nada menos que tres centurias antes de que lo viesen ojos norteamericanos! Y lo mismo sucedía desde el Colorado hasta el Cabo de Hornos. El heroico, intrépido y temerario Balboa realizó aquella terrible caminata a través del Istmo, y descubrió el océano Pacífico y construyó en sus playas los primeros buques que se hicieron en América, y surcó con ellos aquel mar desconocido, y ¡había muerto más de medio siglo antes de que Drake y Hawkin pusieran en él los ojos!

La falta de recursos de Inglaterra, la desmoralización que siguió a las guerras de las Rosas, así como las disensiones religiosas, fueron las causas principales de su apatía de entonces. Cuando sus hijos llegaron por fin al borde occidental del Nuevo Mundo, dejaron de sí buena memoria; pero nunca tuvieron que afrontar tantas y tan inconcebibles penalidades y tan continuos peligros como los españoles. La comarca que conquistaron era bastante salvaje, es cierto; pero era fértil, tenía extensos bosques, mucha agua y mucha caza; mientras que la que dominaron los españoles era el desierto más terrible que jamás hombre alguno, ni antes ni después, ha logrado conquistar, y estaba poblado por una hueste de tribus salvajes, las cuales no podían compararse con los pequeños guerreros del «rey Felipe»[2], como no cabe comparación entre una zorra y una pantera. Los apaches y los araucanos no hubieran sido tal vez peores que los otros indios si se hubiesen trasladado a Massachusetts; pero en su áspero país eran los salvajes más furibundos con que habían tropezado los europeos. Si en la región oriental duró un siglo la guerra con los indios, tres siglos y medio pelearon en el sudoeste los españoles. En una colonia española (Bolivia) perecieron a manos de los naturales, en una carnicería, tantos como habitantes tenía la ciudad de Nueva York cuando empezó la guerra de la independencia. Si los indios de levante hubiesen dado muerte a veintidós mil colonos en una horrible matanza, como hicieron con los españoles los indios de Sorata, hasta muy entrado el siglo XIX no hubieran podido las diezmadas colonias de Norteamérica desatar los lazos que las unían a la madre patria y constituirse en nación independiente.

[2] Apodo que se daba a un cacique de los Pieles rojas de Pokanoket, cuyo nombre indio era Pometacom, el cual en 1676 y al frente de varias tribus, hizo una guerra feroz y sanguinaria contra las colonias ingleses de Massachusetts, Plymouth y Connecticut, destruyendo 13 aldeas, incendiando 600 edificios y matando a 600 colonos. *(N. del T.)*

Cuando sepa el lector que el mejor libro de texto inglés ni siquiera menciona el nombre del primer navegante que dio la vuelta al mundo (que fue un español), ni del explorador que descubrió el Brasil (otro español), ni del que descubrió a California (español también), ni de los españoles que descubrieron y formaron colonias en lo que es ahora los Estados Unidos, y que se encuentran en dicho libro omisiones tan palmarias, y cien narraciones históricas tan falsas como inexcusables son las omisiones, comprenderá que ha llegado ya el tiempo de que hagamos más justicia de la que hicieron nuestros padres con un asunto que debiera ser del mayor interés para todos los verdaderos americanos.

No solamente fueron los españoles los primeros conquistadores del Nuevo Mundo y sus primeros colonizadores, sino también sus primeros civilizadores. Ellos construyeron las primeras ciudades, abrieron las primeras iglesias, escuelas y universidades; montaron las primeras imprentas y publicaron los primeros libros; escribieron los primeros diccionarios, historias y geografías, y trajeron los primeros misioneros; y antes de que en Nueva Inglaterra hubiese un verdadero periódico, ya ellos habían hecho un ensayo en México ¡y en el siglo XVII!

Una de las cosas más asombrosas de los exploradores españoles —casi tan notable como la misma exploración— es el espíritu humanitario y progresivo que desde el principio hasta el fin caracterizó sus instituciones. Algunas historias que han perdurado pintan a esa heroica nación como cruel para los indios; pero la verdad es que la conducta de España en este particular debiera avergonzarnos. La legislación española referente a los indios de todas partes era incomparablemente más extensa, más comprensiva, más sistemática, y más humanitaria que la de la Gran Bretaña, la de las colonias y la de los Estados Unidos todas juntas. Aquellos primeros maestros enseñaron la lengua española y la religión cristiana a mil indígenas por cada uno de los que nosotros aleccionamos en idioma y religión. Ha habido en América escuelas españolas para indios desde el año 1524. Allá por 1575 —casi un siglo antes de que hubiese una imprenta en la América inglesa— se habían impreso en la ciudad de México muchos libros en *doce* diferentes dialectos indios, siendo así que en nuestra historia solo podemos presentar la Biblia india de John Eliot; y tres universidades españolas tenían casi un siglo de existencia cuando se fundó la de Harvard. Sorprende por el número la proporción de hombres educados en colegios que había entre los exploradores; la inteligencia y el heroísmo corrían parejas en los comienzos de la colonización del Nuevo Mundo.

Geografía embrollada

La menor de las dificultades que se presentaban a los descubridores del Nuevo Mundo era el tremendo viaje que había que hacer entonces para llegar a él. Si las tres mil millas de mar desconocido hubiese sido el principal obstáculo, lo habría vencido la civilización algunos siglos antes. Fueron la ignorancia humana, más honda que el Atlántico, y el fanatismo, más tempestuoso que sus olas, los que cerraron durante tanto tiempo el horizonte del occidente de Europa. A no ser por estas causas, el mismo Colón habría descubierto la América diez años antes; es más, América no hubiera tenido que esperar tantos siglos a que Colón la descubriese. Es realmente curioso que la mitad más rica del planeta jugase al escondite durante tanto tiempo con la civilización; y que la hallasen, al fin, por una mera casualidad, los que buscaban otra cosa muy distinta. Si hubiese esperado América a ser descubierta por alguien que fuese en busca de un nuevo continente, quizá estuviese aguardando todavía.

A pesar de que, mucho antes que Colón, varios navegantes vagabundos de media docena de distintas razas ya habían llegado al Nuevo Mundo, lo cierto es que no dejaron huellas en América, ni aportaron provecho alguno a la civilización; y Europa, aún hallándose al borde del más grande de los descubrimientos y de los más importantes sucesos de la historia, ni siquiera lo soñó. El mismo Colón no tenía la menor idea de la existencia de América. ¿Sabe el lector lo que iba a buscar al occidente? Asia.

Las investigaciones hechas de algunos años a esta parte han modificado grandemente nuestro juicio acerca de Colón. La tendencia de la generación pasada era convertirlo en un semidiós, en una figura histórica sin tacha, en un ser perfecto, todo nobleza. Esto es absurdo; porque Colón no era más que un hombre, y todos los hombres, por grandes que sean, no llegan nunca a la perfección. La generación actual tiende a lo contrario, esto es, a quitarle toda cualidad heroica y hacer de él un pirata impune y un despreciable instrumento de la suerte; a tal extremo, que muy pronto no va a quedar nada de Colón. Esto es igualmente injusto y poco científico. En su terreno era Colón un grande hombre, a pesar de sus defectos, y distaba mucho de ser un ente despreciable. Para comprenderlo, debemos antes tener un conocimiento general de la época en que vivía. Para apreciar hasta qué punto fue inventor de la gran idea, debemos principiar por investigar cuáles eran entonces las ideas que predominaban en el mundo, y cuánto contribuyeron a ayudarlo o a estorbarle.

En aquella edad remota la geografía era una cosa curiosísima: entonces un mapamundi era algo que muy pocos de nosotros podríamos ahora descifrar; porque todos los sabios del orbe sabían de la topografía del mundo menos de lo que sabe hoy un colegial de ocho años. Se había convenido finalmente en que el mundo no era plano, sino esférico; por más que aun ese conocimiento fundamental era reciente; pero ningún ser viviente sabía de qué estaba compuesta la mitad del globo. Hacia el occidente de Europa se extendía el «Mar de las Tinieblas», y más allá de una pequeña zona, nadie sabía lo que era o lo que contenía. No se conocía aún la desviación de la aguja. Todo era en gran parte suposiciones y tanteos. Las inseguras embarcaciones de entonces, no osaban aventurarse sin ver tierra, porque no tenían nada seguro que les guiase para volver; y causa risa saber que una de las razones por las cuales no se atrevían a arriesgarse mar afuera, era el temor de llegar inadvertidamente más allá del límite del Océano, y de que el buque y la tripulación cayesen en el vacío! Aun cuando sabían que el mundo era esférico, todavía no se soñaba en la ley de gravitación; y se suponía que, si uno avanzaba demasiado lejos por la superficie de la esfera, corría el peligro de lanzarse al espacio.

No obstante, era general la creencia de que había tierra en aquel mar desconocido. Esa idea fue creciendo durante más de mil años, puesto que, en el siglo II de la era cristiana, empezó a creerse que había islas más allá de Europa. En tiempo de Colón, los cartógrafos ponían generalmente en sus burdos mapas algunas islas, que colocaban al azar en el Mar de las Tinieblas. Más allá de ese enjambre de islas, se suponía que se hallaba la costa oriental de Asia, y eso a no muy grande distancia, porque el verdadero tamaño del globo se calculaba que era una tercera parte menor del que tiene realmente. La geografía estaba entonces en mantillas; pero atraía la atención y motivaba el estudio de muchísimos hombres afanosos de saber, y que eran muy ilustrados para su época. Cada uno de ellos trazaba un mapa según las suposiciones que le inspiraban sus estudios, y así resultaban los mapas muy distintos unos de otros.

En una cosa estaban todos conformes: *en que había tierra hacia occidente.* Algunos decían que unas pocas islas; otros, que millares de islas; pero todos convenían en que había tierra. Así, Colón no inventó la idea; esta era general antes de que él naciera. La cuestión no estribaba en saber si había un Nuevo Mundo, sino en determinar si era posible o practicable llegar hasta él, sin caer en el abismo, o sin encontrar otros peligros más horrendos. La gente decía que *No;* Colón dijo que Sí; y ese es su título de gloria. Él no inventó la teoría, pero supo llevarla a la práctica; y aun lo que realizó materialmente, es menos notable que la fe que le sostuvo. No tuvo necesidad de enseñarle a Europa que había un nuevo país; pero sí le hizo creer que podía llegar hasta él; y esa fe en sí mismo y su tenaz valor en hacer que otros tuviesen fe en él, fue el rasgo más grande de su carácter. Requirió menos valentía el hacer la prueba final, que convencer al público de que no era una temeridad el intentarla.

Cristóbal Colón, como se le llamaba en su tiempo, nació en Génova (Italia), y fueron sus padres Domenico Colombo, cardador de lana, y Susana Fontanarossa. No se conoce con certeza el año de su nacimiento; pero vio probablemente la luz en 1446. Nada sabemos de su infancia, y muy poco de su vida de joven, aunque es seguro que era activo, arrojado, y muy estudioso. Dicen que su padre le envió por algún tiempo a la Universidad de Pavía; pero sus estudios escolásticos no pudieron durar mucho tiempo. El mismo Colón nos dice que fue a navegar a los catorce años. En su calidad de marino, le fue fácil continuar los estudios que más le interesaban, como la geografía y otros análogos. Los detalles de sus primeros viajes son muy escasos; pero parece cosa cierta que navegó, y tocó en Inglaterra, Islandia, Guinea y Grecia; con lo cual se consideraba entonces haber viajado más que hoy dando la vuelta al mundo; y con ese vasto conocimiento de hombres y de tierras, iba adquiriendo acerca de la navegación, la astronomía y la geografía, todo el saber que era posible en aquel tiempo.

Es interesante la conjetura de cómo y cuándo concibió Colón un proyecto de tan estupenda importancia. No debió ser sin duda, sino siendo ya un hombre maduro y de experiencia, no tan solo como experto navegante, sino por su conocimiento de lo que habían hecho otros marinos. Hacía más de un siglo que se habían descubierto las islas de Madera y las Azores. El príncipe Enrique, el Navegante (gran patrocinador de las primeras exploraciones), enviaba dotaciones por la costa occidental del África; pues a la sazón ni siquiera se sabía lo que era la parte más baja de ese continente. Esas expediciones sirvieron de gran ayuda a Colón y contribuyeron a ensanchar los conocimientos del mundo. También es casi seguro que, cuando estuvo en Islandia, debió de oír algo acerca de los piratas escandinavos que habían estado en América. Dondequiera que fuese, su mente perspicaz hallaba algún nuevo aliento, directo o indirecto, para la gran resolución que casi inconscientemente se iba formando en su cerebro.

Por el año de 1473 Colón anduvo errante hasta Portugal; y allí hizo conocimientos que influyeron en su porvenir. Con el tiempo contrajo matrimonio con Felipa Moñiz, que fue la madre de su hijo y cronista Diego. Hay mucha incertidumbre respecto de su vida conyugal, y no se sabe si fue modelo de esposos o todo lo contrario. Por sus propias cartas se viene en conocimiento de que tuvo otros hijos, además de Diego; pero no se poseen más noticias acerca de ellos. Parece ser que su esposa era hija de un capitán de barco a quien llamaban el «Navegante», y cuyos servicios fueron premiados nombrándole primer gobernador de la recién descubierta isla de Porto Santo, cerca de las de Madera. Como la cosa más natural del mundo, fue Colón a visitar a su intrépido suegro; y tal vez fuese durante su estancia en Porto Santo cuando empezó a dar forma a su colosal pensamiento.

Tratándose de un hombre como aquel «genovés que buscaba un mundo», una resolución como esa, una vez formada, sería como flecha de púas: muy difícil de arrancar. Desde aquel día no tuvo descanso. La idea capital de su vida fue ir «¡Hacia Occidente! ¡Hacia el Asia!», y empezó a trabajar para llevarlo a cabo. Se asegura que, con intención patriótica, se apresuró a ir a su país natal para hacerle la primera oferta de sus servicios. Pero Génova no iba en busca de nuevos mundos, y rehusó el ofrecimiento. Entonces expuso sus planes a Juan II de Portugal. Al rey Juan le encantó la idea; pero un consejo de sus hombres más sabios le aseguró que el plan era ridículamente temerario. Pero después envió una expedición secreta, la que, una vez perdida la tierra de vista, se descorazonó y regresó sin resultado. Cuando Colón tuvo conocimiento de esta traición, se indignó de tal modo que salió inmediatamente para España e interesó allí a varios nobles, y por último a los mismos reyes, en sus audaces esperanzas. Pero después de tres años de profunda deliberación, una junta de geógrafos y astrónomos decidió que su plan era absurdo e irrealizable: no era posible llegar hasta las islas. Descorazonado, Colón salió para Francia; pero por suerte se detuvo en un monasterio de Andalucía, donde logró interesar al guardián, Juan

Pérez de Marchena[3]. Este monje había sido confesor de la reina, y gracias a su urgente intercesión, los reyes al fin llamaron a Colón, el cual regresó a la Corte. Sus planes se habían agrandado de tal modo en su cerebro, que estaba casi desequilibrado y parecía olvidar que sus descubrimientos eran solo una esperanza y no un hecho positivo. Tenía, sin duda alguna, valor y perseverancia; pero en aquella ocasión hubiéramos querido verle un poco más modesto. Cuando el rey le preguntó con qué condiciones emprendería el viaje, le contestó: «Que se me nombre almirante antes de partir; que se me haga virrey de todas las tierras que descubra, y que se me dé una décima parte de todas las ganancias». ¡Desmedidas pretensiones, a la verdad, las que tenía el pobre hijo de un cardador de Génova para con el excelso rey de España!

Fernando rechazó en el acto esa atrevida exigencia; y en enero de 1492, Colón se hallaba camino de Francia para probar allí fortuna, cuando le alcanzó un mensajero que le hizo regresar a la Corte. Muy grande es nuestra deuda para con la buena reina Isabel, pues gracias a su gran interés personal, tuvo Colón la oportunidad de descubrir el Nuevo Mundo. Cuando todos los hombres de ciencia fruncían el entrecejo, y los ricos negaban su apoyo, la inquebrantable fe de una mujer —ayudada por la Iglesia— salvó la Historia.

En pro y en contra de esa gran reina mucho se ha escrito, igualmente falto de razón. Algunos han querido hacer de ella una santa inmaculada —tarea sumamente difícil tratándose de un ser humano—, y otros la pintan como una mujer codiciosa, mercenaria y de ningún modo admirable. Ambos extremos son igualmente ilógicos y falsos; pero el último es el más injusto. La verdad es que todos los caracteres tienen más de una fase, y lo mismo en la Historia que en la vida real, hay comparativamente pocas figuras que se puedan santificar o condenar en absoluto. Isabel no era un ángel; era una mujer, y tenía sus debilidades como todas las mujeres. Pero era una mujer notable, una gran mujer que merece nuestro respeto al par que nuestra gratitud. Puede afrontar la comparación de su carácter con el de la «Buena Reina Elisabeth», y ha dejado un nombre mucho más grande en la Historia. No fue la sórdida ambición ni la codicia lo que le hizo prestar oídos al descubridor de mundos. Fue la fe, la simpatía y la intuición de una mujer, que tantas veces ha cambiado el curso de la historia y dado pie a las proezas

[3] En realidad, fueron dos frailes: Juan Pérez y Antonio de Marchena.

de tantos héroes, quienes hubieran muerto desconocidos si hubiesen confiado en la más lenta, más fría y más interesada simpatía de los hombres.

Isabel tuvo la iniciativa, y asumió la responsabilidad. Tenía un reino propio, y su real esposo Fernando no creyó prudente embarcar las fortunas de Aragón en tal descabellada empresa: bien podía ella sufragar los gastos con cargo al reino de Castilla. Parece que Fernando lo veía con indiferencia; pero su reina rubia y de ojos azules, cuyo rostro gentil ocultaba un gran valor y determinación, la acogió con entusiasmo. Se le concedieron al genovés las condiciones que imponía, y el 17 de abril de 1492, firmaron Sus Majestades y Colón uno de los documentos más importantes en que se ha puesto la pluma. Si el lector pudiese ver ese precioso convenio, probablemente no adivinaría de quién es el autógrafo que está al pie, porque el jeroglífico de la firma de Colón, pondría hoy en grande aprieto al interventor de una casa de banca. La substancia de este famoso contrato era como sigue:

1° Que Colón y sus herederos tuviesen por siempre el cargo de almirante en todas las tierras que él llegase a descubrir.

2° Que él sería virrey y gobernador general en dichas tierras, con voz en el nombramiento de sus gobernadores subalternos.

3° Que reservase para sí una décima parte de todo el oro, la plata, las perlas y demás tesoros que adquiriese.

4° Que él y sus lugartenientes fuesen los únicos jueces, junto con el gran almirante de Castilla, en los asuntos comerciales del Nuevo Mundo.

5° Que tendría el privilegio de contribuir con una octava parte a los gastos de cualquiera otra expedición que se enviase a las nuevas tierras, con derecho a percibir entonces una octava parte de los beneficios.

Es lástima que la conducta de Colón en España no estuviese libre de una doblez que redundaba en su descrédito. Entró al servicio de España el día 20 de enero de 1486. El 5 de mayo de 1487, los reyes de España le dieron tres mil maravedises «por un servicio secreto hecho a Sus Majestades»; y durante el mismo año recibió echo mil maravedises más. Y, no obstante, después de esto ofreció secretamente sus servicios al rey de Portugal, el cual en 1488 le escribió a Colón una carta ofreciéndole la libertad del reino a cambio de las exploraciones que hiciese en favor de Portugal. Pero esto no se llevó a cabo.

Típica nao de la Península ibérica a finales del siglo xv.

Es más fácil que el lector tenga noticias respecto al viaje, aquel viaje que duró unos cuantos meses, pero cuya realización le costó al valeroso genovés cerca de 20 años de desaliento y de oposición. Fueron esos años de incesante lucha para convertir al mundo a su insondable sapiencia, lo que mostró el carácter de Colón más claramente que todo lo que hizo después que el mundo creyó en él.

Habiéndose vencido por fin las dificultades de obtener el consentimiento y el permiso oficial, no quedaba otro obstáculo que el de organizar la expedición. Esto era un asunto serio; pocos estaban dispuestos a embarcarse en una empresa tan loca como aquella se reputaba. Finalmente, a falta de voluntarios, hubo que llevar una tripulación por orden de la Corona; y con su nao, la *Santa María,* y sus dos carabelas, la *Niña* y la *Pinta,* tripuladas por hombres renuentes, estuvo al fin listo para hacerse a la mar el descubridor de un mundo.

Colón, el descubridor

Salió Colón del puerto de Palos el viernes 3 agosto de 1492, a las 8 de la mañana, con 120 españoles a su mando. Ya sabe el lector cómo él y su valiente camarada Pinzón alentaron el decaído espíritu de su marinería, y cómo en la mañana del 12 de octubre vislumbraron por fin la tierra. No era el continente de América —que Colón no llegó a ver hasta cerca de 8 años más tarde—, sino la isla de Watling [Guanahani, San Salvador]. Fue ese viaje el más largo que había hecho hombre alguno hacia el occidente, e ilustraba de un modo muy característico la suma de conocimientos a que había llegado la humanidad. Cuando los viajeros observaron las desviaciones de la aguja magnética, decidieron que lo que se desviaba no era la aguja, sino la estrella polar. Tenía tal vez Colón tantos conocimientos como cualquier otro geógrafo de su época; pero llegó a la conclusión de que la causa de ciertos fenómenos debía de ser el estar navegando sobre *una corcova de la tierra*. Esto se hizo más evidente en el viaje que realizó después al Orinoco, cuando halló una corcova todavía mayor y dedujo que el mundo debía tener la forma de una pera. Es interesante notar que, a no ser por un cambio accidental de su derrota, los viajeros hubieran encontrado la corriente del golfo que les habría llevado hacia el norte, en cuyo caso la parte que hoy ocupan los Estados Unidos hubiera sido el primer campo de la conquista de España.

El primer hombre blanco que vio la tierra del Nuevo Mundo fue un simple marinero llamado Rodrigo de Triana, si bien el mismo Colón había divisado una luz la noche anterior. Aun cuando es probable —como verá el lector más adelante— que Cabot viese el continente de América antes que Colón (en 1497), fue Colón quien descubrió el Nuevo Mundo, tomo posesión de él como gobernador en nombre de España, y hasta fundó en él las primeras colonias europeas, construyendo y poblando con 43 hombres un pueblo que bautizó con el nombre de la Navidad, en la isla de Santo Domingo (o Española como él la llamaba), en diciembre de 1492. Además, si Colón no hubiese antes descubierto el Nuevo Mundo, Cabot nunca hubiera navegado.

Los exploradores fueron de isla en isla, encontrando en ellas muchas cosas notables. En Cuba, donde llegaron el 26 de octubre, descubrieron el tabaco, que no era conocido en los países civilizados, así corno la desconocida batata. Estos dos productos, de cuyo valor no supo darse cuenta ninguno de los primeros exploradores, debían ser factores más importantes en los mercados monetarios y en las comodidades del mundo, que todos los tesoros de mayor brillo. También la hamaca y su nombre fueron conocidos por personas civilizadas después de ese primer viaje.

En marzo de 1493, después de un terrible viaje de regreso, Colón se halló de nuevo en España, comunicando la portentosa nueva a Fernando e Isabel, a quienes mostró sus trofeos de oro, algodón, pájaros de vistoso plumaje, plantas y animales raros, y hombres más extraños todavía, puesto que llevó consigo nueve indios, que fueron los primeros americanos que se trasladaron a Europa. Agradecido su país adoptivo, confirió a Colón toda clase de honores. Debió de ser un hermoso espectáculo el que presentaba aquel alto, fornido, tostado y encanecido nuevo grande de España, montando a caballo junto al rey, y con esplendor casi regio, ante la asombrada Corte.

La grave y graciosa reina mostraba gran interés por los descubrimientos realizados y mucho entusiasmo para disponer otros nuevos. El Nuevo Mundo era un potente atractivo para su inteligencia y su corazón de mujer; y en cuanto a los aborígenes, llegó a enfrascarse en muy meditados planes para su bienandanza. Después de que Colón probó que se podía navegar de un lado a otro del mundo sin caer en el espacio «fuera» del borde», se presentaron muchos imitadores[4]. Había llevado a cabo la obra de un genio, halló el camino, y había terminado su gran misión. Si se hubiese detenido allí, habría dejado un nombre más excelso, pues en todo lo que hizo después no demostró tener aptitudes.

Organizose a toda prisa una segunda expedición, y el 25 de septiembre de 1493 salió Colón de nuevo, llevando esta vez mil quinientos españoles en diecisiete buques, con animales y utensilios para colonizar su Nuevo Mundo. Y entonces, con estrictas órdenes de la Corona de cristianizar a los

[4] Como decía él mismo, «hasta los sastres se volvieron exploradores».

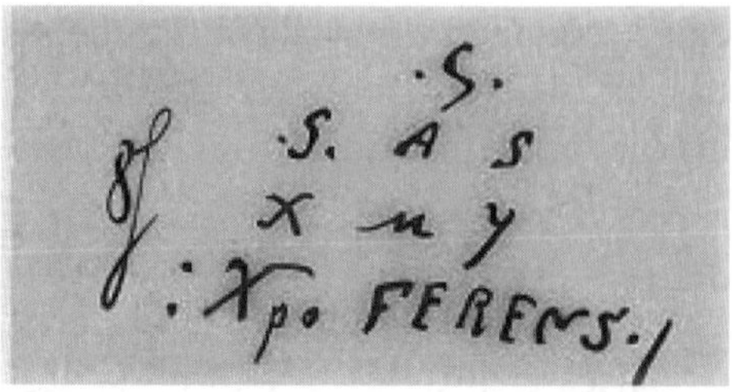

Firma autógrafa de Cristobal Colón.
AHN, diversos, colecciones, 14, N 1088.
Facsímil sobre calco de la firma original.

indios y de darles siempre buenos tratos, Colón llevó consigo los doce primeros misioneros que fueron a América. El asombroso cuidado maternal de España por las almas y los cuerpos de los salvajes, que por tanto tiempo disputaron su entrada en el Nuevo Mundo, empezó temprano y nunca disminuyó. Ninguna otra nación trazó ni llevó a cabo un «régimen» de las Indias» tan noble como el que ha mantenido España en sus posiciones occidentales por espacio de cuatro siglos.

El segundo viaje se realizó luchando con mil y mil dificultades. Algunos de los buques eran inservibles y hacían agua, teniendo las tripulaciones que achicarlos continuamente.

Colón desembarcó por segunda vez en el Nuevo Mundo el 3 de noviembre de 1493, en la isla de la Dominica. Su colonia de La Navidad había sido destruida, y en diciembre fundó la ciudad de Isabela. En enero de 1494 construyó allí la primera iglesia que se erigió en el Nuevo Mundo. Durante esa misma estancia construyó también el primer camino.

Conforme antes hemos dicho, los primeros viajes a América no eran tan difíciles como el obtener los medios para realizarlos; y los riesgos del mar no eran nada comparados con los que existían después de llegar a tierra. Entonces fue cuando Colón experimentó los disgustos que obscurecieron el resto de su vida gloriosa. Si grande fue su genio como explorador, como colonizador fue un fracasado; y aun cuando fundó las primeras cuatro ciudades del Nuevo Mundo, solo sirvieron para su mal. Sus colonos de Isabela no tardaron en amotinarse, y San Tomás, que fundó en Haití, no le dio mejor resultado. Las penalidades de sus continuas exploraciones en las Antillas alteraron su salud, y estuvo enfermo en Isabela cerca de medio año. A no ser por su audaz y diestro hermano Bartolomé, de quien tan poco se sabe, no se habrían tenido tantas noticias de Colón.

En 1495 la Corona, justamente disgustada por la ineptitud del primer virrey del Nuevo Mundo, envió a Juan Aguado con la comisión de inspeccionar lo que allí ocurría. Esto era más de lo que Colón podía tolerar, y dejando a Bartolomé como Adelantado (rango que ahora no tiene equivalente y que era el de un oficial que mandaba en jefe una expedición de descubridores), Colón se apresuró a regresar a España y a sincerarse con sus soberanos. Volviendo a América tan pronto como le fue posible, descubrió por fin el continente de la América del Sur, el día primero de agosto de 1498; pero creyó en un principio que era una isla, y le puso el nombre de Zeta. Sin embargo, muy pronto llegó a la desembocadura del Orinoco, cuya caudalosa corriente le hizo deducir que regaba un continente.

Sintiéndose enfermo, volvió a Isabela, y allí se encontró con que los colonos se habían rebelado contra Bartolomé. Colón aplacó a los amotinados, enviándolos a España con unos cuantos esclavos, acto que no le honra y que solo puede disculpar la época en que vivía. La buena reina Isabel se indignó de tal modo al saber esta barbaridad, que ordenó que se pusiese en libertad a los pobres indios, y envió a Francisco de Bobadilla, el cual aprehendió a Colón y a sus dos hermanos el año 1500 en la Española, y los embarcó, encadenados, para la Península. No tardó Colón en rehabilitarse con la Corona, y Bobadilla fue depuesto; pero con eso terminó el virreinato de Colón en el Nuevo Mundo. En 1502 emprendió su cuarto viaje; descubrió la Martinica y otras islas, y en 1503 fundó su cuarta colonia, a la que dio el nombre de Belén. Pero la desgracia se le venía encima. Después de más de un año de penalidades y trastornos, regresó a España, y allí murió el 20 de mayo de 1506.

En Valladolid se dio sepultura a los restos del descubridor de un mundo; pero varias veces fueron trasladados a distintos lugares. Se dice que están ahora sepultados en una capilla de la catedral de La Habana, al lado de los de su hermano Diego; pero no puede tenerse certeza de esto. Tampoco la hay para negar que tan preciosa reliquia se conservase e inhumase en la isla de Santo Domingo, a donde realmente fueron conducidos desde España. De todos modos, se hallan en el Nuevo Mundo, descansando finalmente en paz en el seno de la América que descubrió.

No era Colón ni un hombre perfecto ni un tunante; aun cuando se le ha presentado bajo ambos aspectos. Era un hombre notable, y, teniendo en cuenta su época y su profesión, era un hombre bueno. A la fe del genio, reunía una maravillosa energía y tenacidad, y gracias a su testarudez pudo llevar a cabo una idea que ahora nos parece naturalísima, pero que entonces todo el mundo consideraba absurda. Mientras se limitó a la profesión a que se había dedicado y en la que probablemente no tenía entonces quien le igualase, sus hechos fueron portentosos. Pero cuando, después de medio siglo de navegante, de repente se convirtió en virrey, vino a ser como el proverbial «marino en tierra»: se perdió por completo. En el desempeño de su nuevo cargo, fue poco práctico, tozudo y hasta perjudicial a la colonización del Nuevo Mundo. Se ha dado en la flor de acusar a los reyes de España de baja ingratitud para con Colón; pero esto es injusto. La culpa la tuvo él con sus propios actos, que hicieron necesarias y justas las rigurosas medidas de la Corona. No era buen administrador, ni tenía elevados principios morales, sin los cuales ningún gobernante puede ganar prestigio. Sus fracasos no eran debidos a bellaquería, sino a ciertas debilidades y a su ineptitud en general para el desempeño de su nuevo cargo, al cual, a sus años, le era difícil adaptarse.

Hay muchos retratos de Colón, pero probablemente ninguno se le parece. En su tiempo era desconocida la fotografía, y no sabemos que ninguno de sus retratos se tornase del natural. Todos los que se conocen, con una sola excepción, se hicieron después de su muerte, y todos de memoria o ajustándose a descripciones de su semblante. Se le representa alto e imponente, de aspecto severo, ojos grises, nariz aguileña, mejillas coloradas y pecosas y pelo cano, y gustaba de llevar el hábito gris de los misioneros franciscanos. Han quedado algunas de sus cartas originales, con su notable autógrafo, y un dibujo que se le atribuye.

Haciendo geografia

Mientras Colón navegaba de un lado a otro del océano, entre el viejo y el nuevo mundo descubierto por él, y construía ciudades y daba nombre a futuras naciones, Inglaterra parecía casi dispuesta a meter baza. Europa entera sintiose pronto conmovida por las extrañas noticias procedentes de España. Moviose entonces Inglaterra, valiéndose de un veneciano conocido por el nombre de Sebastián Cabot. El día 5 de marzo de 1496, cuatro años después del descubrimiento de Colón, Enrique VII de Inglaterra expidió una patente a «Juan Gabote, ciudadano de Venecia» y sus tres hijos, autorizándoles para navegar hacia occidente en un viaje de exploración. Juan y su hijo Sebastián salieron de Bristol en 1497 y, al nacer el día 24 de junio del mismo año, vieron el continente de América —probablemente la costa de Nueva Escocia—; pero nada más hicieron. Después de su regreso a Inglaterra, murió el viejo Cabot.

En mayo de 1498 emprendió Sebastián su segundo viaje, que probablemente le llevó a la Bahía de Hudson, y unos cuantos centenares de millas costa abajo. Hay pocas probabilidades en favor de la hipótesis de que llegase a ver parte alguna de lo que es hoy los Estados Unidos. Navegaba errante por los mares del Norte, de tal modo, que los 300 colonos que se llevó perecieron de frío en el mes de julio.

Inglaterra no trató muy bien a su primer explorador, y en 1512 entró Cabot al servicio más grato de España. En 1517 salió para las posesiones españolas de las Antillas, y en ese viaje le acompañó un inglés llamado Tomás Pert. En agosto de 1526 volvió a salir Cabot con otra expedición española, con rumbo al Pacífico, ya descubierto por un héroe español; pero se amotinaron sus oficiales y se vio obligado a abandonar la empresa. Exploró el Río de la Plata en una extensión de mil millas aproximadamente; construyó un fuerte en una de las bocas del Paraná, y exploró parte de dicho río y del Paraguay, pues la América del Sur había sido posesión española durante casi una generación. De allí regresó a España, y más tarde a Inglaterra, donde murió por el año de 1557.

Se han perdido todos los mapas imperfectos que hizo Cabot del Nuevo Mundo, a excepción de uno que se conserva en Francia; y no ha quedado de ese navegante documento alguno. Cabot era un verdadero explorador y debe incluírsele en la lista de los primeros de América; pero como uno cuyo trabajo fue infructuoso y sin consecuencias, y que vio el Nuevo Mundo, pero no hizo en él nada práctico. Era hombre de gran valor y de tenaz perseverancia, y se le recordará siempre como descubridor de Terranova y del extremo superior del Continente norteamericano.

Suma de geographia q̃ trata de todas las partidas ⁊ prouincias del mundo: en especial de las indias. ⁊ trata largamẽte del arte del marear: juntamẽte con la espera en romãce: con el regimiẽto del sol ⁊ del norte: nueuamente hecha.
R.13216 Con preuilegio real.

Martín Fernández de Enciso, *Suma de Geografía*, Sevilla, Juan Cromberger, 1530 (1.ª ed., Sevilla, Jacobo Cromberger, 1519).

Después de Cabot, Inglaterra durmió una siesta de más de medio siglo. Cuando se despabiló, se encontró con que los despiertos hijos de España se habían esparcido por la mitad del Nuevo Mundo, y que hasta Francia y Portugal la habían dejado rezagada. Cabot, que no era inglés, fue el primer explorador que envió Inglaterra; y a este siguieron Drake y Hawkins, y más tarde los capitanes Amadas y Barlow, con lapsos de setenta y cinco y ochenta y siete años respectivamente, durante los cuales una gran parte de los dos continentes había sido descubierta, explorada y poblada por otras naciones, de las que decididamente iba España a la cabeza.

Colón, el primer explorador que envió España, no era español; pero con su primer descubrimiento se inició una corriente tan impetuosa y tan constante de exploradores nacidos en España, que en cien años hicieron más en América que todas las otras naciones de Europa juntas en los primeros trescientos años. Cabot vio, pero nada hizo; y tres cuartos de siglo después, Sir John Hawkins y Sir Francis Drake —de quienes hacen las viejas historias grandes elogios, pero que se enriquecieron vendiendo infelices africanos como esclavos y con sus piraterías contra buques y ciudades indefensas de las colonias de España con las que Inglaterra se hallaba en paz— vieron Las Antillas y el Pacífico cuando hacía más de medio siglo que eran posesiones españolas. Drake fue el primer inglés que pasó por el Estrecho de Magallanes, y lo hizo sesenta años después que aquel heroico portugués lo descubriera y bautizara con su sangre y su vida. Drake fue probablemente el primero que vio la tierra que hoy llamamos Oregón, único descubrimiento que hizo de alguna importancia. Tomó posesión de Oregón para Inglaterra, con el nombre de «Nueva Albión»; pero la vieja Albión jamás fundó allí colonia alguna.

Sir John Hawkins, pariente de Drake, fue como este un marino distinguido; pero no un verdadero descubridor ni explorador. Ninguno de los dos exploró o colonizó el Nuevo Mundo, y ninguno tampoco dejó en la historia de este más honda impresión que si nunca hubieran nacido. Drake llevó a Inglaterra las primeras patatas; pero no se soñó siquiera en la importancia de tal descubrimiento hasta mucho tiempo después, y eso por otros hombres.

Los capitanes Amadas y Barlow, en 1584, vieron la costa en el Cabo Hatteras y la isla de Roanoke, y se alejaron de ella sin resultado permanente. Al siguiente año, Sir Richard Grenville descubrió el Cabo Fear, y de ahí no pasó. Siguieron las famosas, pero pequeñas expediciones de Sir Walter Raleigh a Virginia, al Orinoco y a Nueva Guinea, y los menos importantes viajes de John Davis al Noroeste, en 1585-1587.

No debemos tampoco olvidar los infructuosos viajes del valiente Martín Frobisher a la Groenlandia, en 1576-1581. No hubo más exploraciones de Inglaterra en América hasta el siglo XVII. En 1602 el capitán Gosnold costeó casi todo el litoral del Atlántico, particularmente alrededor del Cabo Cod; y hasta cinco años más tarde no empezó la ocupación del Nuevo Mundo por Inglaterra. La primera colonia inglesa que hizo gran papel en la historia —como no lo hizo Jamestown— fue la de los Padres Peregrinos, en 1602; y esos no vinieron con el objeto de inaugurar un mundo nuevo, sino para huir de la intolerancia del viejo. En realidad, como ha hecho notar Mr. Winsor, los sajones no tuvieron gran interés por América sino cuando empezaron a comprender que ofrecía oportunidades al comercio.

Pero, si volvemos los ojos a España, ¡cuánto no hizo en los cien años que pasaron después de Colón y antes del desembarco de los fugitivos ingleses en Plymouth Rock! En 1499 Vicente Yáñez de Pinzón, compañero de Colón, descubrió la costa del Brasil y reclamó dicho país en nombre de

España; pero no dejó allí colonia alguna. Hizo sus descubrimientos cerca de las bocas del Amazonas y del Orinoco, y fue el primer europeo que vio el mayor río del mundo. Al año siguiente, Pedro Álvarez Cabral, portugués, fue arrojado a la costa del Brasil por una tormenta; tomó posesión en nombre de Portugal y fundó allí una colonia.

En cuanto a Américo Vespucio, el insignificante aventurero, cuya fama de tal modo eclipsa sus hechos, son en extremo dudosas sus pretensiones por lo que toca a América. Vespucio nació en Florencia, en 1451, y era un hombre instruido, pues su padre ejercía de notario y tenía un tío dominico que le enseñó humanidades. Fue dependiente de la gran casa de los Médicis y, hallándose a su servicio, lo enviaron a España en 1490. Estando allí, entró al empleo del comerciante que equipó la segunda expedición de Colón, el cual era un florentino llamado Juanoto Berardi. Cuando este murió en 1495, dejó sin terminar una contrata para equipar doce buques para la Corona; y se encargó a Vespucio que llevase a cabo la contrata. No hay razón alguna para creer que acompañase a Colón en su primer viaje, ni en el segundo. Según su propio relato, salió de Cádiz el día diez de mayo de 1497, en una expedición española, y llegó al continente de América dieciocho días antes de que lo viese Cabot. Es ridículo el supuesto de algunas enciclopedias de que Vespucio «probablemente se remontó por el norte hasta el cabo Hatteras». Hay pruebas innegables de que nunca vio ni una pulgada del Nuevo Mundo al norte del Ecuador. Volviendo a España a fines de 1498, se embarcó de nuevo el 16 de mayo de 1499 en compañía de Ojeda, con rumbo a Santo Domingo, y en ese viaje empleó unos dieciocho meses. Salió de Lisboa en su tercer viaje, el 10 de mayo de 1501, con destino al Brasil. No es cierto, aun cuando lo digan las enciclopedias, que descubriese y diese nombre a la bahía de Río de Janeiro: ambos honores pertenecen a Cabral, verdadero descubridor y explorador del Brasil y hombre de mucha más importancia histórica que Vespucio. El cuarto viaje de este último, le llevó de Lisboa, el 10 de junio de 1503, a Bahía, y de allí a Cabo Frío, donde construyó un pequeño fuerte. En 1504 regresó a Portugal, y al año siguiente a España, donde murió en 1512.

La historia de estos viajes no tiene más fundamento que el propio relato de Vespucio, el cual no merece entero crédito. Es probable que no se hiciese a la mar en todo el año 1497, y es del todo cierto que no tuvo la menor participación en los verdaderos descubrimientos del Nuevo Mundo.

El nombre de «América» lo inventó y aplicó por primera vez en 1507 un mal informado impresor alemán, llamado Waldzeemüller, a cuyo poder llegaron los documentos de Vespucio. La historia está llena de injusticias; pero nunca se ha cometido otra mayor que ese bautismo de América. Con igual razón hubiera podido llamársela Waldzeemüllera. El primer mapa del Nuevo Mundo lo hizo el español Juan de la Cosa, en 1500, y ese mapa le parecería hoy muy raro a cualquier chico de la escuela. La primera geografía de América, que data de 1517, se debe a Enciso, un español.

Suma de geographia q̃
trata de todas las partidas ⁊ prouin-
cias del mundo: en especial de las indi-
as. ⁊ trata largamẽte del arte del mare
ar: juntamẽte con la espera en romãce:
con el regimiẽto del sol ⁊ del norte: nue
uamente hecha.
R.17216 Con preuilegio real.

Martín Fernández de Enciso, *Suma de Geografía*, Sevilla, Juan Cromberger, 1530 (1ª ed., Sevilla, Jacobo Cromberger, 1519).

Es grato pasar de un hombre harto ponderado y de hechos muy dudosos, a esos verdaderos pero casi desconocidos héroes portugueses que se llamaron Gaspar y Miguel Corte-Real. Gaspar salió de Lisboa el año 1500, y descubrió y dio nombre a Labrador. En 1501 se embarcó de nuevo en Portugal para el mar Ártico, y no se le volvió a ver. Después de esperar un año, su hermano Miguel dirigió una expedición para rescatarlo; pero también él pereció, con todos sus hombres, entre los témpanos del mar del Norte. Un tercer hermano quiso salir en busca de los perdidos exploradores; pero se lo prohibió el rey, quien envió una expedición de dos buques para salvarlos: sin embargo, no se halló la menor huella de los valientes Corte-Real ni de ninguno de sus hombres.

Tales fueron las exploraciones de América hasta fines de la primera década del siglo XVI; una serie de viajes atrevidos y peligrosos (de los cuales solo hemos mencionado los más notables de la gran invasión española), que dieron como resultante el establecimiento de unas cuantas colonias efímeras pero importantes únicamente como un atisbo por las puertas del Nuevo Mundo. Las verdaderas penalidades y peligros; la verdadera exploración y conquista de las Américas, comenzaron con la década de 1510 a 1520: principio de una centuria de exploraciones y conquistas tales como jamás vio el mundo antes, ni ha vuelto a ver después. España lo hizo todo, salvo las heroicas pero comparativamente pequeñas hazañas de Portugal en la América del Sur, entre los sitios conquistados por España. El siglo XVI, en lo que afecta al Nuevo Mundo, no tiene paralelo en la historia militar, y produjo, o mejor dicho, desarrolló hombres tales que en sus proezas sobrepujaron en alto grado a cuantos conquistadores vinieron después. Nuestra parte del hemisferio jamás ha dado a la historia unos capítulos de conquista tan sorprendentes como los que grabaron, en los formidables y selváticos desiertos del sur, Cortés, Pizarro, Valdivia y Quesada, los más grandes dominadores de la América salvaje.

Hubo por lo menos otros cien héroes españoles en aquella época, desconocidos de la fama y enterrados en la oscuridad hasta que la verdadera historia les dé su bien ganada gloria. No hay motivo para creer que esos héroes olvidados fuesen más capaces de realizar grandes hazañas que nuestros Israel Putnams, Ethan Allens, Francis Marions y Daniel Boones; pero hicieron cosas mucho más grandes, espoleados por una mayor necesidad y en el momento perentorio. He dicho un centenar; pero realmente la lista es demasiado larga para ni siquiera catalogarla aquí; y el ocuparnos de sus más grandes cofrades, nos dará materia suficiente para llenar este libro. Ninguna otra nación madre dio jamás a luz cien Stanleys y cuatro Julios Césares en un siglo; pero eso es una parte de lo que hizo España para el Nuevo Mundo. Pizarro, Cortés, Valdivia y Quesada tienen derecho a ser llamados los Césares del Nuevo Mundo, y ninguna de las conquistas, en la historia de América, puede compararse con las que ellos llevaron a cabo. Es sumamente difícil decir cuál de los cuatro fue el más grande; si bien para el historiador solo hay una respuesta posible.

La elección está, por descontado, entre Cortés y Pizarro, y durante mucho tiempo se ha hecho con error. Cortés fue el primero en el orden cronológico, y sus hechos se realizaron más cerca de nuestro país. Era un hombre muy ilustrado en su época y, como César, tenía la ventaja de saber escribir su propia biografía; mientras que su primo lejano Pizarro, no sabía leer ni escribir y firmaba con una cruz; notable contraste con la firma bien trazada y elegante, en aquella época, de Hernán Cortés. Pero Pizarro, que desde un principio tuvo la desventaja de su falta de instrucción; que se vio obligado a luchar con penalidades y obstáculos infinitamente mayores que Cortés, y supo conquistar un territorio tan grande como el de este con una tercera parte de hombres, mucho más violentos y rebeldes, fue, sin duda alguna, el más grande de los españoles que fueron a América, y a la vez el más grande de los dominadores del Nuevo Mundo. Por esta razón, y porque ha sido tratado con tan supina injusticia, he escogido su maravillosa carrera, que se relatará más adelante, como ejemplo del supremo heroísmo de los primeros exploradores españoles.

Pero si bien Pizarro fue el más grande, los cuatro citados son dignos de ser considerados como los Césares de América.

Lo cierto es que aquel grande hombre, pequeño y calvo, de la antigua Roma, que llena con sus hechos las páginas de la historia antigua, ninguna proeza llevó a cabo que superase las de cada uno de esos cuatro héroes españoles, los cuales, con unos pocos compatriotas harapientos en vez de las férreas legiones romanas, conquistaron cada uno un inconcebible desierto, tan salvaje como el que halló César, y cinco veces mayor. La opinión popular hizo durante mucho tiempo una gran injusticia a esos y otros de los conquistadores españoles, empequeñeciendo sus hechos militares por causa de la gran superioridad de sus armas sobre los indígenas, y acusándoles de crueles y despiadados en la exterminación de los aborígenes.

La luz clara y fría de la verdadera historia nos los presenta de un modo muy distinto. En primer lugar, la ventaja de las armas apenas era otra cosa que una superioridad moral en inspirar el terror al principio entre los naturales, puesto que las tristemente toscas e ineficaces armas de fuego de aquella época, apenas eran más peligrosas que los arcos y las flechas que se les oponían. Su eficacia no tenía mucho mayor alcance que las flechas, y eran diez veces más lentas en sus disparos. En cuanto a las pesadas y generalmente dilapidadas armaduras de los españoles y de sus caballos, no protegían del todo a unos ni a otros contra las flechas de cabeza de ágata de los indígenas, y colocaban al hombre y al bruto en desventaja para luchar con sus ágiles enemigos en un lance extremo, además de ser una carga muy pesada con el calor de los trópicos. La «artillería» de aquellos tiempos era casi tan inútil como los ridículos arcabuces.

En cuanto a su comportamiento con los indígenas, hay que reconocer que los que resistieron a los españoles fueron tratados con muchísima menos crueldad que los que se hallaron en el camino de otros colonizadores europeos. Los españoles no exterminaron ninguna nación aborigen —como exterminaron docenas de ellas nuestros antepasados[5]— y, además, cada primera y necesaria lección sangrienta iba seguida de una educación y de cuidados humanitarios. Lo cierto es que la población india de las que fueron posesiones españolas en América, es hoy mayor de lo que era en tiempo

[5] Los ingleses.

de la conquista, y este asombroso contraste de condiciones y la lección que encierra respecto al contraste de los métodos es la mejor contestación a los que han pervertido la historia.

Sin embargo, antes de hablar de los grandes conquistadores, debemos bosquejar la vida aventurera y el fin trágico del descubridor del Océano Pacífico, Vasco Núñez de Balboa.

En uno de los más hermosos poemas escritos en lengua inglesa, se lee:

Como el bravo Cortés, cuando con ojos de águila
contemplaba el Pacífico, mientras sus hombres
mirábanse absortos en raras conjeturas,
silenciosos todos sobre un pico de Darién.

Pero Keats se equivocó. No fue Cortés el primero que vio el Pacífico, sino Balboa, y cinco años antes de que Cortés sentase la planta en el continente de América.

Nació Balboa en la provincia de Extremadura, en 1475. Embarcose, con Bastidas, con rumbo al Nuevo Mundo en 1501, y entonces vio Darién; pero se estableció en la isla Española. Nueve años después se trasladó con Enciso a Darién, y allí permaneció. La vida en el Nuevo Mundo era entonces muy turbulenta, y los primeros años de la de Balboa fueron muy movidos; pero tenemos que pasarlos por alto. Pronto hubo disturbios en la colonia de Darién. Enciso fue depuesto y llevado a España como prisionero, y Balboa tomó el mando. A su llegada a España, Enciso echó toda la culpa a Balboa, y consiguió que el rey condenara a este por el delito de alta traición. Al saber esto, determinó Balboa dar un golpe maestro cuya resonancia le granjease de nuevo el favor del rey. Había oído a los indígenas hablar de otro Océano y del Perú —los que no habían visto todavía ojos europeos—, y se hizo el propósito de hallarlos. En septiembre de 1513 se embarcó para Coyba con 190 hombres, y desde aquel punto, con solo 90 que le siguieron, atravesó a pie el istmo hasta llegar al Pacífico, realizando uno de los viajes más horribles que puede imaginarse, por su longitud. Fue el 26 de septiembre de 1513 el día en que, desde la cima de una sierra, los harapientos y ensangrentados héroes contemplaron la inmensidad azul del Mar del Sur, que no se llamó Pacífico hasta mucho tiempo después. Bajaron a la costa, y Balboa, vadeando el nuevo Océano hasta la rodilla; blandiendo en alto su espada con la mano derecha, y con la izquierda el invicto pendón de Castilla, tomó posesión solemne de aquel mar en nombre del rey de España.

Los exploradores regresaron a Darién el 18 de enero de 1514, y Balboa envió a España una relación de su gran descubrimiento.

Pero Pedro Arias de Ávila había ya salido de la madre patria para substituirlo. Al fin la nueva proeza de Balboa llegó a conocimiento del rey, el cual lo perdonó y le nombró Adelantado; y algún tiempo después casó el descubridor con la hija de Pedro Arias. Siempre con grandes planes, Balboa condujo el material necesario a través del istmo con muchísimo trabajo, y en las playas del azul Pacífico construyó dos bergantines, que fueron los primeros buques que se hicieron en las Américas. Con estos tomó posesión de las islas de las Perlas, y después salió en busca del Perú; pero tuvo que retroceder por la fuerza de las tormentas, que pusieron un fin desastroso a su empresa. Su suegro, celoso del brillante porvenir da Balboa, le llamó a Darién, engañándolo con un mensaje traicionero; y lo prendió y lo hizo ejecutar públicamente el año 1517, acusándolo falsamente de alta traición. Tenía Balboa todo el temple de un gran explorador, y a no ser por la infame acción de Ávila, es probable que hubiese alcanzado más altos honores. Su valor era pura audacia, y su energía incansable; pero fue imprudente y descuidado en su actitud con respecto a la Corona.

Capítulo de la conquista

Mientras el descubridor del mayor de los océanos estaba aún tratando de averiguar sus lejanos misterios, un guapo, atlético y gallardo joven español, que estaba destinado a hacer mucho más ruido en la historia, empezaba a dar que hablar desde los umbrales de América, de cuyos reinos centrales debía ser más tarde el conquistador.

Hernán Cortés pertenecía a una noble y empobrecida familia española, y nació en Extremadura 10 años después de Balboa. A la edad de 14 años le enviaron a estudiar leyes a la ciudad de Salamanca; pero el espíritu aventurero del hombre se manifestaba con fuerza en el endeble muchacho, y a los dos años salió de aquel centro y se fue a su hogar con la determinación de entregarse a una vida errabunda. No se hablaba de otra cosa que de Colón y de su Nuevo Mundo, y ¿qué joven arriscado podía quedarse entonces en España para bucear en enmohecidos libros de leyes? Ciertamente no era de esos el impertérrito Hernán.

Accidentes imprevistos impidiéronle acompañar dos expediciones para las cuales se había preparado; pero al fin, en 1504, se hizo a la vela con rumbo a Santo Domingo, nueva colonia de España, en la que prestó tan buenos servicios, que el comandante Ovando lo ascendió varias veces, alcanzando la fama de ser un soldado modelo. En 1511 acompañó a Velázquez a Cuba, y fue nombrado alcalde de Santiago, donde ganó nuevo prestigio por su valor y firmeza en circunstancias muy críticas. Entretanto, Francisco Hernández de Córdoba, descubridor de Yucatán, héroe del que debemos limitarnos a hacer esta breve mención, había anunciado su importante descubrimiento. Un año después, Grijalba, teniente de Velázquez, había seguido el derrotero de Córdoba, remontándose más al norte, hasta que por fin descubrió México. No hizo, sin embargo, esfuerzo alguno para conquistar o colonizar la nueva tierra, lo cual indignó tanto a Velázquez, que degradó a Grijalba y confió la conquista a Cortés. El ambicioso joven se embarcó en Santiago de Cuba el 18 de noviembre de 1518, con menos de 700 hombres y 12 pequeños cañones de los llamados falconetes. Apenas se había alejado del puerto, Velázquez se arrepintió de haberle dado tan buena ocasión de distinguirse, y en seguida envió fuerza para arrestarlo y conducirlo a su presencia. Pero Cortés era el ídolo de su pequeño ejército, y, seguro de su afecto, se resistió a los emisarios de Velázquez y se mantuvo firme en su empresa. Desembarcó en la costa de México el 4 de marzo de 1519, cerca de lo que es hoy la ciudad de Veracruz, que él fundó y fue la primera ciudad europea en el continente de América al sur de México.

El desembarco de los españoles causó tanta sensación como causaría hoy la llegada a Nueva York de un ejército procedente del planeta Marte.

Los aterrorizados indígenas[6] no habían visto nunca un caballo (porque fueron los españoles los primeros que llevaron al Nuevo Mundo caballos, carneros y otros animales domésticos), y juzgaron que aquellos extraños y pálidos recién venidos, que iban sentados en bestias de cuatro patas y llevaban camisas de hierro y palos que despedían truenos, sin duda debían de ser dioses.

Allí se exaltó la imaginación de los aventureros con áureas leyendas de Montezuma, mito que no engañó a Cortés más paladinamente de lo que ha engañado a algunos historiadores modernos, quienes parecen no saber distinguir entre lo que *oyó* Cortés y lo que *halló* en realidad. Le dijeron que Montezuma —cuyo nombre propiamente es Moctezuma, o bien Motecuzoma, que significa «Nuestro Airado Jefe»— era «Emperador» de México, y que treinta «Reyes», llamados *caciques*, eran sus vasallos; que poseía incalculables riquezas y un poder absoluto, y que su morada resplandecía entre oro y piedras preciosas. Hasta algunos amenos historiadores han caído en el desatino de aceptar como verdaderas estas imposibles leyendas. Nunca ha habido en México más que dos emperadores: Agustín de Iturbide y el infortunado Maximiliano; ambos en el siglo XIX. Moctezuma no fue emperador, ni siquiera rey de México.

La organización social y política de los antiguos mexicanos era exactamente igual a la de los indios llamados «Pueblo» de Nuevo México en la época actual: una democracia militar, con una poderosa y complicada organización religiosa, que ejerce su «poder detrás del trono». Moctezuma era sim-

[6] El historiador indio Tezozomoc describe gráficamente el pasmo de los indígenas.

Lienzo de Tlaxcala.
Encuentro de Cortés y la Malinche con Moctezuma en Tenochtitlan, el 8 de noviembre de 1519.

plemente el Tlacatécutle, o sea el jefe guerrero de los Náhuatl (que así se llamaban los antiguos mexicanos), y no era ni el supremo, ni el único ejecutivo. De su ignominioso fin puede fácilmente deducirse cuan poca era su importancia[7].

Cuando hubo fundado Veracruz, Cortés se hizo elegir gobernador y Capitán general (que era el más alto grado militar) de aquel nuevo país; y después de quemar sus naves, como el famoso general griego, para hacer imposible la retirada, empezó su marcha a través del imponente desierto que se extendía ante su vista.

Entonces fue cuando Cortés empezó a dar muestras del genio militar que le colocó a mayor altura que los demás exploradores de América, excepción hecha de Pizarro. Con solo un puñado de hombres, pues había dejado parte de sus fuerzas en Veracruz al mando de su teniente Escalante, en una tierra desconocida, poblada de enemigos poderosos e indómitos, de poco le hubiera servido el valor y la fuerza bruta. Pero, con una diplomacia tan rara como brillante, descubrió los puntos débiles de la organización de los indios; fomentó la división que causaban los celos entre las tribus; hizo aliados suyos de los que secreta o abiertamente se oponían a la federación de tribus de Moctezuma —liga algo parecida a las Seis Naciones de nuestra propia historia—, y de este modo redujo en gran manera las fuerzas que tenía que combatir. Después de derrotar a las tribus de Tlaxcala y Cholula, Cortés llegó por fin a la extraña ciudad lacustre de México, con su escasa tropa española engrosada con 6.000 aliados indios. Moctezuma lo recibió con gran ceremonia; pero sin duda con intención traicionera. Mientras él

[7] En este, como en otros juicios relativos a la Conquista de Méxcio, y de Cortés, muy diferentes de los conocidos por nosotros, dejamos al autor toda la responsabilidad del criterio. (*N. del E.*)

obsequiaba a sus visitantes en una gran casa de adobe, —no un «palacio», como dicen las historias, porque no había ningún palacio en México—, uno de los subjefes de su liga atacó la pequeña guarnición de Escalante en Veracruz, y mató a varios españoles, incluso al mismo Escalante. La cabeza del teniente español fue enviada a la ciudad de México, porque los indios que vivían al sur de lo que es hoy los Estados Unidos no se contentaban con quitar el cuero cabelludo a un enemigo, sino que le cortaban la cabeza. Esto fue un terrible desastre, no tanto por la pérdida de unos cuantos hombres, sino porque demostraba a los indios (que era lo que querían probar los mensajeros) que los españoles no eran dioses inmortales, sino que se les podía matar como a los demás hombres.

Cuando Cortés se enteró de la triste nueva, vio en el acto el peligro que corría, y dio un golpe audaz para salvarse. Ya había hecho fortificar de un modo seguro el edificio de adobe en que estaban acuartelados los españoles, y entonces, yendo de noche con sus oficiales a la casa del jefe guerrero, se apoderó de Moctezuma y amenazó con matarlo si no entregaba en el acto a los indios que habían atacado Veracruz. Moctezuma los entregó y Cortés los hizo quemar en público. Esto fue un acto cruel; pero era sin duda necesario para causar una viva impresión a los indígenas, so pena de ser aniquilados por ellos. No hay apología posible para esa barbaridad; sin embargo, es justo medir a Cortés por el rasero de aquel tiempo, y entonces reinaba la crueldad en todo el mundo.

Al llegar aquí, es divertido leer en algunos presuntuosos libros de texto que «Cortés hizo encadenar a Moctezuma y le obligó a pagar un rescate de seiscientos mil marcos de oro puro y una inmensa cantidad de piedras preciosas». Esto se halla de acuerdo con las fábulas imposibles que llevaron engañosamente a tantos exploradores españoles a la desilusión y la muerte, y es una buena muestra del brillo de oro con que algunos historiadores, igualmente crédulos, rodean a la naciente América. Moctezuma no compró su rescate; jamás volvió a gozar de libertad, y no pagó cantidad alguna en oro; en cuanto a piedras preciosas, tal vez tuviese unos pocos granates y turquesas verdes de escaso valor, y quizá hasta alguna esmeralda, pero nada más.

En este momento crítico de su carrera, Cortés se vio amenazado desde otro punto. Llegole la noticia de que Pánfilo de Narváez, de quien nos ocuparemos más adelante, había desembarcado con 800 hombres, con el objeto de arrestar a Cortés para llevárselo prisionero por su desobediencia a Velázquez. Pero aquí se mostró de nuevo el genio del conquistador de México, y lo salvó. Marchando contra Narváez con 140 hombres, lo hizo prisionero; alistó bajo su bandera a los 800 que habían venido a arrestarlo, y apresuradamente regresó a la ciudad de México.

Allí encontró que de día en día se ponía la situación más amenazadora. Alvarado, a quien había confiado el mando, provocó al parecer un conflicto atacando un baile de los indios. Por cruel que esto parezca, y como tal se ha censurado, no fue más que una necesidad militar, reconocida así por todos los que realmente conocen a los aborígenes, aun en nuestros días. Los historiadores de gabinete han descrito a los españoles como si hubiesen sorprendido villanamente un festival del país; pero esto es simplemente por ignorancia del asunto. Una danza india no es un festival; es generalmente, y lo era en aquel caso, un macabro ensayo de matanza. Un indio nunca baila por diversión, y a menudo sus bailes tienen más grave intento que el de divertir a otros. En una palabra, Alvarado, viendo que los indios se dedicaban a un baile que evidentemente no era otra cosa que el preludio supersticioso de una carnicería, quiso arrestar a los hechizadores y a otros jefes del cotarro. Si lo hubiese logrado, nada hubiera sucedido, al menos por algún tiempo. Pero los indios eran demasiado numerosos para su pequeña fuerza, y los belicosos cabecillas pudieron escaparse.

Cuando regresó Cortés con sus 800 hombres, tan raramente reclutados, se encontró con que la ciudad había cambiado de aspecto, y que sus hombres estaban sitiados en sus cuarteles. Los indios dejaron tranquilamente que Cortés entrase en la trampa, y después la cerraron de modo que no había escapatoria. Allí estaban unos cuantos centenares de españoles encerrados en su prisión, y los cuatro canales, que eran las únicas vías para llegar a ella (porque la ciudad de México era entonces una Venecia americana), estaban atestados de muchos millares de enemigos.

El indio rara vez se excusa por un fracaso; y los Náhuatl habían ya elegido un nuevo capitán de guerra, llamado Cuitlahuátzin, para reemplazar al inepto Moctezuma. Este continuaba prisionero, y cuando los españoles lo hicieron salir a la azotea para que hablase en su favor, la furiosa muchedumbre de indios lo mató a pedradas. Entonces, al mando de su nuevo caudillo, atacaron a los españoles con tal furia, que ni los toscos falconetes, ni los más toscos fusiles de chispa, pudieron resistirlos, y no tuvieron los españoles más remedio que abrirse paso a lo largo de uno de los canales, en una última y desesperada lucha por la vida. El principio de aquella retirada de seis días fue una de las páginas más dolorosas de la historia de América. Aquella fue la Noche Triste, tan celebrada en los romances y relatos españoles. Los sucesos de tan terrible noche robaron para siempre la dicha de muchos hogares de la madre Patria, y las burbujas de sangre que cubrieron el lago Tezcuco, llevaron el luto y el dolor a muchos amantes corazones. En aquellas pocas horribles horas perecieron dos terceras partes de los conquistadores, y los enloquecidos indios persiguieron a los heridos supervivientes por encima de más de 800 cadáveres de españoles.

Después de una terrible retirada de seis días, ocurrió la importante batalla en los llanos de Otumba, donde se vieron los españoles enteramente cercados; pero se abrieron paso tras una desesperada lucha cuerpo a cuerpo, que realmente decidió la suerte de México. Cortés marchó a Tlaxala, levantó un ejército de indios que eran hostiles a la federación, y con su ayuda puso sitio a aquella ciudad. Duró el asedio setenta y tres días, y fue el más notable que registra la historia de toda la América. Ocurrían todos los días luchas sangrientas. Los indios se defendieron con denuedo; pero al fin el genio de Cortés triunfó, y el día 13 de agosto de 1521 entró victorioso en la segunda de las grandes ciudades aborígenes del Nuevo Mundo.

Estas asombrosas proezas de Cortés, aquí tan brevemente esbozadas, despertaron en España una admiración sin límites, haciendo que la Corona condonase su insubordinación a Velázquez. Las quejas de este fueron desoídas, y Carlos V nombró a Cortés Gobernador y Capitán general de México, además de hacerlo marqués del valle de Oaxaca y otorgarle una considerable pensión.

Investido y seguro con esta alta autoridad, Cortés sofocó un complot contra él, y mandó ejecutar al nuevo caudillo y a muchos de los caciques, que no eran potentados, sino oficiales religioso-militares, cuyo ascendiente sobre las supersticiones de los indios los hacían peligrosos.

Pero Cortés, cuyo genio brillaba más cuanto más insuperables parecían las dificultades y los peligros que se le presentaban, tropezó en lo que ha causado la caída de muchos: el éxito. Al contrario de su analfabeto, pero más noble y más grande primo Pizarro, la prosperidad le dañó y le hizo perder la cabeza y el corazón. A pesar de los juicios poco estudiados de algunos historiadores, Cortés no fue un conquistador cruel. No tan solo era un gran genio militar, sino que trataba con mucha clemencia a los indios, y era muy querido por ellos. La llamada carnicería de Cholula no fue una mancha en su carrera, como algunos han pretendido. La verdad, reivindicada al fin por la historia exacta, es como sigue: los indios lo habían atraído traidoramente a una trampa, so pretexto de amistad. Era ya demasiado tarde para una retirada, cuando averiguó que los indígenas intentaban atacarlo. Y al ver el peligro que corría, no halló más que una escapatoria, esto es, sorprender a los que intentaban sorprenderle; caer sobre ellos antes de que estuviesen listos para caer sobre él; y esto es precisamente lo que hizo. Lo de Cholula es simplemente el caso del que fue por lana y salió trasquilado.

No, Cortés no era cruel con los indios; pero, tan pronto como vio asegurado su poder, se hizo un tirano cruel para sus propios compatriotas, un traidor a sus amigos y hasta a su propio rey, y lo que es peor, un desalmado asesino. Hay pruebas evidentes de que hizo «desaparecer» a varias personas que cerraban el paso a su desmedida ambición; y la infamia que colmó la medida fue el mal trato que dio a su esposa. Tuvo Cortés mucho tiempo por amante a la hermosa india Malinche; pero, después que conquistó México, su legítima esposa fue a dicho país para compartir con él su fortuna. Mas el amor que le profesaba no era tan grande como su ambición, y ella se la estorbaba. Por fin, se la halló una mañana estrangulada en su lecho.

Obcecado por su ambición, proyectó rebelarse abiertamente contra España y declararse emperador de México. La Corona husmeó este lindo plan y envió emisarios que se incautaron de sus bienes, hicieron prisioneros a sus hombres y se dispusieron a desbaratar sus planes secretos. Cortés se apresuró audazmente a volver a España, donde se presentó a su soberano con gran esplendor. Carlos le dispensó buena acogida, y lo condecoró con la ilustre orden de Santiago, patrón de España. Pero su estrella estaba ya declinando, y aun cuando se le permitió volver a México, aparentemente con el mismo poder, desde entonces fue vigilado y nada hizo ya que pudiese compararse con sus primeros y portentosos hechos. Habíase vuelto muy poco escrupuloso, en extremo vengativo y sobradamente peligroso para dejarlo en plena autoridad, y al cabo de pocos años se vio obligada la Corona a nombrar un virrey para desempeñar el gobierno civil de México, dejando a Cortés solamente el mando militar, con el permiso de hacer nuevas conquistas. En el año 1536 Cortés descubrió la Baja California, y exploró parte de su golfo. Al fin, disgustado por su posición inferior, donde antes había sido supremo, volvió a España, donde el rey lo recibió muy fríamente. En 1541 acompañó a su soberano a Argel como agregado, y se portó bizarramente en aquellas guerras. Sin embargo, al regresar de nuevo a España se vio abandonado. Se cuenta que un día en que Carlos V iba a un acto de ceremonia, Cortés montó en el estribo de la regia carroza, resuelto a que se le oyera.

«—¿Quién sois?» —preguntó el rey malhumorado.

«—Soy —replicó el altivo conquistador de México— un hombre que ha dado a V. M. más provincias que ciudades le dejaron sus abuelos».

Sea o no verdad esta anécdota, ilustra gráficamente la arrogancia y los servicios de Cortés. Faltábale el modesto equilibrio de la grandeza verdaderamente grande, como le faltaba a Colón. La presunción de uno y otro no hubiera sido posible para aquel hombre más grande que ambos: el discreto Pizarro.

Al fin, disgustado, Cortés se retiró de la Corte, y el día 2 de diciembre de 1554, el hombre que había sido el primero en abrir el interior de América al mundo, falleció cerca de Sevilla.

Algunos exploradores hubo en la América del Sur cuyas proezas fueron tan asombrosas como las de Cortés en México. La conquista de los dos continentes fue casi contemporánea, e igualmente notable por el más elevado genio militar, el más impertérrito valor, y por haber salvado peligros espantosos y penalidades que eran casi sobrehumanas.

Francisco Pizarro,
Marqués de los Atabillos,
Gobernador y Administrador de S. M. del Rno., en virtud de una capitulación que se otorgó el 26 de julio en 1529 y entró en el Perú el año de 1530.
Dibujo de Ernest Charton.

Francisco Pizarro, el analfabeto pero invencible conquistador del Perú, tenía 15 años más que su bizarro primo Cortés y nació en la misma provincia de España. Empezose a hablar de él en América en el año 1510. Desde 1524 a 1532 estuvo haciendo esfuerzos sobrehumanos para llegar a la desconocida y aurífera tierra del Perú, venciendo obstáculos que ni siquiera Colón los había encontrado iguales, y arrostrando peligros y penalidades mayores que los que sufrieron César y Napoleón. Desde 1532 hasta su muerte, acaecida en 1541, ocupose en conquistar y explorar aquel enorme país, y fundar una nueva nación entre sus feroces tribus, luchando no solo con numerosas hordas de indios, sino también con hombres desalmados de su séquito, a manos de los cuales pereció traidoramente. Pizarro halló y dominó el país más rico del Nuevo Mundo y, no obstante sus incomparables sufrimientos, vio realizados más que ninguno de los otros conquistadores los sueños dorados que todos perseguían. Probablemente ninguna otra conquista en

Pedro de Valdivia (1497-1553). En 1541 recibió de sus compañeros conquistadores organizados en un cabildo, el título de Gobernador y Capitán General del Reino de Chile.

la historia del mundo produjo tan rápida y deslumbradora riqueza, y ciertamente ninguna se compró más cara en punto a penalidades y heroísmo. Algunos historiadores ignorantes de los hechos reales, y obcecados por el prejuicio, han tratado muy injustamente la conquista de Pizarro; pero esa historia maravillosa, cuyos detalles relataremos más adelante, está depurándose y poniéndose en su lugar, como uno de los hechos más estupendos y atrevidos de la Historia. Es la de un héroe a quien todos los verdaderos americanos, jóvenes o viejos, harán justicia de buen grado. Por mucho tiempo se nos ha presentado a Pizarro como un conquistador sanguinario y cruel, como un hombre egoísta, inmoral y peligroso; pero, bajo la clara y verdadera luz de la historia de los hechos, destaca ahora como uno de los más grandes hombres hijos de su propio esfuerzo, y que, considerando las circunstancias que le rodearon, merece el mayor respeto y admiración por la figura que de sí mismo supo labrar. La conquista del Perú no causó ni con mucho tanto derramamiento de sangre como la sujeción final de las tribus indias de Virginia. Escasamente hizo tantas víctimas de peruanos como la guerra del «rey Philip»[8] y fue mucho menos sanguinaria, porque era más abierta y honrosa que cualquiera de las conquistas de Inglaterra en la India Oriental. En el Perú los más cruentos sucesos ocurrieron después de la conquista, cuando los españoles empezaron a pelear unos contra otros; y entonces Pizarro no fue el agresor, sino la víctima. Todo se debió a la traición de sus propios aliados, de los hombres a quienes había procurado fama y fortuna. Sus conquistas se extendieron en una comarca tan vasta como los Estados de California, Oregón; y una gran parte del de Washington, o como nuestro litoral desde Nueva Escocia a Port Royal y 200 millas tierra

[8] Véase la nota de la página 49.

adentro, y en una tierra donde abundaban los indios mejor organizados y más adelantados del hemisferio Occidental; y esto lo llevó a cabo con menos de 300 hombres harapientos y desgarbados. ¡A tal grandeza llegó el pobre, ignorante y desvalido porquero de Trujillo! Fue uno de los grandes capitanes que han existido, y casi tan notable como organizador y como ejecutivo de un nuevo imperio, que fue el primero en la costa del Pacífico de la América del Sur.

Pedro de Valdivia, conquistador de Chile, sometió aquel vasto territorio de los crueles Araucanos, con un «ejército» de doscientos hombres. Estableció la primera colonia en Chile en 1540, y en el mes de febrero siguiente fundó la actual ciudad de Santiago de Chile. De sus largas y encarnizadas guerras con los araucanos no hablaremos aquí por falta de espacio. Fue muerto por los indígenas el día 3 de diciembre de 1553, con casi todos sus hombres, después de una desesperada e indescriptible lucha.

No tenemos aquí bastante espacio para relatar los portentosos hechos que ocurrieron en el continente del Sur o en la parte inferior de la América del Norte: la conquista de Nicaragua, por Gil González Dávila, en 1523; la conquista de Guatemala, por Pedro de Alvarado, en 1524; la de Yucatán, por Francisco de Montijo, que empezó en 1526; la de Nueva Granada, por Gonzalo Giménez de Quesada, en 1536; las conquistas y exploración de Bolivia, del Amazonas y del Orinoco (hasta cuyas cataratas habían penetrado los españoles en 1530, con casi sobrehumanos esfuerzos); las incomparables guerras con los araucanos en Chile (por espacio de dos siglos), con los Tarrahumares en Chihuahua, con los Tepehuanes en Durango y los indómitos Yaquis en el noroeste de México; las proezas del capitán Diego Martínez de Hurdaide (el Daniel Boone de Sinaloa y Sonora), y de centenares de otros desconocidos españoles, que hubieran alcanzado renombre universal, si hubiesen sabido de ellos los trompeteros de la fama.

La vuelta alrededor del mundo

Antes de que Cortés conquistase México, o que Pizarro y Valdivia viesen las tierras con las que debían asociar sus nombres para siempre, otros españoles —menos conquistadores, pero tan grandes exploradores como ellos— cambiaban rápidamente la geografía del Nuevo Mundo. También Francia se había despertado un poco; y en el año 1500 su bizarro hijo, el capitán Gonneville, se había embarcado. Pero entre él y el siguiente explorador, que fue un florentino pagado por los franceses, hubo un lapso de veinticuatro años; y en ese tiempo España llevó a cabo cuatro importantísimos hechos.

Fernão Magalhães, a quien conocemos con el nombre de Fernando Magallanes, nació en Portugal el año de 1470; y al llegar a su viril edad adoptó la vida de marino, a la cual le inclinaba su carácter aventurero. En el viejo Mundo no se hablaba más que del Nuevo, y Magallanes anhelaba explorar las Américas. Por haberle tratado muy desabridamente el rey de Portugal, se alistó bajo la bandera de España, donde se reconoció su talento. Salió de la Península al mando de una expedición española, el 10 de agosto de 1519 y, navegando más al sur de lo que fueran otros marinos, descubrió el Cabo de Hornos y el estrecho que lleva su nombre. El hado no le permitió llevar más lejos sus descubrimientos, ni recoger el galardón de los que realizara, pues durante ese viaje (en 1521) fue descuartizado por los indígenas de una de las islas Molucas. Su heroico lugarteniente, Juan Sebastián de Elcano, tomó entonces el mando y continuó el viaje hasta dar la vuelta al globo por vez primera en la historia. Cuando regresó a España, la Corona premió sus brillantes hechos y le dio, entre otros honores, un escudo que tenía por blasón un globo y el lema *«tu primus circumdedisti me»* (tú fuiste el primero en dar la vuelta en torno mío).

Juan Ponce de León, descubridor de La Florida, primer Estado de nuestra Unión que vieron los europeos, fue un explorador tan desgraciado como

Fernando de Magallanes, nombrado por Carlos V adelantado, capitán general de la «Armada para el descubrimiento de la especería» y caballero de la Orden de Santiago. Descubrió el cabo de Hornos y el estrecho que lleva su nombre.

Magallanes; porque vino a la «Tierra de las flores», atraído por el fantástico mito de una fuente de perenne juventud, tan solo para ser víctima de los indios que la habitaban. Ponce de León nació en Santervás de Campos (Valladolid, España), en el último tercio del siglo XV. Conquistó la isla de Puerto Rico, y embarcándose en 1512 en busca de La Florida, de la que tenía noticias por los indios, descubrió la nueva tierra el mismo año, y tomó posesión de ella en nombre de España. Se le dio el título de Adelantado de La Florida, y en el año 1521 volvió con tres buques para conquistar su nuevo país; pero fue mortalmente herido en una lucha con los indios, muriendo al regresar a Cuba. Fue uno de los bravos españoles que acompañaron a Colón en su segundo viaje a América, en 1493.

Mucho más que Ponce de León hizo Hernando de Soto en La Florida. Este valiente conquistador nació en Extremadura, hacia el año 1495. Pedro Arias de Ávila tomó afecto a su joven y perspicaz pariente, lo ayudó a obtener una educación universitaria, y en el año 1519 lo llevó consigo en su expedición a Darién. Soto ganó prestigio en el Nuevo Mundo, y llegó a ser considerado como un oficial prudente y valeroso. En 1528 mandó una expedición para explorar la costa de Guatemala y Yucatán; en 1523 llevó un refuerzo de 300 hombres para ayudar a Pizarro en la conquista del Perú. En aquella aurífera tierra Soto obtuvo grandes riquezas, y el pobre soldado que desembarcara en América sin más que su espada y su escudo, volvió a España con lo que entonces se consideraba una enorme fortuna. Allí se casó con una hija de su protector Ávila, y de este modo fue cuñado del descubridor del Pacífico, Balboa. Soto prestó una parte de su fácilmente adquirida fortuna al emperador Carlos, que con las constan-

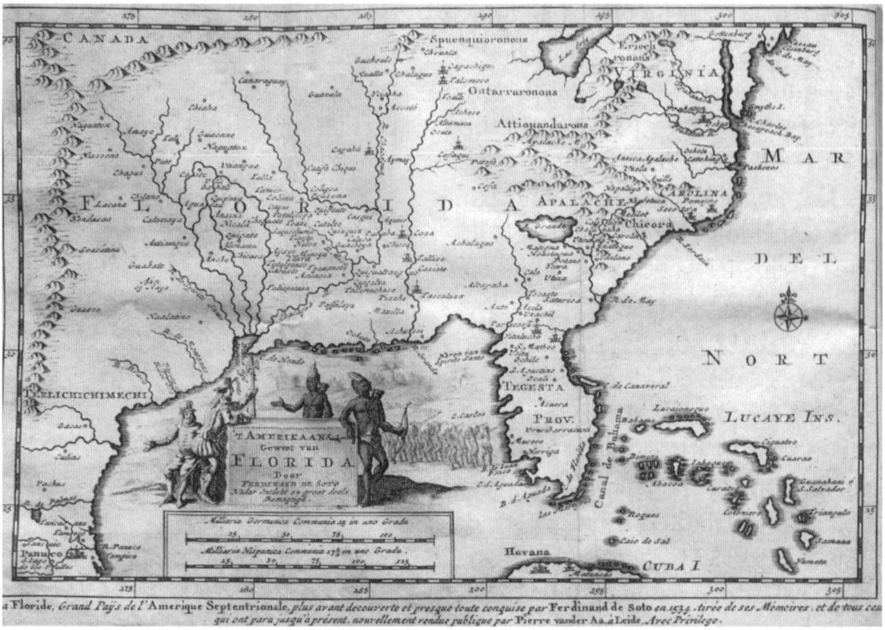

Mapa trazado con la información de la época de Hernando de Soto.

tes guerras había agotado el erario, y Carlos lo envió como gobernador de Cuba y Adelantado de la nueva provincia de La Florida. En 1538 se hizo a la mar con un ejército de seiscientos hombres muy bien equipados, grupo de aventureros atraídos a la bandera de su famoso compatriota por el deseo de hacer descubrimientos y hallar oro. La expedición desembarcó en La Florida, en la bahía del Espíritu Santo, en mayo de 1539, y volvió a tomar posesión de aquel ignoto desierto en nombre de España. Pero el brillante éxito que alcanzó Soto en los montes del Perú, pareció abandonarlo del todo en los pantanos de La Florida. Es digno de notarse que casi todos los exploradores que hicieron maravillas en la América del Sur, fracasaron cuando llevaban sus operaciones al continente del norte. Era tan completamente distinta la geografía física de ambos, que después de acostumbrarse a las necesidades del uno, el explorador parecía incapaz de adaptarse a las condiciones opuestas del otro.

Soto y sus hombres anduvieron errantes por la parte meridional de lo que es hoy Estados Unidos, por espacio de cuatro mortales años. Es probable que en sus viajes pasasen por los actuales Estados de La Florida, Georgia, Arkansas, Misisipi, Alabama, Luisiana y la parte nordeste de Texas. En 1541 llegaron al río Misisipi, y fueron ellos los primeros europeos que vieron el padre de las aguas (en algún punto de su corriente excepto en su boca), un siglo y cuarto antes de que lo viesen los heroicos franceses Marquette y La Salle.

Aquel invierno lo pasaron a lo largo del Washita, y al principio del verano de 1542, cuando regresaban Misisipi abajo, murió el valiente Soto, depositándose su cadáver en el lecho del copioso río que él había descubierto, doscientos años antes de que lo viese ningún «norteamericano». Sus hombres, maltrechos y descorazonados, pasaron allí un terrible invierno, y en 1543, al mando del teniente Moscoso, construyeron unos toscos buques, y bajaron en ellos por el río Misisipi hasta el golfo en diecinueve días, realizando la primera navegación que se llevó a cabo en nuestra parte de América. Desde la desembocadura fueron costeando hacia Occidente, y al fin llegaron a Panuco (México), después de cinco años de penalidades y sufrimientos tales como jamás los experimentó ningún explorador sajón en las Américas. Cerca de un siglo y medio después que el desgarbado ejército de hombres famélicos de Soto tomara posesión de Luisiana en nombre de España, pasó aquel territorio a poder de los franceses, y a Francia lo compraron los Estados Unidos al cabo de más de un siglo.

De modo que cuando Verazzano, el florentino enviado por Francia, llegó a América en 1524, costeó el Atlántico desde un punto de La Carolina del Sur hasta Terranova, y publicó una breve descripción de lo que había visto, ya España había dado la vuelta al mundo; había llegado al extremo sur de América, conquistado un vasto territorio y descubierto más de media docena de nuestros actuales Estados, después de la última visita de un francés a América. Por lo que toca a Inglaterra, era casi tan desconocida en esta parte del mundo como si nunca hubiese existido.

Después de Ponce de León y antes que Soto, Francisco de Garay, conquistador de Tampico, visitó La Florida en 1518. Fue con el objeto de dominar aquel país; pero fracasó y murió poco después en México, siendo probable que fuese envenenado por orden de Cortés. Dejó aun menos recuerdo de lo que hizo en La Florida Ponce de León, y pertenece al número de exploradores españoles que, aun siendo verdaderos héroes, llevaron a cabo hechos de poca resonancia; y estos fueron demasiado numerosos para hacer ni siquiera una lista de ellos.

En 1527 salió de España la expedición más desastrosa que se envió al Nuevo Mundo; expedición notable únicamente por dos cosas; fue tal vez la más desgraciada de que hay historia y condujo al hombre que supo ser el primero en cruzar el Continente americano, el cual hizo verdaderamente una de las más asombrosas marchas a pie que se han realizado desde que el mundo es mundo. Pánfilo de Narváez, que tan vergonzosamente fracasó cuando fue a arrestar a Cortés, mandaba la expedición con autoridad para conquistar La Florida, y su tesorero era Álvaro Núñez Cabeza de Vaca. En 1528 desembarcó esa compañía en La Florida, y empezó desde luego una serie de horrores que ponen los pelos de punta. Los naufragios, los indígenas y el hambre, causaron tal destrozo en la malhadada compañía, que cuando en 1529 los pieles rojas hicieron esclavos a Cabeza de Vaca y tres de sus compañeros, eran estos los únicos supervivientes de la expedición.

Vaca y sus compañeros anduvieron al azar desde La Florida hasta el Golfo de California, sufriendo increíbles peligros y tormentos, y llegando allí después de andar errantes durante más de 8 años. El heroísmo de Cabeza de Vaca recibió su galardón. El rey lo hizo gobernador del Paraguay en 1540; pero resultó tan inepto para este cargo como lo fue Colón para el de virrey, y no tardó en volver cargado de cadenas a España, donde murió.

Pero la relación que publicó de cuanto vio en ese pasmoso viaje (porque Vaca era un hombre educado y dejó dos libros muy interesantes y valiosos), hizo que sus compatriotas se determinasen a comenzar con empeño la exploración y colonización de lo que es hoy los Estados Unidos, a construir las primeras ciudades y a labrar las primeras granjas en el país que ha llegado a ser la nación más vasta del mundo.

Los treinta años que siguieron a la conquista de México por Cortés vieron un cambio asombroso en el Nuevo Mundo. En esos años ocurrieron maravillas. Brillantes descubrimientos, exploraciones sin igual, intrépidas conquistas y colonizaciones heroicas se siguieron unas a otras con vertiginosa rapidez; y, a excepción de las bizarras pero escasas proezas de los portugueses en la América del Sur, España fue la única que llevó a cabo esos hechos. Desde Kansas hasta el cabo de Hornos, era todo una vasta posesión española, salvo algunas partes del Brasil, donde el héroe portugués Cabral había sentado la planta en nombre de su país. Se construyeron centenares de poblaciones españolas, escuelas, universidades, imprentas, libros e iglesias españolas empezaban su obra de ilustración en los ignotos continentes de América, y los incansables secuaces de Santiago marchaban siempre adelante.

La América, particularmente México, era rápidamente colonizada por los españoles. El desarrollo de las colonias donde había recursos para mantener una población creciente era muy notable en relación a aquellos tiempos. La ciudad de Puebla, por ejemplo, en el Estado mexicano del mismo nombre, se fundó en 1532 y empezó con treinta y tres colonos, y en 1678 tenía 80.000 habitantes, que son veinte mil más de los que tenía la ciudad de Nueva York ciento veintidós años después.

España en los Estados Unidos

Cortés era todavía capitán general cuando llegó Cabeza de Vaca a las colonias españolas, después de su correría de ocho años, portador de noticias de países extranjeros situados más al norte; pero Antonio de Mendoza era Virrey de México y superior a Cortés en jerarquía, y entre él y el conquistador traicionero había interminables disensiones. Cortés trabajaba para sí mismo; Mendoza, para España.

A medida que en México se hacían más espesas las colonias españolas, la atención de los inquietos exploradores de mundos empezó a dirigirse hacia los misterios del vasto y desconocido país situado más al norte. Las cosas raras que Vaca había visto no podían menos de excitar la curiosidad de los intrépidos aventureros a quienes las contaba. Lo cierto es que antes de un año de haber llegado a México el primer viajero trascontinental, habían descubierto sus compatriotas dos más de nuestros actuales Estados como resultado directo de sus narraciones. Y ahora llegamos a uno de los hombres más calumniados de todos: fray Marcos de Nizza, descubridor de Arizona y Nuevo México.

Fray Marcos era natural de la provincia de Niza, que formaba entonces parte de Saboya, y debió llegar a América por el año 1531. Acompañó a Pizarro al Perú, y de allí volvió finalmente a México. Fue el primero en explorar las tierras desconocidas, de las que Vaca había oído a los indios contar cosas tan estupendas, aun cuando él no las había visto: «las siete ciudades de Cíbola, llenas de oro», y otras innumerables maravillas. Fray Marcos salió a pie de Culiacán (Sinaloa, borde occidental de México), en la primavera de 1539, con el negro Estebanico, que fue uno de los compañeros de Vaca, y unos cuantos indios. Un hermano lego, Honorato, que salió con él, pronto cayó enfermo y no continuó el viaje. Ahora bien: esa fue una verdadera exploración española, un buen ejemplo de centenares de ellas: aquel denodado sacerdote, sin armas, con una veintena de hombres que no inspiraban confianza, emprendió una marcha de un año, a través de un desierto donde, aun en estos días de ferrocarriles y carreteras, caminos y aguas alumbradas, hay hombres que mueren todos los años de sed, sin contar los millares que perecen a mano de los indios. Pero esas pequeñeces solo servían para abrir el apetito de los españoles, y fray Marcos siguió sufriendo el cansancio del camino hasta que, a principios de junio da 1539, llegó por fin a las Siete Ciudades de Cíbola. Estas se hallaban al extremo occidental de Nuevo México, cerca del actual y extraño pueblo indio de Zuñi, que es todo lo que queda de aquellas famosas ciudades, y está hoy casi lo mismo que como la vio aquel heroico sacerdote hace trescientos cincuenta años. Al pie del pasmoso risco de Toyallahnah, la sagrada montaña de los truenos de Zuñi, el negro Estebanico fue muerto por los indios, y fray Marcos se libró de igual suerte por haberse retirado a tiempo. Obtuvo cuantos informes pudo acerca de las extrañas y elevadas poblaciones que divisó, y regresó a México con grandes noticias. Se le ha acusado de haber dado informes erróneos y exagerados; pero, si sus críticos no hubiesen sido tan desconocedores de la calidad de los indios y de sus tradiciones, no hubieran hablado de esta suerte. Las afirmaciones de fray Marcos eran absolutamente verídicas.

Cuando el buen padre hizo su relación, bien se puede asegurar que todos aguzaron el oído en Nueva España, nombre que entonces se daba a México, y en cuanto fue posible organizar una expedición armada, salió para las Siete Ciudades de Cíbola, sirviéndole de guía el mismo fray Marcos. De dicha expedición hablaremos en breve. Fray Marcos la acompañó hasta llegar a Zuñi, y entonces regresó a México, baldado por el reumatismo, del cual nunca llegó a curarse. Murió en el convento de la ciudad de México, el 25 de marzo de 1558.

El hombre a quien fray Marcos condujo a las Siete Ciudades de Cíbola, fue el más grande explorador que jamás pisó el continente del norte, si bien sus exploraciones solo le produjeron desastres y amarguras. Nos referimos a Francisco Vázquez de Coronado, natural de Salamanca (España). Coronado era joven, ambicioso y tenía ya renombre. Era gobernador de la provincia mejicana de Nueva Galicia, cuando supo la noticia referente a las Siete Ciudades. Mendoza, contra la fuerte oposición de Cortés, decidió efectuar una expedición que libraría al país de unos cuantos centenares de audaces y jóvenes espadachines españoles que estaban reñidos con la paz, y al mismo tiempo a fin de conquistar nuevos países para la Corona. En consecuencia, puso a Coronado al frente de un grupo de unos doscientos cincuenta españoles, para que fuesen a colonizar las tierras descubiertas por fray Marcos, con estrictas órdenes de no volver jamás.

Coronado salió de Culiacán con su pequeño ejército en los albores de 1540. Guiados por el incansable sacerdote, llegaron a Zuñi en julio, y tomaron el pueblo después de una lucha feroz, con lo cual terminaron entonces las hostilidades. Desde allí envió Coronado pequeñas expediciones a los extraños pueblos de Moqui, construidos sobre riscos (en la parte nordeste de Arizona), al gran cañón del Colorado y al pueblo de Gemez, situado al norte de Nuevo México. Durante aquel invierno trasladó todas sus fuerzas a Tiguex, donde se encuentra ahora la linda aldea Nuevo México de Bernalillo, en el Río Grande, y allí empeñó una seria y poco digna guerra con los indios Pueblos de Tigua.

Allí fue donde oyó hablar del áureo mito que le tentó, haciéndole pasar tan duras penalidades y que causó después la muerte a muchos centenares de hombres: la fábula de Quivira. Esta, según le aseguraban los indios de las vastas llanuras, era una ciudad toda de oro puro. En la primavera de 1541, Coronado y sus hombres salieren en busca de Quivira y marcharon a través de aquellas tremebundas sabanas hasta el centro de nuestro actual territorio indio. Allí, viendo que había sido engañado, Coronado hizo retro ceder su ejército a Tiguex, y él, con 30 hombres, siguió adelante y atravesó el río Arkansas hasta llegar al extremo nordeste de Kansas, esto es, a tres cuartas partes de la distancia que media entre el Golfo de California y Nueva York, y mucho más si se tiene en cuenta los rodeos que dieron.

Encontró allí la tribu de los Quiviras, salvajes nómadas que se dedicaban a la caza del búfalo, pero no tenían oro, ni sabían dónde se hallaba. Coronado regresó por fin a Bernalillo, después de un lapso de tres meses de incesantes marchas y horribles sufrimientos. Poco después de su vuelta, una caída del caballo puso su vida en grave peligro. Pasó la crisis; pero su salud quedó quebrantada, y descorazonado por sus dolencias físicas y por las infructíferas contrariedades de la inhospitalaria tierra que se propusiera colonizar, abandonó el proyecto de poblar Nuevo México y en el verano de 1542 regresó a México con sus hombres.

Su desobediencia al virrey, por haber abandonado su empresa, le hizo caer en disfavor, y pasó el resto de su vida en relativa oscuridad.

Triste final fue ese para el hombre notable que descubriera tantos miles de millas del sediento sudoeste, casi tres siglos antes de que lo viese ninguno de nuestros paisanos; para aquel soldado bien nacido, instruido y denodado, y que fue el ídolo de su tropa. Como explorador no tiene rival;

pero como colonizador fracasó por completo. Habíase criado en la ciudad y no era montaraz; y acostumbrado solamente a vivir en Jalisco y las regiones de México situadas junto al Golfo de California, no conocía los terribles desiertos de Arizona y Nuevo México y no pudo acomodarse a aquel medio ambiente. Hasta medio siglo después que llegó un español nacido en la frontera de aquellas tierras áridas, no pudo colonizarse Nuevo México con feliz éxito.

Mientras el descubridor del territorio indio y de Kansas iba en persecución de un mito de oro a través de las solitarias llanuras, sus compatriotas habían hallado y estaban explorando otro de nuestros Estados: nuestro dorado jardín de California. Hernando de Alarcón, en 1540, navegó por el río Colorado hasta una gran distancia del Golfo, probablemente hasta Great Bend, y en 1543 Juan Rodrigues Cabrillo exploró la costa californiana del Pacífico, hasta llegar a cien millas al norte del sitio donde tres siglos más tarde debía fundarse la ciudad de San Francisco.

Después de los desalentadores descubrimientos de Coronado, los españoles, durante muchos años, consagraron muy poca atención a Nuevo México. ¡Bastante había que hacer en la Nueva España para tener ocupada por algún tiempo la indómita energía española en la civilización de su nuevo imperio! Fray Pedro de Gante había fundado en México, en 1524, las primeras escuelas del Nuevo Mundo, y desde entonces todas las iglesias y conventos, en la América española, tenían adjunta una escuela para los indios. En 1524 no había entre los innumerables millares de indios de México uno solo que supiese lo que eran letras; pero veinte años después eran tantos los que habían aprendido a leer y escribir, que el obispo Zumárraga hizo imprimir para ellos un libro en su propio idioma. En 1543 había hasta escuelas industriales para aquellos indios. Ese buen obispo Zumárraga fue también el que trajo la primera prensa al Nuevo Mundo, en 1536. Se montó en la ciudad de México y pronto empezó a trabajar activamente. El libro más antiguo impreso en América que hoy existe salió de dicha prensa en 1539. La mayoría de los primeros libros que allí se imprimieron tenían por objeto hacer inteligibles los dialectos indios; medida de humanitaria educación que no ha sabido copiar ninguna otra nación colonizadora en el Nuevo Mundo. La primera música que se imprimió en América salió también de la misma prensa en 1584.

Lo más notable de todo, y que demuestra la actitud educadora de los españoles en los nuevos continentes, fue un resultado enteramente singular. No solamente su actividad intelectual creó entre ellos mismos una constelación de eminentes escritores, sino que, al cabo de pocos años, había una escuela de importantes autores indios. Sería una pérdida irreparable para el conocimiento de la verdadera historia de América, la de las crónicas de escritores indios tales como Tezozomok, Camargo y Pomar, en México; Juan de Santa Cruz, Pachacuti Yamqui Salcamayhua, en el Perú, y muchos otros. ¡Y qué ganancia no hubiera tenido la ciencia si nosotros nos hubiésemos tomado la pena de educar a nuestros aborígenes para que se prestasen tan útil ayuda a sí mismos y a los conocimientos humanos!

En todas las demás tareas intelectuales que conocía entonces el mundo, los hijos de España realizaban en América notables progresos. En geografía, en historia natural, en física y química y en otras ciencias, fueron en nuestros países los primeros, como lo habían sido en sus descubrimientos y exploraciones. Es un hecho pasmoso que, en época tan lejana como el año 1579, se hizo en público una autopsia del cadáver de un indio en la Universidad de México, para indagar la naturaleza de una epidemia que entonces causaba estragos en Nueva España. Es dudoso que en aquella época hubiesen llegado tan lejos en la misma ciudad de Londres. Y en libros de aquel período, que existen todavía, hallamos proyectos de armas de repetición, y hasta una inequívoca indicación del teléfono. ¡La primera prensa no llegó a las colonias inglesas de América hasta 1638! ¡Cerca de cien años a la zaga de México! En todo el mundo tardaron en aparecer los periódicos: el primero auténtico de que hay noticia en la historia, se publicó en Alemania en 1615. En Inglaterra apareció el primero en 1622, y las colonias norteamericanas no tuvieron uno hasta 1704. «El Mercurio Volante», folleto que daba noticias, se publicaba en la ciudad de México antes del año 1693.

Cuando las malas nuevas de Coronado se habían en gran parte olvidado, empezó otra incursión española hacia Nuevo México y Arizona. Entretanto, habían ocurrido en La Florida importantes acontecimientos. Los muchos fracasos padecidos en ese desgraciado país no desalentaron a los españoles en su empeño de colonizarlo. Por último, en 1560, se estableció allí de un modo permanente Menéndez de Avilés, español muy cruel, el cual no obstante tuvo el honor de fundar y dar nombre a la ciudad más antigua de los Estados Unidos —San Agustín—, en 1560. Menéndez encontró una pequeña colonia de hugonotes franceses que se habían desviado hasta allí el año antes al mando de Ribault, a los que él hizo prisioneros y los ahorcó, poniéndoles un cartel en que decía que habían sido ejecutados «no por ser franceses, sino por herejes». Dos años después, la expedición francesa de Dominique de Gourges se apoderó de los tres fuertes españoles que allí se habían construido, y ahorcó a los colonos, «no por ser españoles, sino por asesinos»; lo cual no dejó de ser una venganza muy ingeniosa como réplica; pero muy censurable por el hecho. En 1586 Sir Francis Drake, a cuyas aficiones piráticas hemos aludido ya, destruyó la floreciente colonia de San Agustín, que se volvió a construir en seguida. En 1763 España cedió La Florida a la Gran Bretaña, en cambio de La Habana, de la que Albemarle habíase apoderado un año antes. También es interesante el hecho de que los españoles estuvieron en Virginia cerca de 30 años antes de que Sir Walter Raleigh intentase establecer allí una colonia, y medio siglo largo antes de la visita de John Smith. Ya en 1556, la bahía de Chesapeake era conocida de los españoles con el nombre de Bahía de Santa María, y se había enviado allí, para colonizar el país, una expedición que fracasó. En 1531 tres misioneros españoles, fray Agustín Rodríguez, fray Francisco López y fray Juan de Santa María, salieron de Santa Bárbara (Chihuahua, México), con una escolta de nueve soldados españoles al mando de Francisco Sánchez Chamuscado. Anduvieron trabajosamente a lo largo del Río Grande hasta donde se encuentra ahora Bernalillo, o sea en una marcha de unas mil millas. Allí quedaron los misioneros para enseñar la doctrina, mientras los soldado, exploraban el país hasta Zuñi, y entonces regresaron a Santa Bárbara. Chamuscado murió en el camino. En cuanto a los valientes misioneros que quedaron atrás en el desierto, no tardaron en ser mártires. Fray Santa María fue muerto por los indios cerca de San Pedro, mientras realizaba una penosa caminata, solo y a pie, para volver a México aquel otoño. Fray Rodríguez y fray López fueron asesinados por su traicionero rebaño en Puaray, en diciembre de 1581.

Al año siguiente, Antonio de Espejo, opulento hijo de Córdoba, salió de Santa Bárbara (Chihuahua), con 14 hombres, para afrontar los desiertos y los salvajes de Nuevo México. Anduvo Río Grande arriba hasta un poco más allá de donde ahora se halla Alburquerque, sin que le hiciesen resistencia los indios de la tribu Pueblo. Visitó sus ciudades de Zia, Jenez, la empinada Acoma, Zuñi y la lejana Moqui, y se internó bastante en la parte norte de Arizona. Volviendo al Río Grande, visitó el pueblo de Pecos, bajó por el río del mismo nombre a Texas, y de allí cruzó de nuevo a Santa Bárbara. Tenía la intención de volver a colonizar Nuevo México; pero su muerte (ocurrida probablemente en 1585) desbarató su plan, y el único resultado importante de su gigantesca jornada, fue una adición a los conocimientos geográficos de su época. En 1590, Gaspar Castaño de Sosa, teniente gobernador de

Nuevo León, estaba tan ansioso de explorar Nuevo México que organizó una expedición sin pedir permiso al Virrey. Subió por el río Pecos y cruzó hasta el Río Grande; pero en el pueblo de Santo Domingo fue arrestado por el capitán Morlette, que había ido desde México con ese solo objeto, y conducido a su destino con cadenas.

Juan de Oñate, colonizador de Nuevo México y fundador de la segunda ciudad situada dentro de los límites de los Estados Unidos, como también de otra ciudad que es la segunda en antigüedad en el mismo país, nació en Zacatecas (México). Su familia, procedente de Vizcaya, había descubierto en 1548 y poseía a la sazón algunas de las minas más ricas del mundo: las de Zacatecas. Pero, no obstante haber nacido de una familia que nadaba en oro, Oñate deseaba ser explorador. La Corona rehusó equipar nuevas expediciones para el Norte, que tantos desengaños ofrecía, y por el año 1595 Oñate hizo un contrato con el Virrey de Nueva España para colonizar Nuevo México por su cuenta. Hizo todos los preparativos y equipó una costosa expedición. Justamente entonces fue nombrado otro Virrey, el cual le tuvo esperando en México con todos sus hombres por espacio de dos años, antes de darle el permiso necesario para emprender la marcha. Por fin, a principios de 1597, salió con su expedición, la cual le costó el equivalente de un millón de dólares antes de salir de viaje. Llevó consigo cuatrocientos colonos, incluso doscientos soldados, con mujeres y niños, y reses vacunas y lanares. Después de tomar posesión de Nuevo México el 30 de mayo de 1598, marchó Río Grande arriba hasta donde se halla hoy la aldehuela de Chamita, al norte de Santa Fe y allí fundó, en septiembre de aquel año, San Gabriel de los Españoles, segunda ciudad establecida en los Estados Unidos.

Oñate fue notable no tan solo por su éxito en colonizar un país tan adusto como era aquel, sino también como explorador. Reconoció todo el país; viajó hasta Acoma, y sofocó una rebelión de los indios, y en el año 1600 efectuó una expedición hasta la misma Nebraska. En 1604, con treinta hombres, marchó desde San Gabriel y a través de aquel árido desierto hasta el golfo de California, regresando a San Gabriel en abril de 1605. Por entonces los ingleses no se habían internado en América más que a cuarenta o cincuenta millas de la costa del Atlántico.

En 1605 Oñate fundó la ciudad de Santa Fe, de San Francisco, respecto de cuya antigüedad se han escrito muchas fábulas inverosímiles. La ciudad ha llegado a celebrar el 333er aniversario de su fundación, veinte años antes de cumplir los tres siglos.

En 1606 Oñate hizo otra expedición a tierras lejanas del Nordeste; pero de ella no se sabe casi nada, y en 1608 fue substituido por Pedro de Peralta, segundo gobernador de Nuevo México.

Oñate era de mediana edad cuando realizó estos notables hechos. Nacido en la frontera, avezado a los desiertos, dotado de gran tenacidad, sangre fría y conocimiento de la guerra de frontera, era el hombre a propósito para establecer con éxito las primeras importantes colonias en los Estados Unidos, en los lugares más difíciles y peligrosos.

Dos continentes dominados

Tal era, pues, la situación del Nuevo Mundo al empezar el siglo XVII. España, después de descubrir las Américas, en poco más de cien años de incesante exploración y conquista, había logrado arraigar y estaba civilizando aquellos países. Había construido en el Nuevo Mundo centenares de ciudades, cuyos extremos distaban más de cinco mil millas, con todas las ventajas de la civilización que entonces se conocían, y dos ciudades en lo que es ahora los Estados Unidos, habiendo penetrado los españoles en veinte de dichos Estados. Francia había hecho unas pocas cautelosas expediciones, que no produjeron ningún fruto, y Portugal había fundado unas cuantas poblaciones de poca importancia en la América del Sur. Inglaterra había permanecido durante todo el siglo en una magistral inacción, y entre el Cabo de Hornos y el Polo Norte no había ni una mala casuca inglesa, ni un solo hijo de Inglaterra.

El que en tiempos posteriores haya cambiado por completo la situación; el que España (mayormente porque se desangró por una conquista tan enorme que ni aun hoy día podría nación alguna dar los hombres o el dinero necesario para poner la empresa al nivel del progreso mundial) no haya vuelto a recobrar su antiguo poderío y esté ahora inactiva en comparación con la joven y gigantesca nación que ha crecido desde entonces en el imperio que ella inició, no exime a la historia de América del deber de hacerle justicia por su pasado. Si no hubiese existido España hace 400 años, no existirían hoy los Estados Unidos. Para todo verdadero americano es el de su país un relato que fascina, porque todo el que lleva ese nombre, admira el heroísmo y es amante de la justicia, y antes que nada le interesa conocer la verdad respecto de su patria.

Por los años de 1680, el valle del Río Grande, en Nuevo México, estaba salpicado de caseríos españoles desde Santa Cruz hasta más allá de Socorro, o sea en una extensión de 200 millas, y había también colonias en el

Misiones españolas en la Alta California.

Estatua de fray Junípero Serra, blasón del estado de California y figura a la que se le rinde honores en el Capitolio de Washington.

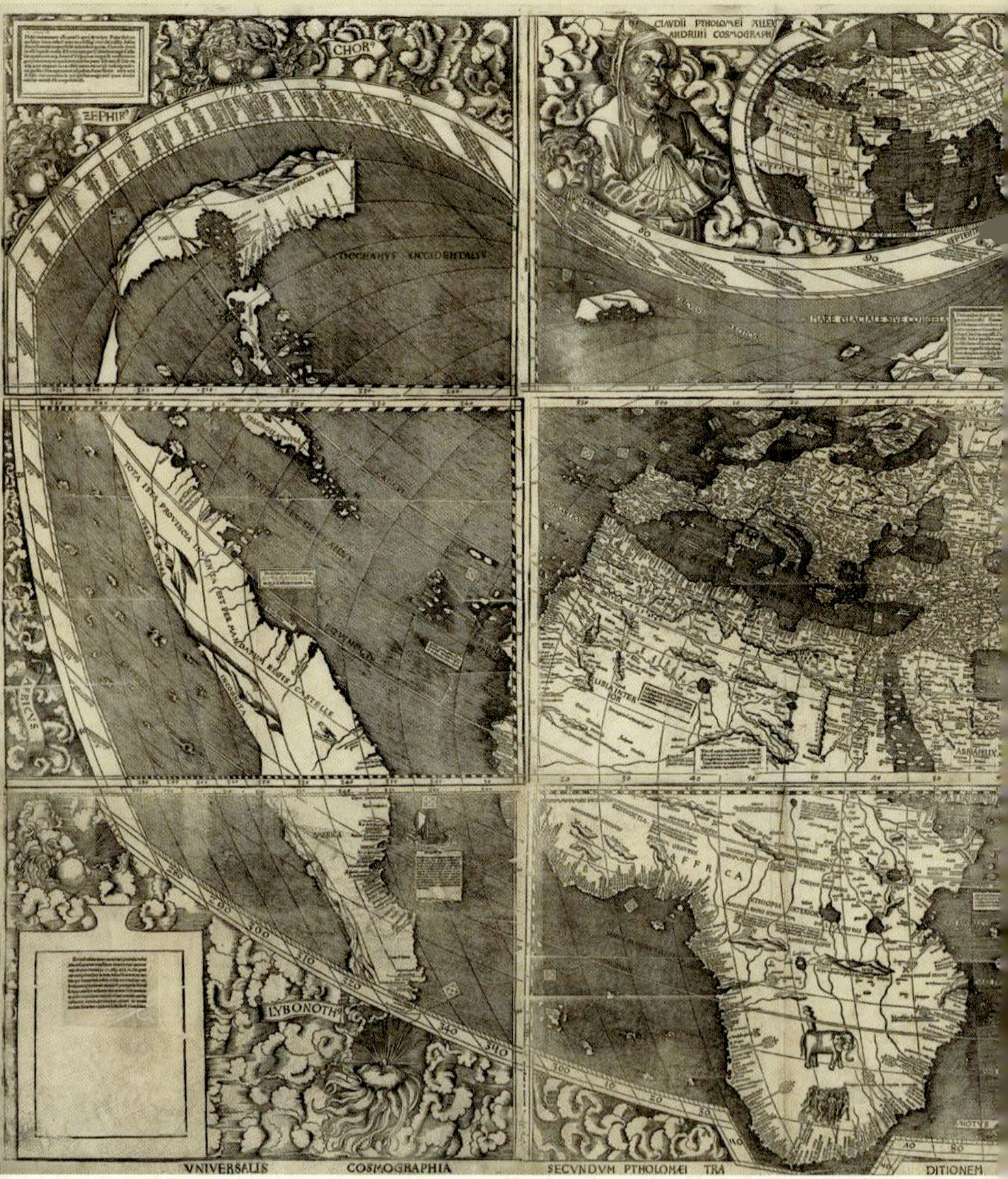

Universalis Cosmographia Secundum Ptholomei Traditionem et Americi Vespuci Aliorumque Lustrationes.

Planisferio publicado bajo la dirección del cartógrafo Martín Waldseemüller en Saint-Dié e impreso en Estrasburgo en 1507.

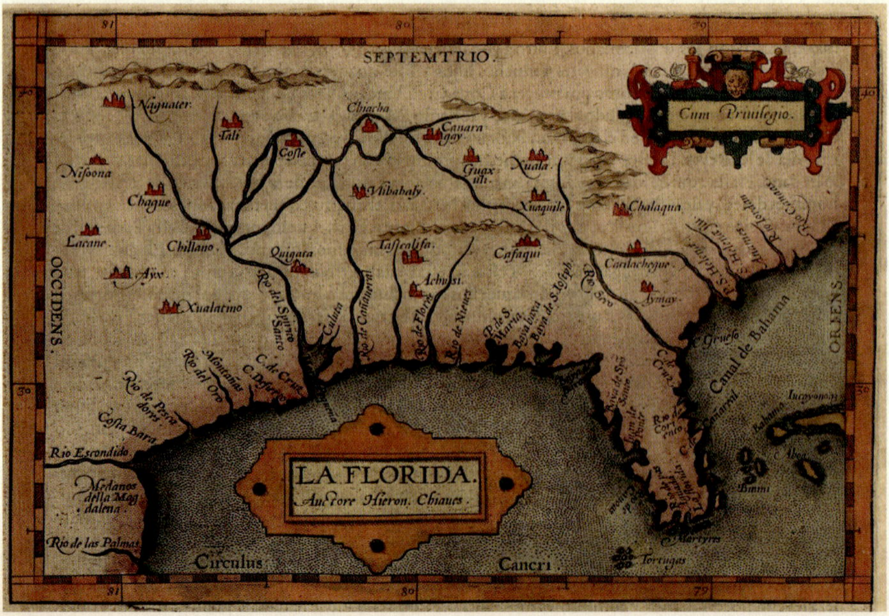

Ortelius, 1584

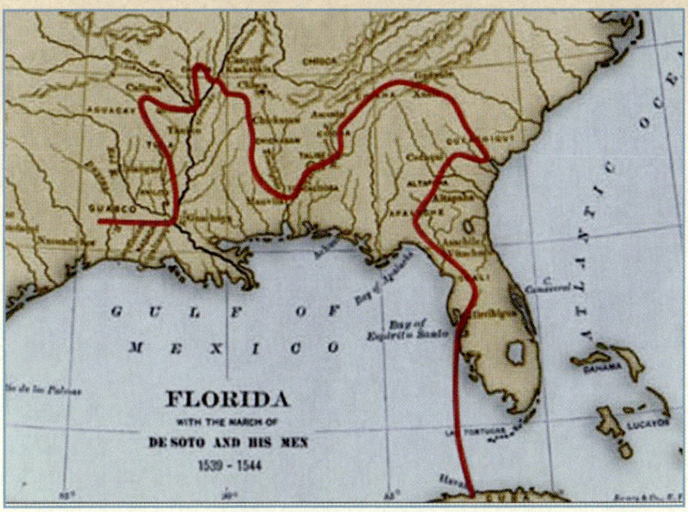

Reconstrucción actual del itinerario que debió de seguir el adelantado extremeño Hernando de Soto.

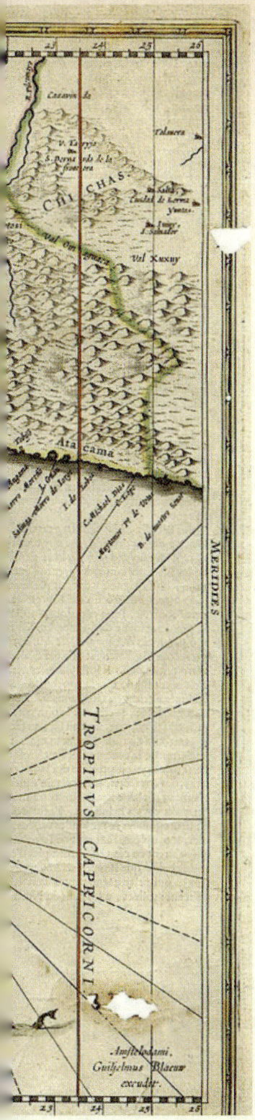

Mapa de Perú.

Mapa atribuido a Colón.
Una de las notas latinas que lo acompaña indica que el mapamundi, pese a estar dibujado sobre un plano, debe considerarse esférico. Mediante la presentación de la tierra de esta forma, se comprueba el carácter de transición del mapa entre el Medievo y el Renacimiento.

Fragmento del retablo
Virgen de los Navegantes o Mareantes,
obra de Alejo Fernández de 1535.
Retrato de Colón.

Suma de geographia q̃
trata de todas las partidas ⁊ prouin-
cias del mundo: en especial delas indi-
as. ⁊ trata largamẽte del arte del mare
ar: juntamẽte con la espera en romãce:
con el regimiẽto del sol ⁊ del norte: nue
uamente hecha.
R.172186 Con preuilegio real.

Martín Fernández de Enciso,
Suma de Geographia, Sevilla,
Juan Cromberger, 1530.
(1.ª edición, Sevilla,
Jacobo Cromberger, 1519).

Aqui comiença vn vocabula-
rio en la lengua Castellana y Mexicana, Compuesto
por el muy reuerendo padre fray Alonso de
Molina: Guardiã del cõuẽto de sant Antonio de
Tetzcuco dla ordẽ delos frayles Menores.

Signasti domine seruum tuũ Franciscum signis redemptionis nostre.

Dorum nimia te fecit prole parentem.
qui genuit moriens, quos pater alme foues,
Confixus viuis, langues: cum mente reuolua,
vulnera, cum spectas, stigmata carne geris.

En 1555 fray Alonso de Molina publica
Vocabulario en lengua castellana y mexicana,
el primer vocabulario en México que sirvió,
además, como base para futuros vocabularios.

Trachtenbuch, de Christoph Weiditz,
Germanisches National Museum Nürnberg,
Hs. 22474, BL.77: Ferdinand Cortez (1529).

Diogo Homem (1520 o 1521-1576), cartógrafo portugués que en 1558 publica este mapa con las islas del Caribe, los territorios de Tierra Firme, Brasil (Amazonas), Argentina (Río de la Plata) y Terra Incognita.

Fragmento del mapa de Diogo Rivero, 1529. Se reconoce ya muy bien la costa atlántica americana, incluida la del Norte.

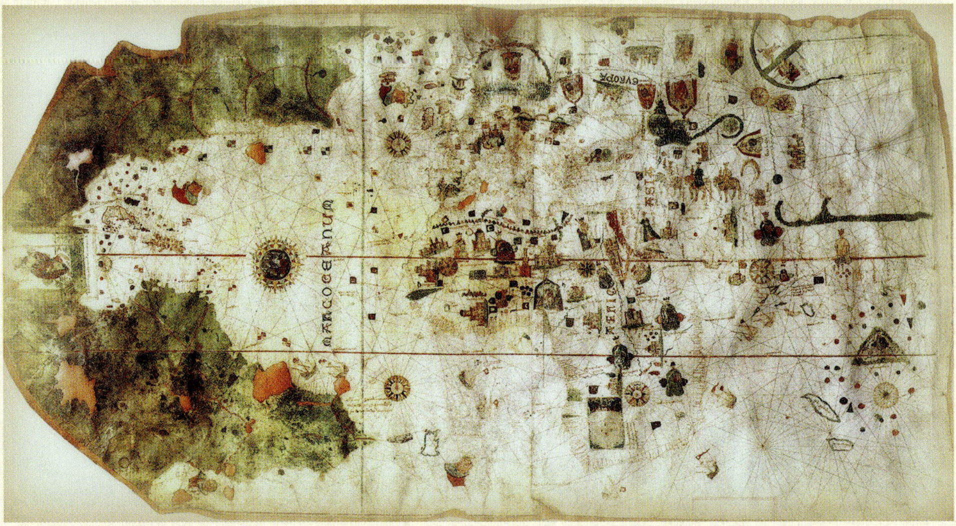

Mapa de Juan de la Cosa, nacido en Santoña (Santander) en 1500.
Es un mapamundi, con los territorios descubiertos en el Caribe, pintado sobre pergamino.
Museo Naval de Madrid.

Discovery of the Mississippi by De Soto, por George William Henry Powell (1823-1879).

Francisco Pizarro, por el pintor francés Amable-Paul Coutan. (1792-1837).

Pedro de Valdivia,
por Federico Madrazo.
Biblioteca Nacional de Chile.

Pedro de Alvarado, 1485-1541.
Intervino en la conquista de Cuba, México y toda Centroamérica, además de estar en los inicios de la llegada al Perú.

Vasco Núñez de Balboa, el primero en atravesar el istmo de Panamá y dar nombre al océano Pacífico.
Museo Naval de Madrid.

Fernando de Magallanes, marino portugués al servicio del rey de España. Museo Naval de Madrid.

Hernán Cortés. Anónimo, segunda mitad del siglo XIX. Museo Naval de Madrid.

Juan Sebastián Elcano. Obra anónima del siglo XVI. Real Academia de Bellas Artes de San Fernando, Madrid.

Diego de Vargas en el óleo que luce en la Casa de los Gobernadores de Santa Fe.

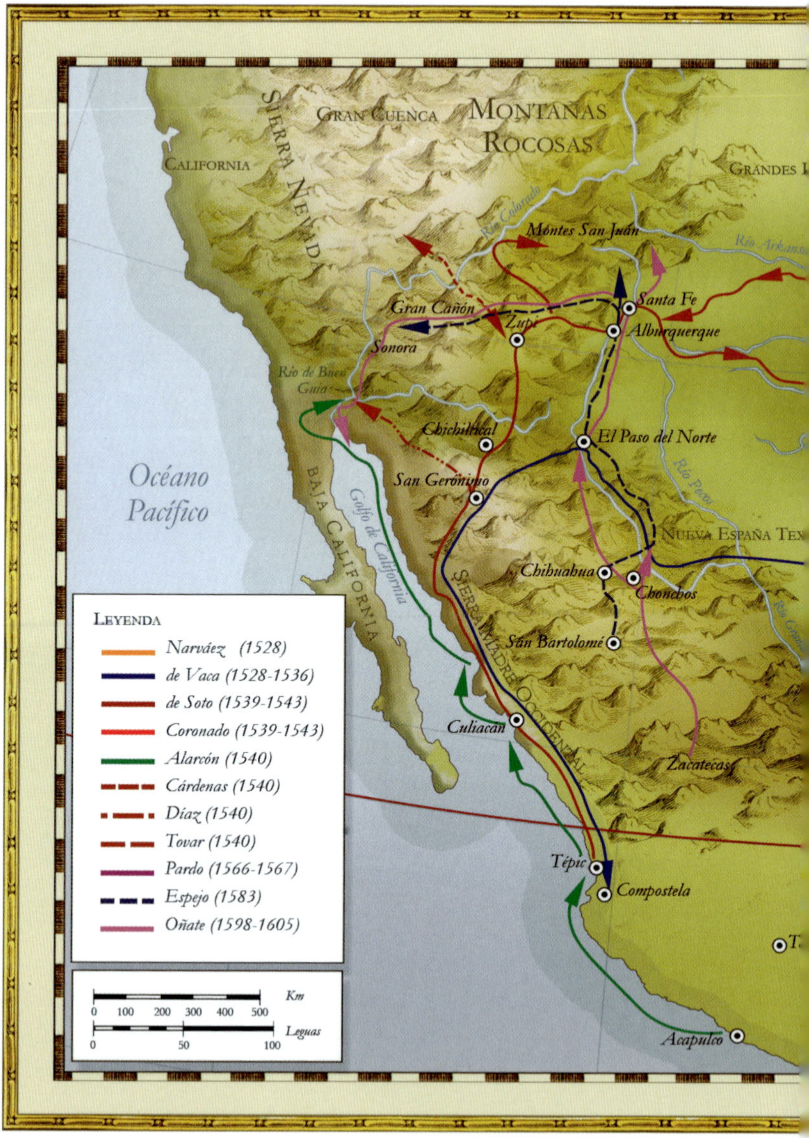

Nueva España. Exploraciones desde el Sur (1528-1605)

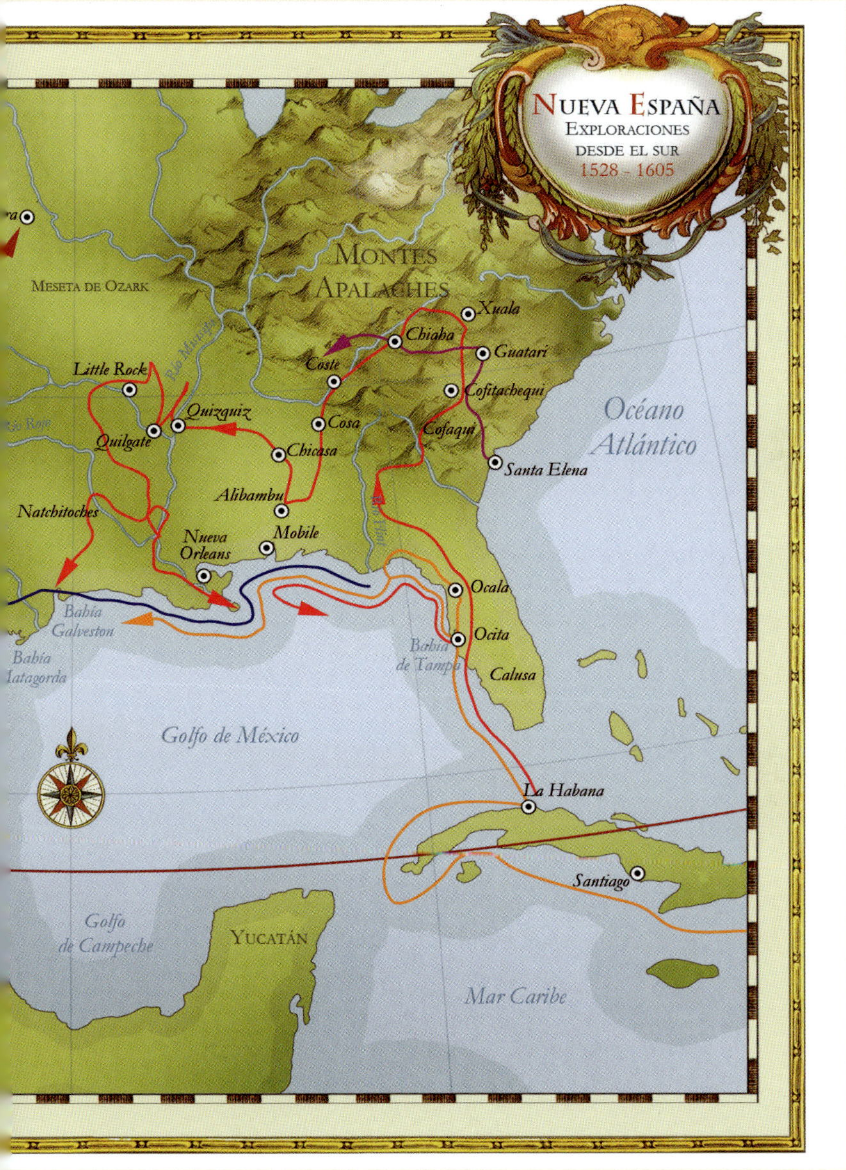

Mapa trazado por Ricardo Sánchez.

Plano de la ciudad de México en el siglo XVI.
La Universidad (F) tuvo su primer asiento en la Plaza de Armas,
frente a la catedral (B).

Plano del pueblo, fuerte y caño de San Agustín de la Florida y del pueblo y caño de San Sebastián. Probable de 1576. ES. 41091. AGI/27.12// MP_FLORIDA_LUISIANA, 3

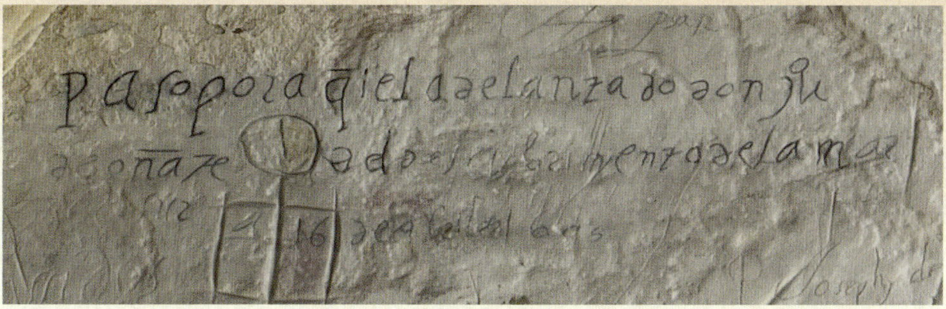

Inscripción realizada por la expedición de Juan de Oñate en El Morro (1605): «Pasó por aquí el Adelantado don Juan de Oñate al descubrimiento de la Mar del Sur, a 16 de abril 1605».

Ruta aproximada que llevó el adelantado Juan de Oñate hasta llegar al Golfo de California.

Reconstrucción de la muy probable ruta que Cabeza de Vaca siguió durante los ocho años que anduvo perdido por los territorios americanos de México y EE.UU.: «Llegamos a México [un] domingo, un día antes de la víspera de Santiago, donde el visorrey, y el marqués del Valle fuimos muy bien tratados, y ofrecieron todo lo que tenían, y el día de Santiago hubo fiesta, y juego de cañas y toros».

Mapa de el Reino de Nuebo Mexico de Miera y Pacheco...
con las provincias que lo circumbalan enemigas y de paz.
Museo Nacional del Virreinato,
Tepotzotlán, en el Estado de México.

Mapa del Nuevo Mundo entre Nuevo México y el Mar Glacial, recién descubierto por Louis Hennepin.

valle de Taos, hacia el extremo norte del territorio. Desde 1600 a 1680 se habían hecho numerosas expediciones a través del sudoeste, penetrando hasta el mortífero Llano Estacado. El heroísmo con que se conservó por tanto tiempo el Sudoeste, no fue menos maravilloso que la exploración que lo descubrió. La vida de los colonos era una lucha diaria con la avara naturaleza —porque Nuevo México nunca fue feraz— teniendo, además, que afrontar mortales peligros. Durante tres siglos fueron incesantemente hostilizados por los terribles Apaches, y hasta 1680 no les dejaron en paz los conatos de insurrección de los indios Pueblos, quienes vivían entre ellos y los rodeaban. Las afirmaciones de los historiadores de gabinete, de que los españoles esclavizaron a los Pueblos o a otros indios de Nuevo México; de que los obligaban a escoger entre el cristianismo y la muerte; que les forzaban a trabajar en las minas, y otras cosas por el estilo, son enteramente inexactas. Todo el régimen de España para con los indios del Nuevo Mundo fue de humanidad y de justicia, de educación y de persuasión moral, y aun cuando hubo, como es natural, algunos individuos que violaron las estrictas leyes de su país respecto al trato de los indios, recibieron por ello el condigno castigo.

Sin embargo, la mera presencia de extranjeros en su tierra fue bastante para sublevar la naturaleza celosa de los indios, y en 1680 estalló sin causa alguna, entre los pieles rojas de Pueblo Rebelión, un complot para hacer una matanza. Había entonces en el territorio mil quinientos españoles, que vivían en Santa Fe y en granjas o caseríos dispersos, pues hacía tiempo que Chamita había sido abandonada.

Treinta y cuatro ciudades de la tribu Pueblo tomaron parte en la rebelión, bajo la dirección de un peligroso indio tehua, llamado Popé. Emisarios secretos habían ido de pueblo en pueblo, y la matanza de españoles se efectuó simultáneamente en todo el territorio. En ese 10 de agosto de 1680, de triste recordación, más de cuatrocientos españoles fueron asesinados, incluso veintiuno de los bondadosos misioneros que, desarmados y solos, se habían esparcido por aquel desierto con el objeto de salvar las almas e iluminar las inteligencias de los naturales.

Antonio de Otermín, que era entonces gobernador y capitán general de Nuevo México, fue atacado en su capital de Santa Fe por un ejército de indios muy numeroso. Los 120 soldados españoles que estaban encerrados en su pequeña ciudad de adobe, pronto se hallaron en la imposibilidad de resistir por más tiempo al enjambre de sitiadores, y después de una semana de desesperada defensa, hicieron una salida y se abrieron paso hasta ponerse a salvo, llevándose consigo sus mujeres y sus hijos. Se retiraron después Río Grande abajo, evitando una emboscada que les habían preparado los indios en Sandia; llegaron al pueblo de Isleta, doce millas más abajo de la antigua ciudad de Alburquerque, sanos y salvos; pero la aldea estaba desierta y los españoles se vieron obligados a continuar su huida hacia El Paso (Texas), que no era entonces más que una misión española para los indios.

En 1681 el gobernador Otermín hizo una incursión hacia el Norte hasta el pueblo de Cochiti, veinticinco millas al oeste de Santa Fe, en la margen del Río Grande; pero los indios hostiles les obligaron a retirarse de nuevo a El Paso. En 1687, Pedro Reneros Posada llevó a cabo otra arremetida en Nuevo México y tomó el pueblo roqueño de Santa Ana, después de un brillante y sangriento asalto. Pero también tuvo que retirarse. En 1688, Domingo Gironza Petriz de Crúzate, el más bizarro soldado de Nuevo México, realizó una expedición en la que tomó por asalto el pueblo de Zia, hecho todavía más notable que el de Posada, y a su vez se retiró a El Paso.

Por último, el conquistador definitivo de Nuevo México, Diego de Vargas, llegó en 1692. Marchando a Santa Fe, y de allí hasta el fin de Moqui, con solo ochenta y nueve hombres, visitó todos los pueblos de la provincia sin encontrar oposición por parte de los indios, los cuales habían sido completamente acobardados por Crúzate. Volviendo a El Paso, regresó a Nuevo México en 1693, esta vez con unos ciento cincuenta soldados y unos cuantos colonos. Entonces estaban los indios preparados y le hicieron la más sangrienta recepción de que hay memoria en Nuevo México. Se levantaron primero en Santa Fe, y tuvo que asaltar esa ciudad, que logró tomar después de dos días de lucha. Luego comenzó el sitio de Mesa Negra de San Ildefonso, el cual se prolongó durante nueve meses. Los indios habían trasladado su aldea a la cima de aquel Gibraltar de Nuevo México, y allí resistieron cuatro atrevidos asaltos, hasta que por fin se vieron obligados a rendirse.

Entretanto, Vargas había asaltado la inexpugnable ciudadela de Potrero Viejo y el saliente risco de San Diego de Gemez, dos proezas que, con el asalto del Peñol de Mistrol (Jalisco, México) y el de la ingente roca de Acoma, pueden considerarse como los dos asaltos más maravillosos en toda la historia de América. La toma de Quebec no puede compararse con ellos.

Estas costosas lecciones tuvieron a los indios quietos hasta 1696, en que de nuevo se levantaron. Esta rebelión no fue tan formidable como la primera; pero ocasionó otro derramamiento de sangre en Nuevo México, y solo pudo sofocarse después de una lucha de tres meses. Ya los españoles eran dueños de la situación; y la dominación de esa revuelta puso fin a todos los disturbios de los indios Pueblos, los cuales subsisten hasta hoy entre nosotros casi en el mismo número de entonces, aun cuando con menos ciudades, como una raza quieta, pacífica, cristianizada, de labradores industriosos, que son monumentos vivos del humanitarismo y la enseñanza moral de sus conquistadores.

Luego vino el último siglo, una lúgubre centuria de incesante hostilidad por parte de los Apaches Navajos y Comanches, y alguna que otra vez por los Utes; hostilidad que apenas había cesado hace diez años. Las guerras con los indios eran tan constantes; tan innumerables las exploraciones (como esa asombrosa tentativa para abrir un camino desde San Antonio de Béjar (Texas) a Monterrey de California) que el heroísmo individual de aquellos hombres se pierde en su pasmosa multitud.

Hace más de dos siglos, los españoles exploraron Texas, y no tardaron en establecerse allí. Hubo algunas pequeñas expediciones; pero la primera de alguna magnitud fue la de Alonso de León, gobernador del Estado mexicano de Coahuila, que hizo extensas exploraciones en Texas en 1689. Al principio del siglo pasado había varios poblados y presidios españoles en lo que más de cien años después debía ser el más vasto de los Estados Unidos.

La colonización española de Colorado no fue muy extensa, y no tenían ciudades al norte del río Arkansas; pero hasta en poblar dicho Estado nos precedieron de medio siglo, como se adelantaron varios siglos en descubrirlo.

En California los españoles fueron muy activos. Durante largo tiempo hicieron varias expediciones sin resultado. Entonces fueron los franciscanos, en 1769, a la bahía de San Diego; desembarcaron en la desierta playa, donde se yergue hoy un hotel americano que ha costado un millón de dólares, y en el acto empezaron a educar a los indios, a plantar olivares y viñedos y a construir las imponentes iglesias tan admirablemente descritas por la autora de *Ramona*[9], las cuales perdurarán sin duda como monumentos de una fe sublime hasta mucho después que la raza que las alzó desaparezca de la faz de la tierra.

California tuvo una larga serie de gobernadores españoles antes de adquirir nosotros aquel Estado-jardín de los Estados, y el último de ellos fue el valiente, el cortés, el amable anciano Pío Pico, que falleció hace poco. Los españoles descubrieron allí oro hace siglos, y lo explotaron diez años antes de que un «norteamericano» soñase en los preciosos depósitos que habían de influir tanto en la civilización, y con otros diez años de antelación, hallaron los ricos «placeres» de Nuevo México.

En Arizona, el padre Francisco Eusebio Kuehne (a quien otros llaman Quino), jesuita austríaco de nacimiento, pero bajo auspicios españoles, fue el primero en establecer las misiones del río Gila, desde 1689 hasta 1717, año en que murió. Hizo lo menos cuatro terribles jornadas a pie desde Sonora al Gila, y bajó por este río hasta su afluencia con el Colorado. Sería sumamente interesante, si lo permitiese el espacio, seguir paso a paso las andanzas y proezas de los misioneros españoles, esos exploradores pacíficos de América que han dejado tan profundas huellas en todo el sudoeste. Su celo y su heroísmo eran infinitos. No había desierto bastante terrible para ellos; no había peligro asaz espantoso. Solos, inermes, atravesaron las tierras más inhospitalarias e hicieron frente a los salvajes más sanguinarios; dejando en las vidas de los indios un monumento más soberbio que el que han dejado los exploradores armados y los ejércitos conquistadores.

---

[9] Helen Hunt Jackson.

Lo que antecede es un sucinto sumario de las primeras exploraciones de América, las únicas que se hicieron durante más de un siglo, y las más asombrosas durante otra centuria. En cuanto a la grande y maravillosa obra que al fin han realizado los de nuestra sangre, no tan solo en conquistar parte de un continente, sino en formar una poderosa nación, no necesita el lector que yo le ayude a comprenderla, puesto que ya está debidamente consignada en la historia. El transcribir todas las heroicidades de los exploradores, llenaría no ya este libro, sino toda una biblioteca. He creído más conveniente, en vista del extenso campo que ofrecen, hacer un breve bosquejo como el que hecho queda, y luego ilustrarlo agregando, con detalles, unos pocos ejemplos elegidos de entre un gran número de hechos heroicos. He indicado ya cuántas conquistas y exploraciones se llevaron a cabo, y ahora voy a exponer en breves páginas una muestra de lo que realmente eran las conquistas y exploraciones y la fortaleza de los españoles.

2

LOS PRIMEROS CAMINANTES EN AMÉRICA

El primer caminante en América

Las proezas de un explorador son de las más importantes, como son también de las más fascinadoras que presentan los heroísmos humanos. Las cualidades físicas y mentales necesarias para su labor, son raras y admirables. Ha de reunir muchas condiciones y sobresalir en cada una de ellas: ha de ser el hombre completo que se propuso hacer la naturaleza. No necesita su cuerpo ser tan fuerte como el de Sansón, ni su mente como la de Napoleón, ni tener un corazón mayor que todos los hombres. Pero necesita que su cuerpo, su mente y su corazón sean los de un hombre fuerte. Apenas hay otra profesión en que cada músculo, por decirlo así, de su triple naturaleza, se ponga más constantemente o más equilibradamente en juego.

Es un hecho curioso que algunos de los más grandes descubrimientos son debidos al azar. Muchos de los más importantes que registra la historia de la humanidad, se deben a hombres que no buscaban la gran verdad que descubrieron. La ciencia es el resultado no tan solo del estudio, sino de inapreciables accidentes; y esto mismo puede decirse de la historia. Ofrece un estudio interesante de por sí, la influencia que felices equivocaciones y fortuitos sucesos tuvieron en la civilización.

En las exploraciones, como en los inventos, algunos de los éxitos se deben a un mero accidente. Algunas de las exploraciones más valiosas fueron realizadas por hombres que no tenían más idea de ser exploradores que de inventar un ferrocarril hasta la luna, y es un hecho curioso que la primera exploración del interior de América y las dos jornadas más portentosas que en ella se hicieron, no solo fueron accidentes, sino desdichas y contrariedades que coronaron los esfuerzos de hombres que esperaban hallar algo muy distinto.

Las exploraciones, ya sean intencionadas o involuntarias, no solo han producido grandes resultados para la civilización, sino que además han sido causa de los hechos más heroicos de la humanidad. Particularmente América ha sido quizás el campo donde se han llevado a cabo las más grandes y asombrosas jornadas; pero los dos hombres que hicieron las más pasmosas que se han realizado en toda la América, nos son casi desconocidos. Son héroes cuyos nombres suenan como si fuesen griego para la gran mayoría de los norteamericanos, no obstante ser hombres a los que precisamente los norteamericanos debieran considerar con profundo interés y admiración. Esos héroes fueron Álvar Núñez Cabeza de Vaca, el primero que viajó en América, y Andrés de Ocampo, el que recorrió en este Continente la mayor distancia.

Escudo de armas de Álvar Núñez Cabeza de Vaca.
Archivo General de Indias.
MP-Buenos Aires, 220

En un mundo tan grande, tan viejo y tan lleno de hechos memorables como este en que vivimos, es sumamente difícil poder decir de cualquier hombre que fue «el más grande de todos» en tal o cual cosa, y aun tratándose de marchas a pie, ha habido tantas y tan notables, que hasta desconocemos algunas de las más pasmosas. Como exploradores, ni Vaca ni De Ocampo rayaron a gran altura, por más que las exploraciones del último no son de despreciar y las de Vaca fueron muy importantes. Pero, como proezas de resistencia física, las jornadas de estos olvidados héroes puede afirmarse con toda seguridad que no tienen paralelo en la historia. Fueron las marchas más estupendas que ha podido hacer hombre alguno. Ambos las realizaron en América, y la mayor parte de sus caminatas las hicieron en lo que es hoy los Estados Unidos.

Cabeza de Vaca fue realmente el primer europeo que penetró en lo que era entonces el «obscuro continente» de Norte América, como fue el primero que lo *cruzó* siglos antes que otro cualquiera. Sus nueve años de marchas a pie, sin armas, desnudo, hambriento, entre fieras y hombres más fieros todavía, sin otra escolta que tres camaradas tan malhadados como él, ofrecieron al mundo la primera visión del interior de los Estados Unidos y dieron pie a algunos de los hechos más excitantes y trascendentales que se relacionaron con su temprana historia. Casi un siglo antes de que los Padres Peregrinos estableciesen su noble comunidad en la costa de Massachusetts; setenta y cinco años antes de que se instalase el primer poblado inglés en el Nuevo Mundo, y más de una generación antes de que hubiese un solo colono de la raza caucásica de cualquiera nación dentro del área que hoy ocupan los Estados Unidos, Cabeza de Vaca y sus desarrapados acompañantes atravesaron penosamente este país desconocido.

¡Mucho tiempo ha pasado desde aquellos días! Enrique VIII era a la sazón rey de Inglaterra, y desde entonces han ocupado aquel trono dieciséis monarcas[10]. Elisabeth, la reina virgen, no había nacido cuando Cabeza de Vaca emprendió su tremenda jornada, y no empezó a reinar hasta veinte años después que él terminara. Ocurrió el hecho cincuenta años antes de que naciese el capitán John Smith, fundador de Virginia; una generación antes del nacimiento de Shakespeare, y dos y media generaciones antes de Milton Henry Hudson, el famoso explorador que ha dado nombre a uno de nuestros principales ríos, no había nacido todavía. El mismo Colón hacía menos de veinticinco años que había muerto, y al conquistador de México solo le quedaban diecisiete años de vida. Hasta sesenta años después no supo el mundo lo que era un periódico, y los mejores geógrafos todavía creían posible el navegar a través de América para llegar a Asia. No había entonces un hombre blanco en América más al Norte de la mitad de México, ni se había internado ninguno doscientas millas en este desierto continental, del cual se sabía casi menos de lo que hoy sabemos de la luna.

El nombre de Cabeza de Vaca nos parece a nosotros muy raro por lo que literalmente significa. Pero este curioso apellido era muy honroso en España y representaba un noble timbre. Fue ganado en la batalla de las Navas de Tolosa en el siglo XIII, uno de los combates decisivos en todos aquellos siglos de guerra con los moros. El abuelo de Álvaro fue también un hombre notable, puesto que conquistó las islas Canarias. Nació Álvaro en Jerez de la Frontera a fines del siglo XV. Muy poco sabemos de los primeros años de su vida, excepto que había ganado ya algún renombre cuando en 1527, siendo ya un hombre maduro, vino al Nuevo Mundo. En dicho año le hallamos embarcándose en España como tesorero y alguacil

[10] Otros tres han empuñado el cetro desde que se escribió este libro. *(N. del T.)*

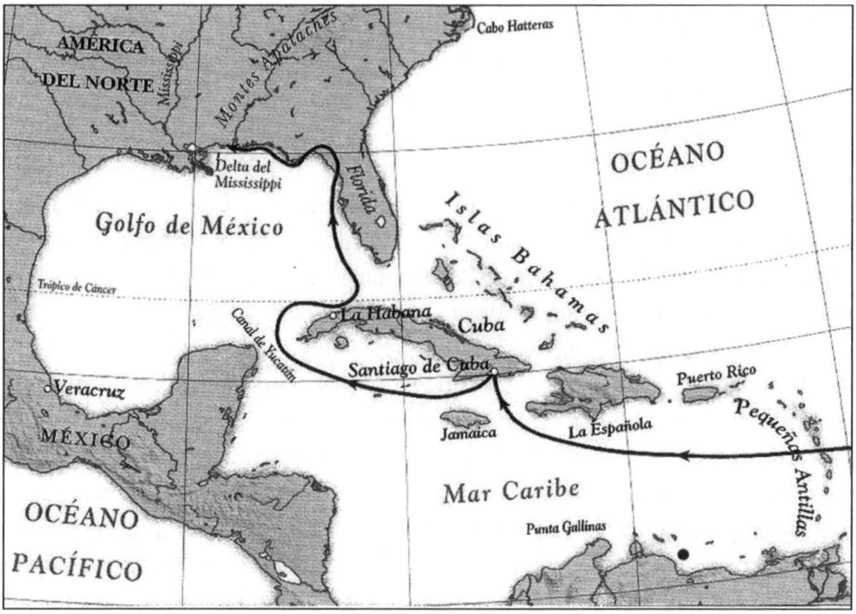

Ruta de Pánfilo de Narváez.

mayor de la expedición de 600 hombres con que Pánfilo de Narváez trató de conquistar y colonizar La Florida, que descubriera Ponce de León diez años antes.

Llegaron a Santo Domingo, y de allí salieron para Cuba. El viernes santo de 1528, diez meses después de haber salido de España, llegaron a La Florida, y desembarcaron en el punto que hoy se llama bahía de Tampa. Tomando solemne posesión de aquel país en nombre de España, salieron a explorar y conquistar aquel desierto. En Santo Domingo ya los habían diezmado un naufragio y varias deserciones, de modo que, de los primitivos 600 hombres, solo quedaron trescientos cuarenta y cinco. Apenas habían llegado a La Florida, empezaron a caer sobre ellos las más terribles desgracias, y cada día empeoraba su situación. Estaban casi desprovistos de subsistencias; los indios hostiles les rodeaban por todos lados, y los innumerables ríos, lagos y pantanos hacían su marcha difícil y peligrosa. El pequeño ejército iba disminuyendo rápidamente por la guerra y el hambre, y entre los supervivientes producíanse motines con frecuencia. Tan debilitados se hallaban, que no pudieron siquiera regresar a sus buques. Luchando por fin para llegar al punto más cercano de la costa, muy al oeste de la bahía de

Tampa, decidieron que su única salvación estaba en construir barcos para ir costeando hasta las colonias españolas de México. Con mucho trabajo lograron construir cinco toscos buques, y los infelices se lanzaron a navegar hacia poniente, costeando el golfo. Fuertes tormentas separaron los barcos, que naufragaron uno tras otro. Muchos de los infortunados aventureros perecieron ahogados —Narváez entre ellos— y muchos que fueron arrojados sobre una costa inhospitalaria, perecieron igualmente por los rigores de la intemperie y del hambre. Los supervivientes se vieron obligados a alimentarse con los cadáveres de sus compañeros. De los cinco barcos, tres se habían ido a pique con todos los tripulantes; de los ochenta hombres que se salvaron del naufragio, solo quince sobrevivieron. Todas sus armas y sus ropas estaban en el fondo del golfo.

Los supervivientes arribaron a la isla del Mal Hado. No sabemos de la situación de esa isla, sino que estaba al oeste de la boca del Misisipi. Sus barcos habían cruzado la caudalosa corriente donde desemboca en el golfo, y ellos fueron los primeros europeos que vieron esa parte del Padre de las Aguas. Los indios de la isla, que no tenían otros alimentos que raíces, bayas y pescado, trataron a sus infelices huéspedes tan generosamente como pudieron, y Cabeza de Vaca habla de ellos con mucho agradecimiento.

En la primavera, los trece compañeros que le quedaron determinaron escaparse. Cabeza de Vaca estaba demasiado enfermo para andar, y lo abandonaron a su suerte. Otros dos enfermos, Oviedo y Alaniz, también se quedaron, y no tardó en perecer el último de ellos. Se halló, pues, Cabeza de Vaca en una lamentable situación. Hecho un verdadero esqueleto, casi imposibilitado de moverse, abandonado por sus amigos y a la merced de los salvajes, no es extraño, como él nos dice, que se le cayese el alma a los pies. Pero era uno de esos hombres que no cejan en su empresa. Un espíritu fuerte sostenía aquel pobre cuerpo débil y demacrado; y cuando el tiempo fue más favorable, Cabeza de Vaca recuperó lentamente la salud.

Cerca de seis años estuvo viviendo una vida enteramente solitaria, pasando de una tribu de indios a otra, unas veces como esclavo y otras como un despreciable paria. Oviedo huyó a la vista de algún peligro, y no volvió a saberse de él; Cabeza de Vaca lo afrontó y salió con vida. No cabe la menor duda de que sus sufrimientos eran casi insoportables. Hasta cuando no era víctima de algún trato brutal, se le miraba como un estorbo, como un inútil intruso, entre pobres indígenas que vivían del modo más miserable y precario. El hecho de no haberle quitado la vida, habla en favor de los sentimientos humanitarios de estos.

Los trece que escaparon tuvieron todavía peor suerte. Cayeron en manos de indios crueles, y todos fueron muertos, excepto tres, a quienes se reservó el duro hado de la esclavitud. Estos tres fueron Andrés Dorantes, natural de Béjar; Alonso del Castillo Maldonado, natural de Salamanca, y el negro Estebanico, que nació en Azamor (África). Estos tres y Cabeza de Vaca fueron todo el remanente de los valerosos cuatrocientos cincuenta hombres (entre los que no se cuentan los que desertaron en Santo Domingo) que salieran tan esperanzados de España en 1527, para conquistar un rincón del Nuevo Mundo: cuatro sombras desnudas, atormentadas, temblorosas; y aún estos vivían separados, si bien de vez en cuando sabían el uno del otro e hicieron varias tentativas para juntarse. Hasta septiembre de 1534 (cerca de siete años después) no lograron reunirse Dorantes, Castillo, Estebanico y Cabeza de Vaca; y el sitio donde tuvieron esta dicha fue por la parte oriental de Texas, al oeste del río Sabina.

Pero los seis años de soledad y de inefables sufrimientos de Cabeza de Vaca no fueron vanos; porque sin saberlo halló la llave de la seguridad, y entre todos aquellos horrores, y sin soñar en su significado, tropezó con la extraña e interesante clave que debía salvarles a todos. Sin eso, los cuatro hubieran perecido en el desierto y nunca hubiera tenido el mundo conocimiento de su fin.

Mientras se hallaban en la isla del Mal Hado, se les hizo una proposición que parecía el colmo de la ridiculez. «En aquella islas», dice Cabeza de Vaca, «querían hacernos doctores, sin examinarnos ni pedirnos nuestros diplomas, porque ellos mismos curan las enfermedades soplando al enfermo. Con ese soplo y con sus manos le libran de la enfermedad, y querían que nosotros hiciésemos lo mismo para que les fuésemos de alguna utilidad. Al oír esto nos reímos, diciéndoles que se burlaban, y que nosotros no sabíamos curar; por lo cual nos privaron de todo alimento hasta que hiciésemos lo que querían. Y viendo nuestra terquedad, me dijo un indio que yo no les comprendía; pues no era necesario que nadie supiese cómo se hace, porque las mismas piedras y otras cosas de la naturaleza tienen propiedad de curar, y que nosotros, por ser hombres, debíamos ciertamente tener mayor poder».

Esto que dijo el indio viejo era muy característico y daba la clave de las notables supersticiones de su raza. Pero, por supuesto, los españoles aún no lo entendían.

Luego, los indígenas se trasladaron al Continente. Vivían siempre en la más abyecta pobreza, y muchos de ellos murieron de hambre y por efecto de los rigores de su miserable existencia. Durante tres meses del año «solo tenían mariscos y agua muy mala»; y en otras épocas únicamente bayas y otras plantas, y se pasaban el año yendo de aquí para allá en busca de ese escaso y poco substancioso alimento.

Es de celebrar el que Cabeza fuese completamente inútil a los indios. Como guerrero no les servía, porque en su estado de debilitamiento no podía ni siquiera manejar el arco. Como cazador, también era inservible, porque, como él mismo dice, «me era imposible seguir el rastro de los animales». No podía ayudarles a llevar agua o leña ni en otras faenas por el estilo, porque era hombre, y sus amos indios no podían consentir que un hombre hiciese el trabajo de una mujer. Así es que, entre aquellos hambrientos nómadas, un hombre que en nada podía ayudarles y a quien tenían que alimentar, constituía una carga pesada, y fue milagro que no le quitasen la vida. En estas circunstancias, Cabeza empezó a caminar de un sitio a otro. Sus indiferentes amos no prestaban atención a sus movimientos, y gradualmente fue haciendo más largos viajes hacia el norte y a lo largo de la costa. Con el tiempo cogió una oportunidad de hacer tráfico, al cual le animaron los indios, contentos al fin de que su «elefante blanco» fuese útil para algo. De las tribus del norte les trajo pieles y almagre (tierra roja indispensable para embadurnarse la cara los indígenas), hojuelas de pedernal para hacer cabezas de flecha, juncos fuertes para astiles de las mismas y borlas de pelo de gamo teñidas de rojo. Estos objetos los cambiaba fácilmente entre las tribus de la costa por conchas y cuentas de madreperla y otros por el estilo, los cuales, a su vez, tenían demanda entre sus parroquianos del norte.

Por causas de sus constantes guerras, no podían los indios aventurarse a salir de sus propios terrenos; así que aquel negociante intermediario era para ellos una conveniencia, que sostenían. Por lo que a él toca, aun cuando la vida que llevaba era de grandes sufrimientos, iba constantemente adquiriendo conocimientos, que habían de serle sumamente útiles para su acariciado plan de volver a su mundo. En esas expediciones solitarias de su comercio, recorrió a pie miles de millas por un desierto sin caminos, de manera que la suma de sus viajes fue mucho mayor que la de cualquiera de sus compañeros de fatigas.

En una de esas largas y terribles marchas le ocurrió a Cabeza de Vaca un incidente sumamente interesante. Fue el primer europeo que vio el gran bisonte norteamericano, el búfalo, cuya raza casi se ha extinguido en los últimos diez años, pero que en otro tiempo vagaba por las llanuras en grandes manadas. Los vio y comió su carne en la región del río Colorado de Texas, y nos ha dejado una descripción de esas «vacas con joroba». Ninguno de sus compañeros llegó a ver una, porque cuando los cuatro españoles viajaron después juntos, pasaron por el sur del país de los búfalos.

Entretanto, como he dicho ya, el desventurado y casi desnudo traficante se vio obligado a ejercer las funciones de médico. Él no comprendía de cuánto podía servirle esta involuntaria profesión; al principio se vio forzado a adoptarla, y después la siguió no por gusto, sino para librarse de desazones.

«No servía para otra cosa más que para médicos». Había aprendido el tratamiento peculiar de los magos aborígenes; pero no sus ideas fundamentales. Los indios todavía consideraban la enfermedad como una «posesión del espíritu»; y la idea que tienen de la medicina no es tanto el curar la enfermedad, como el exorcizar los malos espíritus que la causan.

«Son aquellos bueyes del tamaño y color que nuestros toros, pero no de tan grandes cuernos».

Esto se hace, aun hoy día, por medio de la prestidigitación y de un galimatías. El médico indio chupaba la parte enferma y pretendía extraer una piedra o una espina que se suponía era la causa de la dolencia, y así el paciente quedaba «curado». Cabeza de Vaca empezó a «practicar medicina» a la manera de los indios, y él mismo dice: «He probado este sistema y daba buen resultado».

Cuando los cuatro errabundos se juntaron por fin, después de su larga separación —durante la cual habían sufrido indecibles horrores— Cabeza tenía, aunque de un modo muy vago, un rayo de esperanza. Su primer proyecto fue escaparse de sus amos. Diez meses tardaron en llevarlo a cabo, y entretanto grandes fueron sus apuros, como lo habían sido constantemente por muchos años. A veces se alimentaban con una ración diaria de dos puñados de guisantes silvestres y un poco de agua. Cabeza refiere que consideró como una merced de la providencia que le permitiesen raspar pieles para los indios, pues guardaba cuidadosamente las raspaduras, que le servían de alimento muchos días. No tenían ni ropa ni lugar donde guarecerse, y la constante exposición al calor y al frío y los millares de espinas que tenía la vegetación de aquel país les hacían «soltar la piel como si fuesen culebras».

Por fin, en el mes de agosto de 1535, los cuatro compañeros de sufrimiento se escaparon a una tribu llamada de los Avavares. Entonces empezó para ellos una nueva carrera. A fin de que sus camaradas no fuesen tan inútiles como él había sido, Cabeza de Vaca les instruyó en las «artes» de los médicos indios, y los cuatro empezaron a poner en práctica su nueva profesión. A los ensalmos y encantamientos que de ordinario empleaban los indios, aquellos humildes cristianos añadían fervientes oraciones al verdadero Dios. Era una especie de «curación por medio de la fe» del siglo XVI; y naturalmente entre aquellos enfermos supersticiosos era muy eficaz. Aquellos aficionados pero sinceros doctores, con una humildad edificante, atribuían sus numerosas curas enteramente a la intervención divina; pero empezaron a darse cuenta de que esto podía influir grandemente en hacer cambiar su suerte. De errabundos, desnudos, hambrientos, despreciables mendigos y esclavos de salvajes brutales que eran, se convirtieron de repente en personajes notables, pobres y dolientes todavía como eran todos sus enfermos; pero pobres de gran poder. No hay cuento de hadas tan novelesco como la carrera que de allí en adelante realizaron aquellos hombres pobres y valerosos, caminando dolorosamente a través de un continente, como amos y bienhechores de aquella hueste de salvajes.

Yendo con toda suerte de penalidades de tribu en tribu, lenta y sufridamente cruzaron los exorcistas blancos el territorio de Texas, hasta llegar cerca del actual Nuevo México. Los historiadores de gabinete vienen repitiendo que entraron en Nuevo México y llegaron hacia el norte, hasta donde hoy se asienta Santa Fe. Pero la moderna investigación científica ha comprobado de un modo absoluto que, saliendo de Texas, pasaron por Chihuahua y Sonora y jamás vieron ni una pulgada de Nuevo México.

En cada nueva tribu los españoles se detenían algún tiempo para curar a los enfermos. En todas partes eran tratados con la mayor consideración que podían demostrarles sus míseros huéspedes y hasta con religiosa reverencia. Su progreso es una lección objetiva muy valiosa, pues demuestra cómo se forman algunos mitos indios: primero es el afortunado exorcista que, a su muerte o al marcharse, se recuerda como un héroe; después se le venera como un semidiós y, por último, como una divinidad.

En los estados mexicanos hallaron primero agricultores indios que vivían en chozas de césped y ramas y cultivaban judías y calabazas. Estos eran los Jovas, que constituían una rama de los Pimas. De las decenas de tribus que visitaron en nuestros actuales Estados del Sur, ni una sola ha sido identificada. Eran miserables criaturas errantes que hace mucho tiempo desaparecieron de la tierra. Pero en la Sierra Madre de México encontraron indios más inteligentes, cuya raza subsiste todavía. Allí vieron que los hombres iban desnudos, mientras que las mujeres mostrábanse «muy honestas en el vestir», usando túnicas de algodón que ellas mismas tejían, con medias mangas y una falda hasta la rodilla, y por encima otra falda de gamuza curtida que llegaba hasta el suelo y se amarraba por delante con unas correas. Lavaban su ropa con una raíz saponífera llamada *amolé,* que usan igualmente los indios y los mexicanos en toda la región del sudoeste. Aquellas gentes dieron a Cabeza de Vaca algunas turquesas y cinco cabezas de flecha labrada, cada una, de una sola esmeralda.

En esta aldea del sudoeste de Sonora, permanecieron los españoles tres días, alimentándose de corazones de gamo, por lo cual la llamaron «Pueblo de los corazones».

A una jornada de allí tropezaron con un indio que llevaba en su collar la hebilla de un tahalí y un clavo de herradura, y sintieron palpitar su corazón al ver, después de ocho años de andar errantes, estas señales de la proximidad de los europeos. El indio les dijo que unos hombres de barbas largas como ellos habían venido del cielo y hecho la guerra a su gente.

Los españoles entraban entonces en Sinaloa y se hallaron en una tierra fértil regada por varios ríos. Los indios tenían un miedo cerval porque dos bárbaros de una clase que era muy rara entre los conquistadores españoles (y que me complazco en decir que fueron castigados por quebrantar las estrictas leyes de España), estaban tratando de coger esclavos. Los soldados se habían marchado; pero Cabeza de Vaca y Estebanico, con once indios, les siguieron rápidamente la pista y al día siguiente alcanzaron a cuatro españoles, quienes les condujeron a su pillastre capitán, Diego de Alcaraz. Mucho le costó a este oficial dar crédito al asombroso relato que le hizo aquel hombre desarrapado, roto, hirsuto y estrafalario; pero después templose su frialdad y extendió un certificado de la fecha y condición en que se le había presentado Cabeza de Vaca, y entonces envió a buscar a Dorantes y Castillo. Cinco días después llegaron estos, acompañados de varios centenares de indios.

Alcaraz y su socio en crímenes, Cebreros, querían esclavizar a aquellos aborígenes; pero Cabeza de Vaca, sin parar mientes en el peligro que corría, se opuso indignado a este infame proyecto, y al fin obligó a aquellos villanos a que lo abandonasen. Los indios se salvaron; pero, en medio de la alegría que les produjo el volver al mundo, los caminantes españoles se separaron con verdadera pena de aquellos buenos y sencillos amigos.

Después de unos cuantos días de pesado viaje, llegaron a Culiacán, sobre el primero de mayo de 1536, y allí fueron calurosamente recibidos por el malogrado héroe Melchor Díaz. Este condujo al ignoto norte una de las primeras expediciones (1539), y en 1540, durante una segunda expedición a California, a través de una parte de Arizona, fue muerto accidentalmente.

Después de un corto descanso los viandantes salieron para Compostela, que era entonces la población principal de la provincia de Nueva Galicia, pequeña jornada de trescientas millas a través de una tierra en que pululaban indios hostiles. Por fin llegaron a la ciudad de México sanos y salvos, y fueron allí recibidos con grandes honores. Pero tardaron mucho tiempo en acostumbrarse a los alimentos y a la ropa de la gente civilizada.

El negro se quedó en México. Cabeza de Vaca, Castillo y Dorantes se embarcaron para España el 10 de abril de 1537, y llegaron en agosto. El héroe principal nunca volvió a la América del Norte; pero se dice que Dorantes estuvo allí al siguiente año. Las noticias que dieron de lo que habían visto y de los extraños países situados más al norte, de que habían oído hablar, hicieron que se enviasen las notables expediciones que condujeron al descubrimiento de Arizona, Nuevo México, el Territorio indio, Kansas y Colorado, y la construcción de las primeras ciudades europeas dentro de los Estados Unidos. Estebanico tomó parte con fray Marcos en el descubrimiento de Nuevo México, y fue asesinado por los indios.

Cabeza de Vaca, como premio por su incomparable marcha de mucho más de diez mil millas en una tierra desconocida, fue nombrado gobernador de Paraguay en 1540. No tenía condiciones para ese cargo, y regresó a España, bajo una acusación ignominiosa. Que no fue culpable sin embargo, sino más bien la víctima de las circunstancias, lo indica el hecho de que fue rehabilitado y se le asignó una pensión de dos mil ducados. Murió en Sevilla a una edad avanzada.

El más intrépido caminante

El estudiante más familiarizado con la historia, se queda atónito a cada paso ante el relato de las jornadas de los exploradores españoles. Aun cuando no hubiesen hecho otra cosa en el Nuevo Mundo, sus largas marchas por sí solas serían suficientes para darles fama. En ninguna otra parte se ha sabido jamás de tantos y tan largos viajes por semejantes desiertos. Para comprender esas jornadas de millares de millas, que hacían aquellos héroes, ya solos o en pequeñas partidas, tiene uno que conocer el país que atravesaron y saber algo de los tiempos en que esos hechos se llevaron a cabo. Los cronistas españoles de aquel tiempo no insisten al hablar de la dificultad y peligros que encontraban: es lástima que, siquiera por vanagloria, no se extendieran en el relato de aquellos obstáculos. Pero, por lacónicas que sean las narraciones sobre tales puntos, despréndese de ellas que encontraron grandes obstáculos y tuvieron que vencerlos; y aun hoy día, después que tres centurias y media han hecho más habitable aquel desierto que cubría medio mundo; que han domeñado a sus naturales; que lo han llenado de cómodas estaciones; que lo han cruzado con fáciles caminos y le han quitado el noventa por ciento de su terrores, encontraríanse pocos hombres lo bastante atrevidos para emprender las tremendas jornadas, que aquellos bravos héroes consideraban como tareas diarias. El único hecho casi comparable con las caminatas de los españoles por el Nuevo Mundo, es la historia de los argonautas de California de 1849, los cuales atravesaron las extensas llanuras con el más notable movimiento de población que refiere la historia; pero aun ese incidente fue mezquino en cuanto a superficie, penalidades, peligros y fortaleza, comparado con los viajes de los exploradores españoles. Las jornadas de mil millas a través de los desiertos o de las más fatales todavía selvas tropicales, fueron demasiado numerosas para ni siquiera catalogarlas. Una cosa es seguir una senda, y otra penetrar en un páramo sin senda alguna. Una cosa es ir en larga caravana de carromatos bien armados, y otra muy distinta marchar en pequeñas partidas, a pie o en pencos cansados. Una jornada desde un punto conocido a otro punto conocido también —ambos dentro del mundo civilizado— aun cuando entre los dos se extiendan tierras desiertas, es muy distinta de una jornada que se emprende desde un punto, a través de tierras ignotas, a otro punto ignorado, siendo la salida, el trayecto y el término, cosas del azar y la ventura, sin guías ni jalones que marquen el camino. Lejos de mí la idea de rebajar el heroísmo de nuestros argonautas. Dejaron en la historia una página de la que puede estar orgulloso cualquier pueblo; pero no llegaron nunca a igualar las proezas de similares héroes de otra nacionalidad y de otra época.

El recorrido de Álvaro Núñez Cabeza de Vaca, el primer caminante de Norte América, quedó eclipsado por la proeza del infeliz y olvidado soldado Andrés do Campo. Cabeza de Vaca anduvo mucho más de diez mil millas; pero Do Campo pasó de veinte mil, y sufriendo igualmente terribles penalidades. Las exploraciones de Cabeza fueron mucho más valiosas para el mundo; no obstante, ninguno de los dos salió con intenciones de explorar. Pero Do Campo hizo su terrible marcha a pie, voluntariamente y con un fin heroico, que tuvo a la postre un enorme resultado; mientras que la empresa de Cabeza fue simplemente el heroísmo de un hombre muy singular para librarse de la desgracia. Las andanzas de Do Campo duraron nueve años; y aun cuando no dejó libro alguno relatando sus observaciones, como lo hizo Cabeza, el esqueleto de su historia que nos ha quedado es sumamente sugestivo y característico de aquella época, y refiere otros heroísmos, además del de aquel bravo soldado.

Cuando Coronado fue por primera vez a Nuevo México, en 1540, llevó cuatro misioneros con su pequeño ejército. Fray Marcos pronto volvió a México desde Zuñi por causa de sus dolencias. Fray Juan de la Cruz emprendió con empeño su obra de misionero entre los indios Pueblos; y cuando Coronado y su partida abandonaron el territorio, insistió en quedarse con sus atezados catecúmenos de Tiguex (Bernalillo). Era ya muy viejo y estaba seguro de que su vida acabaría en cuanto se fuesen sus paisanos y, en efecto, así aconteció. Fue asesinado por los indios sobre el 25 de noviembre de 1542.

El hermano lego fray Luis Descalona, también muy anciano, escogió como parroquia el pueblo de Tshiquite (Pecos), y se quedó allí después que se fueron los españoles. Construyose una pequeña choza fuera de la gran ciudad fortificada de los indios, y allí enseñaba a los que querían oírle, y cuidaba un pequeño rebaño de carneros, resto de los que llevara Coronado y que fueron los primeros que entraron en los actuales Estados Unidos. Los indios llegaron a quererle sinceramente, excepto los exorcistas, que le odiaban por su influencia: por fin estos lo asesinaron y se comieron los carneros.

Fray Juan de Padilla, el más joven de los cuatro misioneros y el primero que sufrió el martirio en tierra de Kansas, era natural de Andalucía y hombre de gran energía, tanto física como mental. Tampoco hizo mal papel como andariego, y nuestros andarines profesionales quedarían estupefactos si tuviesen que recorrer por el desierto los millares de millas que recorrió aquel incansable apóstol de los indios en el desierto sudoeste. Había desempeñado muy importantes cargos en México, pero abandonó gustoso sus honores para convertirse en un pobre misionero entre los salvajes del ignoto norte. Habiendo acompañado la partida de Coronado desde México a las Siete ciudades de Cibola, a través de los desiertos, fray Padilla se trasladó a Moqui con Pedro de Tobar y su partida de veinte hombres. Después, retrocediendo a Zuñi, no tardó en salir de nuevo con Hernando de Alvarado y veinte hombres, para recorrer otras mil millas. Fue en esta expedición, uno de los primeros europeos que pudieron contemplar la elevada ciudad de Aroma, el Río Grande dentro de lo que es hoy Nuevo México y el gran pueblo de Pecos.

En la primavera de 1541, cuando un puñado de hombres se había reunido en Bernalillo, y Coronado salió en busca del fatal mito áureo de Quivira, fray Padilla le acompañó. En esa marcha de ciento cuatro días por las áridas llanuras, antes de llegar a las Quiviras, al nordeste de Kansas, sufrieron los exploradores muchas torturas por falta de agua y a veces de alimento. El traicionero guía que llevaban les engañó, y anduvieron errabundos mucho tiempo en un círculo, cubriendo una larga distancia, probablemente de más de mil quinientas millas. Los expedicionarios iban a caballo, pero en aquellos días los humildes *padres* iban a pie. No hallando más que contrariedades, los exploradores retrocedieron hacia Bernalillo, aunque por un camino más corto, y fray Padilla fue con ellos. Pero ya el héroe había determinado que su campo de acción debía estar entre aquellos indios, Sioux y otros hostiles, errantes y que convivían con los búfalos en las llanuras; así es que cuando los españoles evacuaron Nuevo México, él se quedó. Con él estaban el soldado Andrés do Campo, dos jóvenes mexicanos de Michoacán, Lucas y Sebastián, llamados los Donados, y unos cuantos jóvenes indios mexicanos. En el otoño de 1542, esa pequeña partida salió de Bernalillo para emprender una marcha de mil millas.

Andrés era el único que iba montado; el misionero y los jóvenes indios marchaban penosamente a pie por aquel desierto arenoso. Pasaron por la población de Pecos; de allí atravesaron un rincón de lo que es hoy Colorado y el gran Estado de Kansas en casi toda su longitud. Por fin, después de una larga y fatigosa marcha, llegaron a las aldeas de los indios Quivira, donde hallaron albergue provisional. Coronado había plantado una cruz de gran tamaño en una de esas aldeas, y allí estableció su misión fray Padilla. Con el tiempo, los indios hostiles fueron deponiendo su recelo y «le amaron como a un padre». Por último, decidió trasladarse a otra tribu nómada, donde parecía que era más necesaria su presencia. Fue un paso muy peligroso; porque no tan solo podían aquellos desconocidos recibirle con intención homicida, sino que corría igual riesgo al abandonar su presente rebaño. Los indios, supersticiosos, no se avenían a perder a tan gran exorcista como creían que era fray Juan, y menos a que sus enemigos se aprovechasen de sus servicios, pues todas aquellas tribus errantes se hacían la guerra unas a otras. No obstante, fray Padilla resolvió irse, y se fue con su pequeño cortejo. A un día de jornada de las aldeas de los Quiviras, tropezaron con una partida de indios en son de guerra. Al verles acercarse, el buen padre pensó ante todo en salvar a sus compañeros. Andrés tenía aún su caballo, y los muchachos eran veloces corredores.

«¡Huid, hijos míos!» gritó fray Juan. «Salvaos, porque no podéis ayudarme y nada ganaríamos con morir todos juntos. ¡Corred!».

Al principio rehusaron; pero el misionero insistió, y como nada podían contra los indígenas, por fin obedecieron y apelaron a la fuga. Esto, a primera vista no parece muy heroico; pero los disculpa la consideración de lo que eran aquellos tiempos. No tan solo era gente humilde acostumbrada a obedecer a los buenos padres, sino que había otro y más poderoso motivo para que procediesen como lo hicieron. En aquellos días de fervorosa fe, se consideraba el martirio no solamente como un heroísmo, sino como una profecía: creíase que indicaba nuevos triunfos para el cristianismo, y era un deber llevar la noticia y propalarla por el mundo. Si ellos se hubiesen quedado y hubiesen perecido con el padre —y a buen seguro que sus fieles secuaces no lo temían físicamente—, la lección y la gloria de su martirio se hubiesen perdido para la humanidad.

Fray Juan se arrodilló en la vasta llanura y encomendó su alma a Dios; y mientras oraba, los indios le atravesaron con sus flechas. Cavaron luego una fosa y echaron el cadáver del primer mártir de Kansas, colocando en aquel sitio un gran montón de tierra. Esto ocurrió en el año 1542.

Andrés do Campo y los muchachos pudieron escapar entonces; pero no tardaron en caer prisioneros de otros indios, que los tuvieron diez meses como esclavos. Les pegaban y mataban de hambre, obligándoles a hacer las labores más pesadas y más viles. Por fin, después de trazar muchos planes y de varias tentativas infructuosas, lograron escapar de sus bárbaros amos. Luego anduvieron a pie y errantes durante ocho años, solos y sin armas, de un lado para otro, aquellas llanuras secas e inhospitalarias, sufriendo increíbles privaciones y peligros. Por último, después de aquellos millares de millas que lastimaron sus pies, todavía anduvieron hasta la ciudad mejicana de Tampico, situada en el gran golfo. Fueron allí recibidos como muertos resucitados. No conocemos los detalles de tan horrenda e incomparable jornada, pero está comprobada en la historia. Durante nueve años aquellos infelices fueron recorriendo los desiertos a pie y dando mil vueltas, empezando al nordeste de Kansas, para ir a terminar al sur de México.

Sebastián murió poco después de su llegada al Estado mexicano de Culiacán; las penalidades del viaje habían sido demasiado excesivas aun para un cuerpo tan joven y fuerte como el suyo. Su hermano Lucas se hizo misionero entre los indios de Zacatecas, y continuó su trabajo entre ellos durante muchos años, muriendo al fin a una edad muy avanzada. En cuanto al valiente soldado Do Campo, poco después de haber vuelto al mundo civilizado, desapareció sin que se supiese más de él. Tal vez se lleguen a descubrir algunos antiguos documentos españoles que arrojen alguna luz sobre el resto de su vida y la suerte que le cupo.

La guerra de la roca Acoma

Algunos de los heroísmos y penalidades más característicos de los exploradores en nuestro dominio, ocurrieron alrededor de la asombrosa roca Acoma, la extraña ciudad empinada de los Pueblos Queres. Todas las ciudades de los indios Pueblos estaban construidas en sitios fortificados por la Naturaleza, lo cual era necesario en aquellos tiempos, puesto que estaban rodeadas por hordas, muy superiores en número, de los guerreros más terribles que nos habla la historia; pero Acoma era la más segura de todas. En medio de un largo valle de cuatro millas de ancho, bordeado por precipicios casi inaccesibles, se levanta una elevada roca que remata en una meseta de setenta acres de superficie[11], y cuyos lados, que tienen trescientos cincuenta y siete pies ingleses de altura, no solo son perpendiculares, sino que en algunos puntos se inclinan hacia adelante. En su cumbre se alzaba —y se alza hoy todavía— la vertiginosa ciudad de Queres. Las pocas sendas que conducen a la cima, y en las que un paso en falso puede precipitar a la víctima a una muerte horrible, despeñándola desde una altura de centenares de metros, bordean abruptas y peligrosas hendiduras, desde cuya parte superior un hombre resuelto, sin otras armas que piedras, podría casi tener a raya a todo un ejército.

La primera vez que los europeos supieron de esa curiosa ciudad aérea fue en 1539, cuando a fray Marcos, descubridor de Nuevo México, la gente de Cibola le habló de la gran fortaleza roqueña de Hákuque, nombre que ellos daban a Acoma, y que sus habitantes llamaban Ahko. Al año siguiente, Coronado la visitó con su pequeño ejército y nos ha dejado un exacto relato de sus maravillas. Esos primeros europeos fueron allí bien recibidos,

[11] El acre es una medida agraria que equivale a 40,47 áreas. (*N. del T.*)

y los supersticiosos habitantes, que nunca habían visto una barba, ni la cara de un hombre blanco, tomaron a los extranjeros por dioses. Pero hasta medio siglo después, no trataron los españoles de establecerse allí.

Cuando Oñate entró en Nuevo México en 1598, no encontró de momento oposición alguna, porque su fuerza de cuatrocientos hombres, incluso doscientos armados, era bastante para atemorizar a los indios. Estos eran naturalmente hostiles a los invasores de su dominio; pero, viendo que los extranjeros les trataban bien, y temerosos de hacer guerra abierta a aquellos hombres que llevaban trajes duros y mataban de lejos con sus bastones de trueno, los Pueblos esperaron ver el resultado de la invasión. Las tribus de los Queres, Tigua y Jemez se sometieron formalmente al régimen español e hicieron juramento de alianza a la Corona por medio de sus representantes reunidos en la población de Guipuy (que ahora se llama Santo Domingo); lo mismo hicieron los Taños, Picuries, Tehuas y Taos, en una conferencia parecida que celebraron en la población de San Juan, en septiembre de 1598. Al ver su fácil sumisión, Oñate sintió grandes alientos, y decidió visitar personalmente todos los pueblos principales, para hacerlos más seguros súbditos de su soberano. Había ya fundado la primera ciudad de Nuevo México y la segunda en los Estados Unidos, San Gabriel de los Españoles, donde hoy está Chamita. Antes de salir a esa peligrosa jornada, despachó a Juan de Zaldívar, su edecán, con cincuenta hombres, a explorar las vastas y desconocidas llanuras que quedaban hacia oriente, para después seguir él por el mismo camino.

Oñate, con una reducida fuerza, salió de la pequeña y solitaria colonia española, que estaba a más de mil millas de distancia de toda ciudad de hombres civilizados, el 6 de octubre de 1598. Primero se dirigió a los pueblos de las grandes llanuras de los lagos salados, al este de las montañas Manzano, sedienta jornada de más de doscientas millas. Volviendo después al pueblo de Puaray (opuesto al que hoy se llama Bernalillo), se desvió hacia el oeste. El 27 del mismo mes acampó al pie de los altos acantilados de Acoma. Los principales de la ciudad bajaron desde lo alto de la roca, y solemnemente juraron alianza a la Corona de España. Se les advirtió la gran importancia y significación del paso que acababan de dar, y que si violaban su juramento serían considerados y tratados como rebeldes a Su Majestad; pero ellos se comprometieron a ser fieles vasallos. Trataron a los españoles muy amistosamente, y varias veces invitaron al jefe y a sus hombres a visitar la empinada ciudad. En realidad, habían tenido espías en las conferencias celebradas en Santo Domingo y San Juan, y decidieron que el hombre más peligroso entre los invasores era el mismo Oñate. Si podían matarle a él, creían que los demás extranjeros blancos serían fácilmente derrotados.

Pero Oñate nada sabía de su proyectada traición, y al día siguiente él y su puñado de hombres, dejando solo una guardia con los caballos, treparon por una de las peligrosas «escaleras» de piedra, y se hallaron en Acoma. Los oficiosos indios los condujeron acá y acullá, mostrándoles las extrañas casas de varios pisos de altura y con varias terrazas, los grandes estanques labrados en la roca y el vertiginoso borde del precipicio que por todas partes rodeaba aquella ciudad, semejante a un nido de águila. Finalmente condujeron a los españoles a un sitio en que había una larga escalera de mano, cuyo extremo superior pasaba por una trampa situada en el techo de una gran casa, que era la *estufa,* o sea la sagrada cámara del consejo. Los visitantes subieron al techo por una escalera más pequeña, y los indios trataron de que Oñate bajase por la trampa. Pero el gobernador español, observando que en el aposento de abajo reinaba la obscuridad y sintiéndose de momento receloso, rehusó bajar; y como estaba rodeado de soldados, los indios no insistieron. Después de una corta visita a la población, los españoles bajaron de la roca a su campamento y desde allí prosiguieron su larga y peligrosa jornada a Moqui y Zuñi. Aquel repentino rasgo de prudencia en la mente de Oñate salvó la historia de Nuevo México, porque en aquella estufa se hallaban apostados algunos guerreros armados. Si hubiese entrado en la cámara; lo hubieran asesinado en el acto; y su muerte hubiera sido la señal para un ataque a los españoles, los que hubieran perecido en aquella lucha desigual.

Volviendo de su viaje de exploración por aquellas desiertas y mortíferas llanuras, Juan de Zaldívar salió de San Gabriel el 18 de noviembre para seguir a su jefe. Solo tenía treinta hombres. Llegando al pie de la ciudad empinada el día 4 de diciembre, fue muy bien acogido por los acomas, quienes le invitaron a subir y visitar la ciudad. Era Juan tan bueno como valiente soldado, y conocía las estratagemas de guerra de los indios; pero por primera vez en su vida, y fue la última, se dejó engañar. Dejando la mitad de su fuerza al pie del risco para guardar el campamento y los caballos, subió con dieciséis hombres. Había en la ciudad tantas maravillas; era la gente tan cordial, que los visitantes pronto olvidaron toda sospecha que pudieran abrigar, y gradualmente fueron dispersándose aquí y allá para ver las cosas más notables. No esperaban sino esto los habitantes, y cuando el jefe de los guerreros lanzó su grito de guerra, hombres, mujeres y niños cogieron piedras y mazas, arcos y cuchillos de pedernal, y cayeron con furia sobre los dispersos españoles. Fue una horrenda y desigual lucha la que contempló el sol de invierno aquella triste tarde en la ciudad empinada. Aquí y allá, de espalda a la pared de una de aquellas extrañas casas, veíase un soldado de faz lívida, desarrapado, cubierto de sangre, blandiendo su pesado mosquete como si fuese una maza, o dando tajos desesperados con una espada ineficaz contra la tostada y famélica canalla que le rodeaba, mientras llovían piedras sobre su calada visera y por todas partes recibía golpes de clavas y pedernales. No había ningún cobarde en aquella malhadada cuadrilla: vendieron caras sus vidas; delante de cada cual había tendidos un montón de cadáveres. Pero uno a uno, aquella ola de rugientes bárbaros ahogaba a cada tremendo y silencioso luchador, y se desviaba para ir a henchir el mortífero aluvión que envolvía a otro. El mismo Zaldívar fue una de las primeras víctimas, y en aquel desigual combate murieron otros dos oficiales, seis soldados y dos sirvientes. Los cinco que sobrevivieron —Juan Tabaro, que era alguacil mayor y cuatro soldados—, pudieron por fin juntarse, y con sobrehumano esfuerzo, luchando y sangrando por varias heridas, se abrieron paso hasta el borde del precipicio. Pero sus salvajes enemigos los perseguían, y sintiéndose demasiado débiles para seguir matando hasta llegar a una de las escaleras del risco, en el paroxismo de su desesperación los cinco se arrojaron desde aquella tremenda altura.

No hay memoria de otro salto tan terrible como el que dieron Tabaro y sus cuatro compañeros. Aun suponiendo que hubiesen tenido la suerte de llegar hasta el borde más bajo de aquel risco, la altura no pudo ser de menos de ¡ciento cincuenta pies ingleses!, y sin embargo, solo uno de los cinco se mató en tan inconcebible caída: los cuatro restantes, atendidos por sus aterrorizados compañeros del campamento, finalmente se repusieron. Esto parecería increíble si no estuviese completamente comprobado por pruebas históricas. Es probable que cayesen sobre uno de los montones de blanca arena que el viento había arremolinado en algunos sitios al pie del risco.

Afortunadamente, los indios victoriosos no atacaron el pequeño campamento. Los supervivientes tenían aún sus caballos, animales desconocidos de los indígenas, a quienes infundían pavor. Durante algunos días los catorce soldados y sus cuatro semimuertos compañeros acamparon bajo el saliente costado del risco, donde estaban a salvo de toda clase de proyectiles que pudiesen arrojarles desde arriba, paro, esperando a cada momento ser atacados por los naturales. Tenían la seguridad de que la matanza de sus camaradas no era más que el preludio de un levantamiento general de los veinticinco o treinta mil indios Pueblos, y sin reparar en el peligro que corrían, decidieron por fin dividirse en pequeños grupos y separarse; unos para seguir a su jefe en su jornada hasta Moqui y avisarle del peligro que le amenazaba; y otros para cruzar a toda prisa centenares de áridas millas hasta llegar a San Gabriel y defender a las mujeres y los niños que allí había y a los misioneros que se habían esparcido entre los indios. Este plan de abnegación se realizó felizmente. Los pequeños grupos de tres y de cuatro llevaron la noticia a sus compatriotas, y a fines del año 1598 todos los españoles supervivientes en Nuevo México se pusieron a salvo en la aldea de San Gabriel. Estaba la población construida al modo indio, esto es, en forma cuadrada, y en la plaza central se habían colocado los rudos pedreros —especie de obuses que lanzaban balas de piedra—, los cuales defendían las puertas. Sobre las azoteas de las casas de adobe de tres pisos, las valerosas mujeres vigilaban de día, y los hombres, con sus pesados mosquetes, montaban la guardia en las noches de invierno, para prevenirse contra el esperado ataque. Pero los Pueblos quedaron sobre las armas. Esperaban ver lo que Oñate haría con Acoma, antes de tomar medida alguna contra los extranjeros.

Oñate se encontró en un difícil dilema. No se necesita saber ni la mitad de lo que sabía aquel español, ya encanecido y sosegado, acerca del carácter de los indios, para comprender que debía castigar sumariamente a los rebeldes por la matanza de sus hombres, o abandonar para siempre su colonia y Nuevo México. Si semejante atropello quedase sin castigo, los osados Pueblos no dejarían con vida a ningún español. Por otra parte, ¿cómo podía él llegar a conquistar aquella inexpugnable fortaleza de roca? Tenía menos de doscientos hombres, y solo podía destinar parte de estos para la campaña, pues de lo contrario los otros Pueblos, en su ausencia, se levantarían y aniquilarían a San Gabriel y sus habitantes. En Acoma había trescientos guerreros bien contados, secundados, además, por no menos de cien Navajos.

Pero no existía otra alternativa. Cuanto más lo pensaba y consultaba con sus oficiales, más claro veía que la única salvación estaba en tomar aquel Gibraltar de Queres, y resolvió llevar a cabo el proyecto. Oñate deseaba dirigir en persona tan atrevida empresa; pero había uno que tenía más derecho al desesperado honor que el Capitán general, y ese era el olvidado héroe Vicente de Zaldívar, hermano del asesinado Juan. Era sargento mayor de aquel pequeño ejército, y cuando se presentó a Oñate y pidió que se le diese el mando de la expedición contra Acoma, no hubo medio de rehusarle.

El 12 de enero de 1599, Vicente de Zaldívar salió de San Gabriel a la cabeza de setenta hombres. Solo unos cuantos de ellos iban armados con los toscos mosquetes de la época; la mayoría no eran arcabuceros, sino piqueros, armados únicamente con lanzas y espadas, y llevaban chaquetas acolchadas o mallas batidas. Un pequeño pedrero, amarrado sobre el lomo de un caballo, era su única «artillería».

Silenciosa y denodadamente la pequeña fuerza emprendió la ardua jornada. Todos conocían la inexpugnable roca, y pocos acariciaban la esperanza de volver de aquella misión desesperada; pero a nadie se le ocurrió la idea de retroceder. La tarde del onceno día, la fatigada tropa pasó la última meseta y llegó a la vista de Acoma. Los indios, avisados por sus centinelas, estaban prontos a recibirla. Toda la población, con los aliados Navajos, hallábase en armas en las azoteas y en los riscos estratégicos. Indígenas desnudos, pintados de negro, saltaban de grieta en grieta, aullando, desafiando y vomitando insultos contra los españoles. Los exorcistas, grotescamente disfrazados, estaban en pináculos prominentes, tocando sus tambores y lanzando maldiciones y exorcismos a los vientos, y todo el populacho se unía al coro de rugidos y amenazas.

Zaldívar hizo un alto con su pequeña partida al pie del risco, acercándose cuanto pudo hacerlo sin peligro. El indispensable heraldo salió de las filas, y después de un toque de trompeta, procedió a leer a voz en cuello la formal intimación a rendirse en nombre del rey de España. Por tres veces vociferó aquella intimación; pero cada vez apagaron su voz los gritos y aullidos de los enfurecidos indígenas, y una lluvia de piedras y flechas cayó en peligrosa proximidad. Zaldívar deseaba conseguir la rendición de la plaza, pedir que se le entregasen los cabecillas de la matanza y llevárselos a San Gabriel, para que fueran oficialmente procesados y castigados, sin causar daño a los demás habitantes de Acoma; pero los indios, viéndose seguros en su natural fortaleza, se burlaban del misericordioso llamamiento. Era evidente la necesidad de tomar Acoma por asalto. Los españoles acamparon sobre la arena, y haciendo lúgubres planes para el día siguiente, pasaron allí la noche, que hizo más horrenda la barahunda de la monstruosa danza de guerra que celebraban los habitantes de la ciudad.

El asalto a la empinada ciudad

Al romper el alba del día veintidós de enero, Zaldívar dio la señal para el ataque, y el cuerpo principal de la fuerza española empezó a disparar sus pocos arcabuces y a intentar un asalto desesperado por el extremo norte de la gran roca, que era por allí absolutamente inexpugnable. Los indios, apiñados en el borde de los farallones, despedían una lluvia de proyectiles, y muchos de los españoles fueron heridos. Entretanto, doce hombres escogidos, que durante la noche se habían ocultado debajo de la parte saliente del risco, el cual les protegía contra el fuego y la observación de los indios, trepaban cautelosamente por debajo y alrededor del precipicio, arrastrando con cuerdas el pedrero. Algunos de aquellos doce hombres eran arcabuceros, y, además del peso del ridículo cañón, llevaban sus pesados arcabuces y su tosca armadura, que no les ayudarían ciertamente a escalar alturas, cuyo ascenso sería difícil hasta para un atleta libre de trabas. Continuando su trabajosa tarea sin ser vistos, tirando uno de otro, y después del pedrero peñas arriba, llegaron por fin a la cumbre de un alto farallón separado del gran risco de Acoma por un angosto pero terrible tajo. Al atardecer tenían ya el cañón apuntando hacia la ciudad, y el retumbante disparo, cuando la bala de piedra fue lanzada sobre Acoma, fue la señal para la tropa que estaba al extremo norte de la meseta, de que se había tomado la primera posición estratégica, a la vez que advirtió a los indios del peligro que les amenazaba por otro lado.

Aquella noche, pequeños grupos de españoles treparon por los grandes precipicios que cercan ese valle en forma de artesa por oriente y poniente; talaron pequeños pinos, arrastrando con inmenso trabajo los troncos peñas abajo y a través del valle, para subirlos al farallón donde se habían situado los doce hombres con el pedrero. Una docena de hombres quedaron abajo guardando los caballos al extremo norte de la meseta, y el resto de la fuerza se juntó a los doce arcabuceros, ocultándose en las grietas del farallón. Al otro lado del tajo, los indios estaban tendidos en las grietas o detrás de las rocas, esperando el ataque.

La madrugada del veintitrés, un piquete de hombres escogidos, a una señal, salieron corriendo de sus escondites con una toza cargada en hombros, y con una acertada maniobra la colocaron al otro extremo sobre el lado opuesto, por encima del abismo. Salieron corriendo los españoles y empezaron a desfilar, guardando el equilibrio, por aquel vertiginoso «puente», recibiendo una descarga de piedras y saetas. Habían cruzado ya varios, cuando uno de ellos, en su excitación, cogió la cuerda que estaba amarrada a la toza y arrastró esta detrás de él. Fue aquel un momento terrible. Eran menos de doce los españoles que así quedaron al borde de Acoma, separados de sus compañeros por un precipicio de centenares de pies de profundidad, y rodeados por enjambres de indios. Estos, saliendo de su refugio, cayeron al instante sobre ellos, rodeándolos. Mientras el soldado español podía mantener a los indios a distancia, hasta sus toscas armas e ineficaz armadura le daban cierta ventaja; pero, a tan corto alcance, aquellos mismos arreos eran un impedimento fatal por su tosquedad y su peso. Parecía entonces como si fuese a repetirse la anterior matanza de Acoma, y los aislados españoles fuesen a ser destrozados; pero en aquel momento crítico, un hecho de increíble valor personal les salvó a ellos y la causa de España en Nuevo México. Un esbelto, inteligente y joven oficial, un estudiante que era amigo particular y favorito de Oñate, salió del grupo de los consternados españoles que se hallaban al otro lado del tajo, y que no se atrevían a disparar contra los enemigos para no herir a sus compañeros que estaban mezclados con ellos, y, corriendo como un gamo, se fue hacia el precipicio. Al llegar al borde, encogió su ágil cuerpo, saltó al aire como un pájaro y salvó el abismo. Cogiendo en seguida la toza, con un esfuerzo desesperado la empujó hasta que sus compañeros pudieron agarrarla desde el otro borde, y por encima del restablecido puente pasaron los soldados españoles, salvando la situación.

Empezó entonces una de las más tremendas luchas cuerpo a cuerpo que registra la historia de América. Peleando en proporción de uno contra diez; mezclados entre una turba de salvajes que daban alaridos y luchaban con el frenesí de la desesperación; acuchillados con armas melladas; aturdidos por los golpes de maza; acribillados por las erizadas flechas; agotados, exhaustos y cubiertos de sangre, Zaldívar y su puñado de héroes se abrieron camino, pulgada a pulgada, paso a paso, usando sus mosquetes pesados como mazas; hiriendo con sus chafarotes; parando mortales golpes y arrancando las barbadas flechas de sus trémulas carnes. ¡Iban avanzando, avanzando siempre; lanzando valerosos el grito de guerra de Santiago; acorralando a su tenaz enemigo con valor todavía más tenaz; hasta que al fin los indios, convencidos de que aquéllos no eran enemigos humanos, huyeron a refugiarse en sus casas semejantes a fortalezas, pudiendo así alentar los españoles! Otras tres veces se leyó la intimación a rendirse ante aquellas extrañas viviendas de cerca de mil pies de largo cada una y que parecían tramos de una gigantesca escalinata labrada en una sola roca. Aún entonces deseaba Zaldívar evitar más derramamiento de sangre y pidió que solo le entregasen, para castigarlos, a los asesinos de su hermano y de sus compatriotas. Todos los demás que se rindiesen y se hiciesen súbditos del «Rey, nuestro Señor», serían bien tratados. Pero los tercos indios, como lobos heridos en su madriguera, se mantuvieron parapetados en sus casas y rehusaron toda proposición de paz.

El risco fue tomado; pero quedaba aún la ciudad. Cada pueblo de los indios era una verdadera fortaleza, y Zaldívar tuvo que atacar a Acoma casa por casa, habitación por habitación. El pequeño pedrero fue colocado enfrente de la primera fila de casas, y pronto empezó a hacer disparos con alguna lentitud. Al derrumbarse las paredes de adobe bajo el constante cañoneo de las balas de piedra, solo formaban grandes barricadas de tierra que ni siquiera podría atravesar nuestra moderna artillería, y cada casa tenía que tomarse separadamente a punta de espada. Algunas de las casas derruidas se incendiaban con la lumbre de sus fogones, y no tardó en cubrir la ciudad un humo asfixiante, del cual salían los gritos de las mujeres y de los niños y los provocadores alaridos de los guerreros. El humanitario Zaldívar hizo cuanto pudo para salvar a las mujeres y a los niños, con gran peligro de sí mismo; pero muchos perecieron bajo las paredes derrumbadas de sus propias casas.

El terrible asalto duró hasta el mediodía del veinticuatro de enero. De vez en cuando partidas de guerreros realizaban salidas, tratando de abrirse paso por entre las filas de españoles. Muchos, en su desesperación, se lanzaron desde lo alto del risco, pereciendo estrellados al pie del mismo. Solo dos indios de los que dieron tan pasmoso salto sobrevivieron, tan milagrosamente como los cuatro españoles de la primera matanza, y también como ellos lograron salvarse.

Por fin, al mediodía del tercero, los viejos salieron pidiendo clemencia, y esta les fue concedida en el acto. En el momento en que se rindieron, se olvidó su rebeldía y se perdonó su traición. Ya no hubo necesidad de más castigo. Los cabecillas que causaron la muerte del hermano de Zaldízar habían muerto, como también casi todos sus aliados Navajos. Fue aquella la lucha más sangrienta que se ha conocido en Nuevo México. En aquellos tres días de combate tuvieron los indios quinientos muertos y muchos heridos, y de los españoles supervivientes no hubo uno que no quedase para toda la vida con horrendas cicatrices como recuerdos de Acoma. Quedó la ciudad tan destrozada que tuvo que construirse de nuevo, y el infinito trabajo con que los pacientes indios habían subido a lo alto del risco sobre sus espaldas todas las piedras y la madera y la arcilla necesarias para construir una ciudad de casas de varios pisos, para cerca de mil almas, tenía que repetirse. También sus cosechas y todas las provisiones que tenían almacenadas, en obscuros aposentos de aquellas casas con terrados, habían quedado destruidas y era necesario reponerlas. En verdad que «los de arriba» habían enviado un terrible castigo a aquel pueblo por su traición a Juan de Zaldívar.

Cuando sus hombres se hubieron recuperado lo bastante de sus heridas, Vicente de Zaldívar, héroe del asalto más prodigioso que refiere la historia, regresó victoriosamente a San Gabriel de los Españoles, llevando consigo ochenta muchachas de Acoma, que envió a las monjas de México para que las educasen.

¡Qué gritería debió de armarse en las murallas de la pequeña colonia cuando sus ansiosos atalayas vieron por fin a su pequeño ejército de guerreros, pálidos y cubiertos de andrajos, regresar lentamente a sus hogares, caminando sobre la nieve y montados en flacos jamelgos!

Los demás Pueblos, que habían estado en acecho como los gatos, escondiendo las uñas, pero con todos sus músculos prontos a saltar, quedaron paralizados de espanto. Esperaban ver a los españoles derrotados, ya que no aplastados, en Acoma, y entonces un rápido levantamiento de todas las tribus hubiera acabado con todos los invasores. Pero había sucedido lo imposible.

¡Ahko, la orgullosa ciudad encumbrada de los Queras! ¡Ahko, la rodeada de riscos, la inexpugnable, había caído en poder de los pálidos extranjeros! Sus bravos guerreros habían perecido; sus fuertes casas eran un montón de humeantes ruinas; su riqueza se había perdido; su pueblo estaba casi borrado de la faz de la tierra! ¿Cómo luchar contra «hombres tan poderosos», contra aquellos extraños brujos a quienes debían proteger «los de arriba», pues de otro modo no podrían hacer tan sobrehumanas proezas? Relajados sus encogidos nervios, el gran gato empezó a ronronear como si nunca hubiese soñado en coger ratones. Ya no se pensó más en rebelarse contra los españoles, y los indios hasta se esforzaron en aquistarse el favor de aquellos terribles extranjeros. Le llevaron a Oñate la noticia del asalto de Acoma algunos días antes de que Zaldívar y sus héroes regresasen a la pequeña colonia, y fueron asaz villanos para entregarle dos indios Queres que, huyendo de aquel espantoso combate, se habían refugiado entre ellos. En adelante, los Pueblos no dieron ya que hacer al gobernador Oñate.

Pero los de Acoma no parecieron tomar la lección tan a pecho como los otros. Quedaron demasiado destrozados y quebrantados para pensar en otra guerra con sus invencibles enemigos; no obstante, mostraron una implacable hostilidad a los españoles por espacio de treinta años, hasta que fue la ciudad conquistada de nuevo mediante una heroicidad tan brillante como la de Zaldívar, aunque de muy distinta manera.

En 1629 fray Juan Ramírez, «el apóstol de Acoma», salió solo de Santa Fe para fundar una misión en la encumbrada ciudad de feroces bárbaros. Se le ofreció una escolta de soldados, pero él la rehusó y salió a pie, enteramente solo y sin más armas que su crucifijo. Recorriendo con dificultad su penoso y arriesgado camino, llegó al cabo de muchos días al pie de la gran «isla» de roca, y empezó el ascenso. En cuanto los indios vieron a una persona extraña, y de la gente que ellos aborrecían, corrieron hasta el borde del risco y le lanzaron una lluvia de flechas, algunas de las cuales atravesaron sus hábitos. En aquel momento, una niña de Acoma que estaba en el mismo borde de la ingente roca, se asustó al ver la saña de su gente y, perdiendo el equilibrio, se despeñó al precipicio. Pero quiso la Providencia que solo cayese unas cuantas yardas sobre un reborde arenoso cerca de donde estaba fray Juan, y donde no podían verlos los indios, quienes supusieron que había caído hasta la sima. Fray Juan se acercó a recogerla y la llevó sana y salva hasta arriba, y al ver este aparente milagro, los salvajes quedaron desarmados y lo recibieron como a un mago. El buen hombre vivió solo en Acoma más de veinte años, amado por los naturales como un padre, y enseñando a sus atezados conversos con tanto éxito, que con el tiempo muchos de ellos sabían el catecismo y podían leer y escribir en español. Además, bajo su dirección y con muchísimo trabajo, construyeron una gran iglesia. Cuando murió, en 1664, los Acomas, que habían sido los indios más feroces, llegaron a ser los más dóciles de Nuevo México y los más adelantados en civilización. Pero pocos años después de su muerte, ocurrió el levantamiento de todos los Pueblos, y durante las largas y desastrosas guerras que se siguieron, fue destruida la iglesia y desaparecieron en gran parte los frutos del trabajo del valiente fray Juan. En aquella rebelión, fray Lucas Maldonado, que era entonces misionero en Acoma, fue asesinado por su rebaño el diez o el once de agosto de 1680. En noviembre de 1692, Acoma se rindió voluntariamente al reconquistador de Nuevo México, Diego de Vargas. Al cabo de pocos años, sin embargo, se rebeló de nuevo, y en agosto de 1696 Vargas marchó contra la ciudad, pero no pudo asaltarla. Gradualmente los Pueblos fueron viviendo en paz con los humanitarios conquistadores y llegaron a merecer la benevolencia con que constantemente se les trataba. La misión fue restablecida en Acoma por el año 1700, y allí se eleva hoy una enorme iglesia, que es una de las más interesantes del mundo, dados el infinito trabajo y la paciencia con que fue construida. La última tentativa de levantamiento de los indios Pueblos ocurrió en 1728; pero en ella no tomó parte Acoma.

La curiosa escalera de piedra por la que fray Juan Ramírez subió la primera vez a su peligrosa parroquia bajo una lluvia de flechas, todavía la usan hoy los habitantes de Acoma, quienes le han dado el nombre del «camino del Padre».

El soldado poeta

Pero retrocedamos un poco. El joven oficial que dio aquel soberbio salto sobre el tajo de Acoma, que repuso la toza para hacer puente y salvó de este modo la vida a sus camaradas, e indirectamente a todos los españoles de Nuevo México, fue el capitán Gaspar Pérez de Villagrán. Era muy culto, había obtenido el grado de bachiller en una universidad española, era joven, ambicioso, valiente y un verdadero atleta. Fue un héroe entre los héroes del Nuevo Mundo, y un cronista a quien mucho debe la historia. Los seis ejemplares existentes del pequeño y grueso volumen en pergamino que contiene su histórico poema de treinta y cuatro heroicos cantos, valen cada uno de ellos muchas veces su peso en oro.

¡Lástima grande que no haya habido un Villagrán para cada una de las campañas de los exploradores de América!, que nos diese más detalles de aquellos sobrehumanos peligros y sufrimientos, pues la mayoría de los cronistas de la época tratan de esos episodios tan brevemente como describiríamos nosotros un paseo de Nueva York a Brooklyn!

El salto del tajo no fue la única parte que tomó el capitán Villagrán en el sangriento combate de Acoma, en el invierno de 1598-1599. Estuvo a punto de ser víctima de la primera matanza en la que Juan de Zaldívar y sus hombres perecieron, y se escapó de aquel lance solo para sufrir penalidades tan terribles como la muerte.

En el otoño de 1598, cuatro soldados desertaron del pequeño ejército de Oñate en San Gabriel y el gobernador envió a Villagrán con tres o cuatro soldados para arrestarlos. No sabemos lo que diría hoy un *sheriff* si le mandasen perseguir a cuatro malhechores en un recorrido de mil millas por un desierto como aquel y con una fuerza tan pequeña. Pero el capitán Villagrán siguió la pista de los desertores, y después de perseguirlos por más de novecientas millas, les alcanzó al sur de Chihuahua (México). Los

Gaspar Pérez de Villagrán dejó una crónica de la campaña de Oñate en su épica *Historia de la Nueva México* (1610).

desertores hicieron una feroz resistencia. Dos fueron muertos por los soldados, y dos se escaparon. Villagrán dejó allí su pequeña fuerza y desanduvo solo las peligrosas novecientas millas. Llegado al pueblo de Puaray, en la margen occidental del Río Grande, frente a Bernalillo, supo que su jefe Oñate acababa de marchar hacia el oeste, en su peligroso viaje a Moqui, el cual ya hemos descrito. Villagrán se volvió en el acto hacia el oeste, saliendo solo para seguir y alcanzar a sus compatriotas. La pista era fácil de seguir, porque los españoles tenían los únicos caballos que había en lo que es hoy los Estados Unidos; pero aquel solitario caminante que la iba rastreando, se vio continuamente rodeado de peligros y sufrimientos. Llegó a la vista de Acoma justamente después de la matanza de Juan de Zaldívar y del tremendo salto de los cinco españoles. Los supervivientes ya se habían alejado de aquel sitio fatal, y cuando los habitantes vieron a un español que se acercaba solo, bajaron de su ciudadela roqueña para rodearle y darle muerte. Villagrán no tenía armas de fuego, sino únicamente su espada, una daga y un escudo. Aun cuando ignoraba los terribles sucesos que acababan de ocurrir, le inspiró recelos la manera como los salvajes trataban de envolverlo, y aun cuando su caballo renqueaba por efecto de su larga jornada, lo espoleó para ponerlo al galope y luchó, abriéndose paso por entre el círculo que iban estrechando los indios. Continuó su fuga hasta muy entrada la noche, describiendo un largo circuito, para no acercarse a la ciudad, y al fin descendió, exhausto, de su también exhausto caballo, y se tendió a descansar sobre la dura tierra. Cuando despertó caía una gran nevada, y se encontró medio sepultado bajo la fría y blanca nieve. Montando de nuevo, avanzó en la obscuridad para alejarse todo lo posible de Acoma antes de que lo denunciase la luz del día. De repente, caballo y jinete cayeron en un hondo pozo que los indios habían abierto para que sirviese de trampa, cubriéndolo con ramas y tierra. En la caída se mató el pobre caballo, y Villagrán quedó maltrecho y aturdido. Por fin logró salir del pozo, con gran contento de su fiel perro, que estaba sentado aullando y tiritando al borde de aquel. El soldado poeta habla muy tiernamente de aquel mudo compañero de su larga y peligrosa jornada, y es evidente que lo quería con un cariño que solo un hombre valiente puede profesar y un fiel perro merecer.

Emprendiendo de nuevo la marcha a pie, pronto perdió Villagrán el camino en aquel desierto sin huellas ni veredas. Durante cuatro días y cuatro noches anduvo errante, sin un bocado que comer y sin una gota de agua, pues ya se había derretido la nieve. Muchos hombres han hecho más largos ayunos entre iguales sufrimientos; pero solo los que han experimentado sed en tierras áridas, pueden tener una remota idea de lo que significa vivir noventa y seis horas sin agua. Dos días de aquella sed suele ser fatal a muchos hombres fuertes, y es poco menos que milagroso que Villagrán pudiese resistirla cuatro días. Por fin, casi muriendo de sed, con la lengua seca e hinchada, dura y áspera como una lima, saliéndole fuera de los dientes, se vio en la triste necesidad de matar a su fiel perro, lo cual hizo con lágrimas de varonil remordimiento. Llamando al pobre animal hacia sí, lo despachó con su espada y ansiosamente apuró la sangre caliente. Esto le dio fuerzas para arrastrarse un poco más, y cuando ya iba a dejarse caer sobre la arena para morir, divisó un pequeño hoyo en una gran roca, a poca distancia. Arrastrándose débilmente hasta llegar allí, descubrió con júbilo que había quedado en la cavidad un poco de agua de nieve. Esparcidos alrededor había unos cuantos granos de maíz, que le parecieron llovidos del cielo, y los devoró famélicamente.

Había abandonado ya toda esperanza de alcanzar a su jefe, y decidió retroceder y andar las terribles doscientas millas que le separaban de San Gabriel. Pero ya no podía su cuerpo obedecer por más tiempo a su heroico espíritu, y hubiera perecido miserablemente junto al pequeño tanque de la roca a no ser por una extraña casualidad.

Mientras estaba allí tendido, sin ánimo y sin fuerzas, oyó súbitamente voces que se acercaban. Supuso que los indios habían rastreado su pista, y se dio por perdido, porque se sentía demasiado débil para luchar. Pero al fin llegaron a su oído acentos españoles, y aun cuando eran voces ásperas y broncas de soldados, con toda seguridad debieron de parecerle los sonidos más dulces del mundo. Sucedió que la noche anterior, algunos de los caballos del campamento de Oñate se habían extraviado, y un pelotón de soldados salió en busca de ellos. Siguiendo sus huellas, llegaron cerca del sitio donde el capitán Villagrán se hallaba tendido. Por fortuna lo vieron, pues él no podía ni gritar ni correr tras ellos. Con sumo cuidado levantaron al oficial herido y lo llevaron al campamento, y allí, con los solícitos cuidados de hombres barbudos, recuperó lentamente sus fuerzas y con el tiempo volvió a ser el osado atleta de otros tiempos. Acompañó a Oñate en su larga marcha por el desierto, y pocos meses después estuvo presente en el asalto de Acoma y realizó la pasmosa proeza que se cita como una de las heroicidades más notables en la historia del Nuevo Mundo.

Los misioneros exploradores

Pretender narrar la historia de la exploración española de las Américas sin dedicar especial atención a los misioneros exploradores, sería hacerles poca justicia y dejar incompleta la historia. En esto, aun más que en otras fases, la conquista fue ejemplar. El español no tan solo descubrió y conquistó, sino que además convirtió. Su celo religioso no le iba en zaga a su valor. Como ha sucedido con todas las naciones que han entrado en nuevas tierras, y como sucedió con nosotros mismos en la que ocupamos, su primer paso tuvo que ser la sujeción de los naturales que se le oponían. Pero no bien hubo castigado a esos feroces indios, empezó a tratarlos con grande y noble clemencia, que aun hoy no se prodiga y que en aquella cruel época del mundo era casi desconocida. Nunca dejó sin hogar a los atezados indígenas de América ni los fue arrollando, ni acorralando delante de él, sino que, por el contrario, les protegió y aseguró por medio de leyes especiales la tranquila posesión de sus tierras para siempre. Debido a las generosas y firmes leyes dictadas por España hace tres siglos, nuestros indios más interesantes e interesados, los Pueblos, gozan hoy completa seguridad en sus posesiones, mientras que casi todos los demás (que nunca estuvieron enteramente bajo el dominio de España) han sido de vez en cuando arrojados de las tierras que nuestro gobierno solemnemente les había concedido.

Esa era la ventaja de un régimen de Indias que no obedecía a la política, sino a los invariables principios de humanidad. Primero se exigía al indio que fuese obediente a su nuevo gobierno. No se le podía enseñar la obediencia a todas las cosas de una vez; pero debía al menos abstenerse de matar a sus nuevos vecinos. Tan pronto como aprendía esta lección, se le protegía en sus derechos sobre su hogar, su familia y sus bienes. Entonces, y tan rápidamente como podían hacer esa vasta labor el ejército de misioneros que dedicaban su vida a esa peligrosa tarea, se le educaba en los deberes de ciudadanía y de la religión cristiana. Es casi imposible para nosotros, en estos pacíficos tiempos, comprender lo que significaba convertir entonces medio mundo de indios. En nuestra parte de Norte América nunca ha habido tribus tan terribles como encontraron los españoles en México y en otras tierras más al sur. Nunca pueblo alguno llevó a cabo en ninguna parte tan estupenda labor como la que realizaron en América los misioneros españoles. Para empezar a comprender las dificultades de aquella conversión, debemos primero leer una horripilante página da la historia.

Muchos indios y pueblos salvajes profesan religiones tan distintas de la nuestra como son sus organizaciones sociales. Pocas tribus hay que sueñen con un Ser Supremo. La mayoría de ellos adora muchos dioses; dioses cuyos atributos son muy parecidos a los del mismo adorador; dioses tan ignorantes y crueles y traidores como él. Es una cosa horrenda estudiar esas religiones, y ver qué cualidades tan tenebrosas y repulsivas puede deificar la ignorancia. Los despiadados dioses de la India que se supone que se deleitan aplastando a miles de sus fieles bajo las ruedas del carro Juggernaut, y con el sacrificio de niños al Ganges y de jóvenes viudas a la hoguera, son buena muestra de lo que puede creer una mente descarriada. Pues bien; los horrores de la India tenían su paralelo en América. Las religiones de nuestros indios del norte tenían muchos ritos sorprendentes y terribles; pero eran inocentes y civilizados si se comparan con los monstruosos que se observaban en México y la América del Sur. Para comprender algo de lo que tuvieron que combatir los misioneros españoles en América, aparte del peligro común a todos, echemos una ojeada al estado de cosas en México cuando ellos llegaron.

Los Nahuatles, o Aztecas, y otras tribus indias parecidas del antiguo México, observaban el credo pagano general a todos los indios de América, con algunos horrores que ellos le añadían. Estaban en un constante y ciego terror de sus innumerables dioses salvajes, pues para ellos todo lo que no podían ver y entender, y casi todo lo que veían y entendían, era una deidad. Lo que no podían concebir era un dios que les inspirase amor; debía ser siempre algo que les inspirase miedo; pero un miedo mortal. Todo su objeto en la vida era esquivar los crueles golpes de una mano invisible; era aplacar algún dios terrible que no podía amar, pero a quien se podía sobornar para que no causase daño. No podían imaginar una verdadera creación, ni que pudiese haber *algo* sin tener padre ni madre: las estrellas y las piedras y los vientos y los dioses tenían que nacer lo mismo que los hombres. Su «cielo», si ellos hubiesen podido entender lo que significa esta palabra, estaba atestado de dioses, cada uno tan individual y personal como nosotros; con más poder que nosotros, pero con las mismas debilidades y pasiones y pecados. En realidad, habían inventado y arreglado los dioses según su propia forma salvaje, dándoles los poderes que deseaban para sí mismos; pero eran incapaces de atribuirles virtudes que no podían comprender. Así también, para juzgar lo que podría agradar a sus dioses, se guiaban por lo que a ellos les placía. Tomar cruenta venganza de sus enemigos; robar y matar, o recibir tributo para dejar de robar y de matar; vestirse ricamente y comer bien: estas y otras cosas parecidas, que ellos consideraban como las más altas ambiciones personales, creían que de igual modo agradarían a «los de arriba». Y así consagraban la mayor parte de su tiempo y de su afán a sobornar a esos extraños dioses, que les causaban más terror que los indígenas vecinos.

Su idea de un dios la expresaban gráficamente en los grandes ídolos de piedra que antes abundaban en México, y algunos de los cuales se conservan todavía en los museos. Son por lo general de tamaño heroico, y están labrados con mucho esmero en piedra sumamente dura, pero sus cuerpos y sus caras son indeciblemente horribles. Un ídolo como el del grotesco Huitzilopochtli era una cosa tan espantosa como no pudo jamás inventarla el ingenio humano; y la misma repulsiva fealdad se ve en todos los ídolos mexicanos.

Se atendía a estos ídolos con un cuidado sumamente servil, y se les vestía con los ornamentos más costosos que podía procurarse la riqueza de los indios. Sobre esas grandes pesadillas de piedra se colgaban con profusión largos collares de turquesas, que era la joya más preciada de los aborígenes americanos, y preciosos mantos de brillantes plumas de pájaros tropicales y conchas de iridiscentes colores. Millares de hombres dedicaban su vida a cuidar de esas mudas deidades, y se humillaban y atormentaban de un modo indecible para agradarles.

Pero ni los regalos ni los cuidados eran bastantes. De un dios como esos había que temer también que traicionase a los amigos. Había que llevar más lejos el soborno. Todo lo que al indio le parecía valioso lo ofrecía a su dios para tenerlo propicio, y como la vida humana era la cosa de más valor a los ojos del indios, esa era su ofrenda más importante, y llegó a ser la más frecuente. Un indio no consideraba un crimen el sacrificar una vida para agradar a uno de sus dioses. No tenía idea de recompensa o castigo después de la muerte, y llegó a considerar el sacrificio humano como una institución legítima, moral y hasta divina. Con el tiempo llegaron a consumarse casi a diario esos sacrificios en cada uno de los numerosos templos. Era la forma más estimada del culto: era tan grande su importancia, que los oficiales o sacerdotes tenían que pasar por un aprendizaje más oneroso que cualquier ministro de la religión cristiana. Solo podían llegar a ocupar ese puesto prometiendo y manteniendo una incesante y terrible práctica de privaciones y mutilaciones de su cuerpo.

Se ofrecían vidas humanas no tan solo a uno o dos de los ídolos principales de cada comunidad, sino que cada población tenía además fetiches menores, a los que se hacía esta clase de sacrificios en determinadas ocasiones. Tan arraigada estaba la costumbre del sacrificio, y se consideraba tan corriente, que cuando Cortés llegó a Cempohual, los indígenas no concibieron otro modo de recibirlo con bastantes honores, y muy cordialmente propusieron ofrendarle sacrificios humanos. Excusado es decir que Cortés rehusó con energía esa muestra de hospitalidad.

Estos ritos se verificaban casi siempre en los teocalis, o montículos para sacrificios, de los cuales había uno o más en cada población india. Eran grandes montones artificiales de tierra en forma de pirámides truncadas y recubiertos de piedra. Tenían de cincuenta a doscientos pies de altura, y algunas veces varios centenares de pies cuadrados en su base. En la parte superior de la pirámide había una pequeña torre, que era la obscura capilla donde se encerraba el ídolo. La grotesca faz de la pétrea deidad miraba una piedra cilíndrica que tenía una cavidad en forma de tazón en la parte superior, y era el altar o piedra del sacrificio. Esa piedra era usualmente labrada, algunas veces con muchos detalles y esmerada mano de obra. El famoso «calendario azteca de piedra» que se halla en el museo nacional de México y que en un tiempo dio pie a tan extrañas conjeturas, es meramente uno de esos altares para sacrificios, de época anterior a Cristóbal Colón. Es un ejemplar notabilísimo de piedra labrada por los indios.

El ídolo, las paredes interiores del templo, el piso y el altar estaban siempre humedecidos con el fluido más precioso de la tierra. En el tazón ardían en rescoldo corazones humanos. Magos vestidos de negro, con sus rostros también ennegrecidos y con círculos blancos pintados alrededor de los ojos y de la boca, con los cabellos empapados en sangre, con las caras cortadas por incesantes mortificaciones, iban continuamente de un lado para otro, vigilando de día y de noche, siempre listos para las víctimas que aquella horrenda superstición llevaba al altar. Solían elegirse las víctimas de entre los prisioneros de guerra y los esclavos que, como tributo, cedían las tribus conquistadas; y el contingente era enorme. A veces en un día señalado se sacrificaban quinientas víctimas en un solo altar. Se les extendía desnudos sobre la piedra de sacrificios y se les descuartizaba de una manera demasiado horrible para describirla aquí. Sus corazones palpitantes se ofrendaban al ídolo, y después se arrojaban al gran tazón de piedra, mientras que los cuerpos eran lanzados a puntapiés, escaleras abajo, hasta que iban a parar al pie de la pirámide, donde eran arrebatados por una ávida muchedumbre. Los mexicanos no eran ordinariamente tan caníbales, ni gustaban de serlo, pero devoraban aquellos cuerpos como parte de su repulsiva religión.

Repugna entrar en más detalles acerca de esos ritos: bastante queda dicho para dar una idea de la barrera moral que encontraron los misioneros españoles cuando fueron a enseñar a tan sanguinarios indígenas un evangelio que predica el amor y la universal fraternidad de los nombres. Semejante credo era tan incomprensible para los indios, como lo sería para nosotros el decirnos que lo negro es blanco: la lucha para hacérselo comprender fue una de las más enormes y, al parecer, imposibles que ha emprendido maestro alguno.

Antes de que los misioneros pudiesen lograr que los indios escuchasen siquiera el catecismo, y mucho menos entenderlo, tenían que dedicarse a la peligrosa tarea de probar lo falso que era su paganismo.

El indio creía absolutamente en el poder de su sangriento dios de piedra. Estaba seguro de que si abandonaba su ídolo, le castigaría y destruiría, y por consiguiente no quería creer nada contrario a su religión. El misionero no solamente tenía que decirle: «Tu ídolo es impotente; no puede hacer daño a nadie; no es más que una piedra, y si lo pateas no puede castigarte», sino que además había de probarlo. Ningún indio era tan temerario que quisiese hacer el experimento, y el nuevo maestro tenía que demostrarlo él mismo. Por supuesto que ni siquiera podía hacer esto al principio, porque si hubiese empezado su labor catequista maltratando a uno de aquellos grotescos dioses de pórfido, los «sacerdotes» de este lo hubieran asesinado en el acto. Pero, cuando los indios vieron al fin que ningún poder sobrenatural aplastaba al misionero por hablar mal de sus dioses, ya se había dado el primer paso. Gradualmente pudo después tocar el ídolo, y vieron que también quedaba ileso. Por último, derrumbó y rompió las crueles imágenes, y los atónitos y aterrorizados devotos empezaron a dudar y a despreciar las cobardes deidades a quienes habían servido de esclavos, y a las que un extraño podía insultar y maltratar impunemente. Solo empleando esta ruda lógica, que era la que los envilecidos indios podían entender, los misioneros españoles lograron probarles que el sacrificio humano era un error de los hombres y no la voluntad de «los de arriba». Fue un maravilloso adelanto el extirpar esta, que era la peor práctica de la religión de los indios, la cual había arraigado a través de varios siglos de constante observancia.

Pero los apóstoles españoles estaban a la altura de su misión, y la infinita fe y el celo y paciencia con que finalmente abolieron el sacrificio humano en México, llevó gradualmente, paso a paso, a la conversión de los indígenas de un continente y medio al Cristianismo.

Los fundadores de iglesias en Nuevo México

Para dar siquiera un bosquejo de la obra realizada por los misioneros españoles en ambas Américas, se necesitaría llenar varios volúmenes. Lo más que podemos hacer aquí es tomar como muestra una hoja de tan fascinador como formidable relato, y para ello describiré brevemente lo que se hizo en una región que nos es particularmente interesante: la provincia de Nuevo México. Hubo muchas otras comarcas en que fue preciso vencer todavía mayores obstáculos, en que perdieron la vida, sin quejarse, muchos más mártires y en que lucharon desesperadamente más generaciones; pero lo mejor será tomar un modesto ejemplo, especialmente uno que tanta relación tiene con nuestra historia nacional.

Nuevo México y Arizona, verdaderos países de maravillas de los Estados Unidos, fueron descubiertos, como es sabido, en 1539, por aquel misionero español a quien todos los jóvenes americanos debieran recordar con veneración: fray Marcos de Niza. Hemos bosquejado también las proezas de fray Ramírez, fray Padilla y otros misioneros en aquella inhospitalaria tierra, y se habrá podido formar idea de las penalidades que eran comunes a todos sus cofrades; porque las tremendas jornadas, la abnegación en la soledad, el amoroso celo y muy a menudo la muerte cruel de esos hombres, no eran excepciones, sino ejemplos corrientes de lo que tenía que esperar un apóstol en el Sudoeste.

En todas partes ha habido misioneros cuyos rebaños fueron tan desagradecidos y crueles; pero pocos o ninguno que se hallasen en regiones tan apartadas e inaccesibles. Nuevo México fue por espacio de trescientos cincuenta años, y lo es aún hoy día, en su mayor parte un páramo, salpicado de unos pocos pequeños oasis. A la gente de los Estados del Este,

Itinerario probable de Marcos de Niza.

un desierto les parece que ha de estar sumamente lejos; pero en nuestra región del Sudoeste hay en la actualidad cientos de miles de millas cuadradas donde el viajero fácilmente muere de sed y donde todos los años hay infelices víctimas de ese horrendo martirio. Aun ahora pueden hallarse penalidades y peligros en Nuevo México; pero hubo un tiempo en que fue uno de los más crueles desiertos imaginables. Apenas han transcurrido diez años desde que se puso fin a las guerras y las hostilidades de los indios, que duraron sin cesar por más de tres siglos. Cuando el colono o el misionero español salía de Nueva España para atravesar un desierto de mil millas y sin caminos, con rumbo a Nuevo México, su vida se hallaba en constante riesgo, y no pasaba un día en que no se hallase en peligro en aquella provincia salvaje. Si conseguía no morir de sed o de hambre durante el camino; si no perecía a manos de los despiadados Apaches, se instalaba en el vasto erial, tan lejos de cualquier otro hogar de gente blanca como Chicago lo está de Boston. Si era misionero, se quedaba por regla general solo con un rebaño de centenares de crueles indios; si era soldado o labrador, tenía de doscientos a mil quinientos amigos en una superficie tan extensa como Nueva Inglaterra, Nueva York, Pensilvania y Ohio juntos, en medio de cien mil cobrizos enemigos, cuyos gritos de guerra era probable que oyese a cada momento, sin llegar nunca a olvidarlos. Vino pobre y pudo hacerse rico en aquel árido suelo. Aun al principio de este siglo XIX, cuando alguien empezó a tener grandes rebaños de carneros, con frecuencia quedaban sin una res por una incursión nocturna de Apaches o de Navajos.

Esa era la situación de Nuevo México cuando llegaron los misioneros, y así poco más o menos se mantuvo por más de trescientos años. Si el hombre más ilustrado y optimista del Viejo Mundo hubiese podido ver con los ojos de la inteligencia aquella tierra infecunda, nunca hubiera podido soñar que no tardaría aquel desierto en verse poblado de iglesias, pero no de pequeñas capillas de troncos o de adobe, sino de edificios de piedra de sillería, cuyas ruinas se ven hoy y son las más imponentes de Norte América. Pero así fue; ni el desierto ni los indios pudieron frustrar aquel fervoroso celo.

La primera iglesia alzada en lo que hoy se llama Estados Unidos, la fundó en San Agustín (Florida) fray Francisco de Pareja, en 1560; pero medio siglo antes había ya muchas otras iglesias españolas en América. Los varios sacerdotes que Coronado llevó consigo a Nuevo México, en 1540, hicieron muy buena labor catequista; pero pronto fueron muertos por los indios. La primera iglesia de Nuevo México, segunda en los Estados Unidos, la fundaron en septiembre de 1598 los diez misioneros que acompañaron al colonizador Juan de Oñate. Fue una pequeña capilla, edificada en San Gabriel de los Españoles (que ahora se llama Chamita). San Gabriel quedó desierto en 1605, y entonces Oñate fundó Santa Fe, aun cuando es probable que todavía se utilizase la capilla de vez en cuando. Con el tiempo, sin embargo, se desmoronó. Todavía eran visibles en 1680 las ruinas de aquella venerable y antigua iglesia; pero ahora apenas puede distinguirse. Una de las primeras cosas que se hicieron después de establecer la nueva ciudad de Santa Fe, fue, naturalmente, construir una iglesia, y allí, en 1606, se erigió la tercera de los Estados Unidos. No llenó por mucho tiempo las necesidades de la colonia, y en 1622, fray Alonso de Benavides, el historiador, puso los cimientos de la iglesia parroquial de Santa Fe, que se terminó en 1627. El templo de San Miguel, en la misma antigua ciudad, se construyó después de 1636. Sus primitivos muros se conservan todavía y forman parte de una iglesia que sirve hoy día para el culto. Fue parcialmente destruida durante la rebelión de los Pueblos en 1680, y restaurada en 1710. La nueva catedral de Santa Fe está construida sobre los restos de la más antigua parroquia. En 1617, tres años antes de que desembarcasen los peregrinos en Plymouth Rock, había ya once iglesias dedicadas al culto en Nuevo México. Santa Fe era la única población española; pero había también iglesias en los peligrosos pueblos indios de Galispeo y Pecos, dos en Jemez (cerca de cien millas al oeste de Santa Fe y en un terrible desierto), Taos (casi a igual distancia al Norte), San Ildefonso, Santa Clara, Sandia, San Felipe y Santo Domingo. Era una asombrosa proeza para cada misionero solitario, porque no tenían apoyo civil ni militar en sus parroquias, el inducir tan pronto a su bárbaro rebaño a construir una iglesia de piedra para adorar allí al nuevo Dios blanco. Las iglesias hubieron de abandonarse en los dos pueblos de Jemez en 1622, por la incesante hostilidad de los Navajos, los cuales desde tiempo inmemorial habían desolado aquella región; pero fueron ocupadas de nuevo en 1626. Los españoles, por lo que toca a la construcción de hogares, se vieron limitados, por las imposiciones del desierto, al valle del Río Grande, que corre de Norte a Sur por el centro de Nuevo México. Pero sus misioneros no reconocieron ese límite. Donde las colonias no podían vivir, ellos podían orar y enseñar, y muy pronto empezaron a penetrar en los desiertos que se extienden a gran distancia a ambos lados de aquella estrecha faja de tierra colonizable. En Zuñi, muy al oeste del río, y a trescientas millas de Santa Fe, los misioneros se habían establecido ya por el año 1629. Pronto tuvieron seis iglesias en seis de las «Siete Ciudades de Cibola» (poblaciones Zuñi), de las cuales la situada en Chyánahue todavía está admirablemente conservada, y en el mismo período se habían establecido doscientas millas más adentro del desierto, y construido allí tres iglesias entre las pasmosas ciudades situadas en los riscos de Moqui.

En la parte baja del Río Grande notábase igual actividad. En el antiguo pueblo de San Antonio de Senecú, que casi ha desaparecido ya, fundó en 1629 una iglesia fray Antonio de Arqueaga, y este hombre valiente fundó otra en el mismo año en el pueblo de Nuestra Señora del Socorro, hoy ciudad americana que lleva el nombre de esa virgen. La iglesia del pueblo de Picuries, que estaba en las lejanías de las montañas del Norte, debió de ser construida antes del año 1632, puesto que en esa fecha fue enterrado en ella fray Ascensión de Zárate. La iglesia de Isleta, que está hacia el centro de Nuevo México, fue construida antes de 1635.

Unas cuantas millas más arriba de Glorieta, pueden verse, desde las ventanas de cualquier tren de la línea de Santa Fe, unas grandes e imponentes ruinas de adobe, cuyos hermosos paredones sueñan en aquella encantadora solana. Es la vieja iglesia del pueblo de Pecos, y aquellas paredes se erigieron hace doscientos setenta y cinco años. El pueblo, que fue en su tiempo el mayor de Nuevo México, quedó desierto en 1840, y su gran plaza cuadrangular, rodeada de casas indias de muchos pisos, está en completa ruina; pero por encima de sus montones grises descuellan todavía los muros de la vieja iglesia, que se construyó antes de que hubiese un sajón en Nueva Inglaterra. Conforme se ve, el «ladrillo de barro», como algunos llaman despectivamente al adobe, no es una cosa tan despreciable, ni siquiera para arrostrar la intemperie de los siglos. Había una iglesia en el pueblo de Nambé, por el año 1642. En 1662 fray García de San Francisco fundó una iglesia en El Paso del Norte, en la actual frontera entre México y los Estados Unidos, y esa era una misión peligrosa, por hallarse a centenares de millas de las colonias españolas, tanto del Viejo como del Muevo México.

Los misioneros también cruzaron las montañas del este del Río Grande, y establecieron misiones entre los Pueblos que vivían al borde de las grandes llanuras. Fray Gerónimo de la Llana fundó la hermosa iglesia de Cuaray, en 1642, y poco después se erigieron las de Abó, Tenabo y Tabirá, más conocida ahora, aunque incorrectamente, con el nombre de La Gran Quivira. Las iglesias de Cuaray, Abó y Cabirá son las ruinas más grandiosas que hay en los Estados Unidos, y mucho más hermosas que muchas que los americanos van a admirar al extranjero. La segunda y mayor iglesia de Tabirá, fue construida entre los años 1660 y 1670, y casi al mismo tiempo y en la misma región, si bien a muchas millas de distancia en el árido desierto, las iglesias de Tajique y Chililí. Acoma, como es sabido, tenía una misión permanente en 1629, y el misionero construyó una iglesia. Además de todas las citadas, los pueblos de Zia, Santa Ana, Tesuque, Pojoaque, San Juan, San Marcos, San Lázaro, San Cristóbal, Alameda, Santa Cruz y Cochiti tenían una iglesia cada uno por el año 1680. Esto da una idea de la eficacia del trabajo de los misioneros españoles. Un siglo antes del nacimiento de nuestra nación, habían construido los españoles, en uno de nuestros territorios, medio centenar de iglesias permanentes, casi todas de piedra, y casi todas expresamente para beneficio de los indios. Esa labor de los misioneros no ha tenido igual en ningún otro punto de los Estados Unidos, hasta el presente; y en todo el país no habíamos construído en aquel tiempo tantas iglesias para nosotros mismos.

Una ojeada a la vida de los misioneros que iban a Nuevo México por entonces, antes de que hubiese quien predicase en inglés en todo el hemisferio de occidente, presenta rasgos que fascinan a cuantos admiran el heroísmo solitario, que no necesita ni aplauso ni espectadores para mantenerse vivo. Ser valiente en campo de batalla o en casos de excitación parecida es muy fácil; pero es cosa muy distinta hacer una heroicidad cuando nadie la presencia y en medio, no tan solo de peligros, sino de toda clase de penalidades y obstáculos.

Los misioneros que iban a Nuevo México tenían que salir, naturalmente, del Viejo México, y antes que eso, de España. Algunos de esos hombres tranquilos que vestían el hábito gris, habían hecho ya tan largas jornadas y afrontado peligros tales, como no los han conocido nunca los Stanleys de nuestra época. Tenían que procurarse sus vestiduras y los ornamentos de la iglesia, y pagarse el viaje desde México a Nuevo México, pues desde un principio se había organizado un servicio semianual de expediciones armadas a través del peligroso desierto que los separaba. La tarifa era de doscientos sesenta y seis pesos, desembolso muy duro para un hombre cuyo salario era de ciento cincuenta pesos al año (no pasaron los salarios de esta cifra hasta 1665, en que se aumentaron hasta trescientos treinta pesos, pagaderos cada tres años). No puede compararse ese estipendio con el que se da hoy en nuestras iglesias de moda. Con esa mezquina paga, que era todo lo que podía darle el sínodo, tenía que sufragar los gastos de su persona y de la iglesia.

Llegado al Nuevo México después de una peligrosa jornada (y tanto la jornada como el territorio ofrecían todavía peligros en la presente generación), el misionero se dirigía primero a Santa Fe. Allí su superior no tardaba en designarle una parroquia, y volviendo la espalda a la pequeña colonia de sus compatriotas, el buen fraile recorría a pie cincuenta, cien o trescientas millas, según el caso, hasta llegar a su nuevo y desconocido puesto. Algunas veces le acompañaban una escolta de tres o cuatro soldados españoles; pero a menudo tenía que hacer aquel peligroso recorrido enteramente solo. Sus nuevos feligreses lo recibían unas veces con una lluvia de flechas y otras con un hosco silencio. Él no podía hablarles, y tampoco ellos a él, y lo primero que tenía que hacer era aprender de aquellos reacios maestros su extraña lengua; lengua mucho más difícil de adquirir que el latín, el griego, el francés o el alemán. Enteramente solo entre ellos, tenía que depender de sí mismo y de los favores que de mal grado le hacía su rebaño para las necesidades de la vida. Si decidían matarle, le era imposible hacer resistencia. Si rehusaban darle alimento, tenía que morirse de hambre. Si enfermaba o se imposibilitaba, no tenía más enfermeros ni doctores que aquellos traicioneros indios. No creo que la historia presente otro cuadro de tan absoluta soledad, desamparo y desconsuelo como era la vida de aquellos mártires desconocidos y, por lo que toca a peligros, no ha habido hombre alguno que los haya arrostrado mayores.

La manera de atender al mantenimiento de los misioneros era muy sencilla. Además del pequeño salario que le pagaba el sínodo, el pastor debía recibir algún auxilio de su parroquia. Esa era una necesidad moral así como material. Es un principio, reconocido en todas las iglesias, que el interés que en ellas se toma depende en parte de las dádivas personales. Así pues, las leyes españolas exigían de los Pueblos la misma contribución a la iglesia que la establecida por Moisés. Cada familia india tenía que dar el diezmo y las primicias de los frutos a la iglesia, como los habían siempre dado a sus caciques paganos. Esto no era una carga para los indios y mantenía al misionero con un modesto pasar. Por supuesto que los indios no daban un diezmo; al principio daban lo menos que podían. El alimento que llevaban al padre consistía en maíz, judías y calabazas, con solo un poquito de carne, que rara vez conseguían en la caza, porque pasó mucho tiempo antes de que hubiese manadas de vacas o rebaños de carneros que se la proporcionasen. También dependía de su insegura congregación para que le ayudase a cultivar su pequeña huerta; para que le suministrase leña con que calentarse en aquellas frías alturas, y hasta para que le diese agua, pues no había allí acueductos ni pozos y era preciso ir a buscar el agua a largas distancias y traerla en grandes jarras. Teniendo que depender por completo, para su subsistencia, de gente tan sospechosa, recelosa y traicionera, el buen hombre con frecuencia debía padecer hambre y frío. Excusado es decir que no había tiendas, y si no podía obtener comestibles de los indios, no tenía más remedio que morirse de hambre. La leña se hallaba en algunos casos a veinte millas de distancia, como lo está hoy de Isleta. Y no eran pocas sus tareas. No tan solo tenía que convertir aquellos paganos al cristianismo, sino además enseñarles a leer y escribir, a cultivar mejor sus tierras y, en general, a trocar su barbarie por la civilización.

Cuán difícil era esa labor, apenas puede apreciarlo el estadista moderno; pero lo que costaba en sangre sí lo comprenderá cualquiera. No se reducía todo a que de vez en cuando una ingrata congregación matase a uno de esos hombres abnegados: eso era casi una costumbre; ni tampoco que pecasen de ese modo una o dos poblaciones. Los pueblos de Taos, Picuries, San Ildefonso, Nambé, Pojoaque, Tesuque, Pecos, Galisteo, San Marcos, Santo Domingo, Cochití, San Felipe, Puaray, Jemes, Acoma, Halona, Tauicu, Ahuatui, Mishongenivi y Oraibe —veinte diferentes poblaciones—, tarde o temprano asesinaron a sus respectivos misioneros. Algunos de ellos reincidieron en el crimen varias veces. Hasta el año 1700, *cuarenta* de esos pacíficos héroes grises habían sido inmolados por los indios de Nuevo México; dos de ellos por los Apaches, y los demás por sus respectivas congregaciones. De los últimos, uno fue envenenado; los otros sufrieron una muerte horrible y cruenta. Todavía en el siglo pasado algunos misioneros fueron misteriosamente envenenados con tósigos secretos, arte diabólico en que los indios eran y son aún muy duchos; y cuando había muerto el misionero, los indios incendiaban la iglesia.

Conviene no perder de vista un hecho muy importante. No tan solo llevaron a cabo esos maestros españoles una obra de catequesis como no se ha realizado en parte alguna, sino que, además, contribuyeron grandemente a aumentar los conocimientos humanos. Había entre ellos algunos de los más notables historiadores que América ha tenido, y eran contados entre los hombres más doctos en todos los ramos del saber, especialmente en el estudio de las lenguas. No eran meros cronistas, sino versados en las antigüedades del país, en sus artes y en sus costumbres: realmente historiadores que solo pueden parangonarse con los grandes clásicos, Herodoto y Estrabón. La larga y notable lista de autores misioneros españoles incluye nombres como Torquemada, Sahagún, Motolinia, Mendieta y muchos otros; y sus voluminosas obras nos sirven de grande e indispensable ayuda para el estudio de la verdadera historia de América.

El Salto de Alvarado

Si alguna vez fuese el lector a México — y espero que pueda ir, pues esa antigua ciudad, que era ya vieja y populosa cuando nació Colón, está llena de romántico interés—, le mostrarán, en la Rivera de San Cosme, el sitio histórico que se designa todavía con el nombre de «El Salto de Alvarado». Es ahora una calle ancha y urbanizada, con su tranvía, sus hermosos edificios, animada con el vaivén de gente extraña y contenta, sin que pueda observarse en aquel sitio nada que recuerde los terrores de la noche más cruel que relata la historia de América: la llamada «Noche triste».

El salto de Alvarado se cuenta entre las proezas más famosas de la historia, y el que lo dio fue una de las figuras más notables entre los exploradores del Nuevo Mundo. En la primera gran conquista se condujo gallardamente, y con el relato de las hazañas que realizó entonces y después, podría componerse una novela fascinadora. Alto, guapo, de rubios cabellos y encendida tez, joven, vehemente y generoso, valiente soldado y agradable compañero, era Alvarado el amigo predilecto así de los españoles como de los indios. Aun cuando por algún motivo no era bienquisto de Hernán Cortés, constituía su brazo derecho, y durante la conquista de México estuvo generalmente en los puestos de mayor peligro. Habíase educado en un colegio: escribía con letra grande y clara, lo cual no era muy común en aquella época, y su firma era muy legible. No era un gran caudillo como Cortés, pues su valor daba a veces al traste con su prudencia; pero, como oficial, en el campo de batalla mostrábase tan intrépido y denodado como el que más.

Era el capitán don Pedro de Alvarado natural de Sevilla, y fue al Nuevo Mundo en el vigor de la edad, no tardando en señalarse en Cuba por su bizarría. En 1518 acompañó a Grijalba en el viaje en que descubrió México, y a su regreso a Cuba fue portador de los pocos tesoros que ambos habían recogido. Al año siguiente, cuando Cortés embarcó para ir a conquistar aquella nueva y maravillosa tierra, Alvarado le acompañó como teniente.

Tomó una parte importantísima en todos los brillantes hechos de aquella romántica aventura. En el momento crítico en que fue necesario apoderarse del traidor Moctezuma, fueron eficaces la actividad y cooperación de Alvarado. Mientras el cacique estuvo en rehenes, Alvarado tuvo ocasión de tratarle y su franqueza le captó las simpatías del guerrero indio. Quedó al mando de la pequeña guarnición de México cuando Cortés marchó en su audaz pero feliz expedición contra Narváez, y desempeñó muy bien aquel delicado cargo. Antes del regreso de Cortés, notáronse los síntomas de un levantamiento de los indios con la famosa danza de guerra. Alvarado se hallaba solo, y tuvo que hacer frente a la crisis bajo su propia responsabilidad. Pero estuvo a la altura de las circunstancias. Comprendía muy bien el sangriento designio de la ominosa danza, como lo conocen cuantos han peleado con los indios, y cuál era el mejor modo de atajarlo. En su infortunada tentativa de apoderarse de los exorcistas que excitaban al populacho a asesinar a los extranjeros, Alvarado quedó mal herido. No obstante, tomó parte en la desesperada resistencia a los asaltos de los indios, en que fueron heridos casi todos los españoles. En aquella terrible lucha para defender su fortaleza de adobe, así como en las audaces salidas para rechazar las sitiadoras hordas salvajes, se destacaba siempre la figura del rubio teniente. Cuando Cortés, que había ya regresado con sus refuerzos, vio que la situación en la capital era insostenible y que su única salvación era intentar la retirada de la ciudad lacustre a tierra firme, el puesto de honor le tocó a Alvarado. Había mil doscientos españoles y dos mil aliados tlaxcaltecas, y esta fuerza se dividió en tres mandos. Dirigía la vanguardia Juan Velázquez; la segunda división iba a las órdenes de Cortés y la tercera, que debía sostener toda la furia de la persecución, la mandaba Alvarado.

Reinaba la mayor quietud cuando salieron, gateando, los españoles de su refugio para escapar por el malecón.

Era una noche lluviosa e intensamente oscura, y con los cascos de los caballos y las ruedas de su pequeño cañón cubiertos de trapos para no hacer ruido, los españoles avanzaban lo más cautelosamente posible por la angosta lengua de tierra que unía la ciudad del lago con el continente.

Este terraplenado viaducto estaba cortado por tres anchos canales, y para cruzarlos llevaban los soldados un puente portátil. Mas, a pesar de su cautela, no tardaron los indios en darse cuenta de su salida. Apenas habían abandonado el cuartel y emprendido la marcha por el viaducto, cuando los toques del monstruoso tambor de guerra, el «tlapan huehuetl», desde la cumbre de la pirámide de los sacrificios, rompieron el silencio de la noche sonando a sus oídos como el toque de agonía de sus esperanzas. Todavía infunde terror ese feroz rugido del gigantesco timbal colocado sobre un trípode, que se usa aún y puede oírse a quince millas de distancia; pero para los españoles anunciaba su perdición. Vieron encenderse varias hogueras en el teocali, y correr en su persecución numerosos enjambres de indígenas.

Corriendo tan aprisa como se lo permitían sus heridas y su impedimenta, llegaron los españoles salvos al primer canal. Echaron sobre él su puente y empezaron a desfilar por este. Entonces los indios se agruparon en sus canoas a cada lado del viaducto, y los atacaron con su característica ferocidad. Los soldados, rodeados por las turbas, luchaban mientras seguían avanzando. Pero, al cruzar la artillería el puente, este se vino abajo, precipitando al agua cañón, hombres y caballos, que no se levantaron más. Entonces empezaron los inenarrables horrores de la Noche Triste. No había retirada posible para los españoles, quienes se veían atacados por todos lados. Los que venían detrás, empujaban a los de delante, que no podían detenerse ni siquiera ante el canal de agua negruzca. En el borde estaban apiñados hombres y caballos en la más densa oscuridad, y todavía venían empujando los de detrás, hasta que, por último, el canal quedó atestado de cadáveres, y los supervivientes tenían que pasar por encima de aquel hacinamiento de sus muertos. Velázquez, que mandaba la vanguardia, fue herido, y españoles y tlaxcaltecos caían como mieses segadas por la hoz. El segundo canal, lo mismo que ambos lados del viaducto, estaba bloqueado por canoas, llenas de guerreros salvajes, y allí se produjo otra sangrienta pelea, que duró hasta que aquel boquete quedó también atascado con los heridos, teniendo los fugitivos que pasar por un puente de cadáveres para llegar al otro borde del viaducto. Alvarado, luchando a retaguardia para contener a los indios que les atacaban por el terraplén, fue el último en cruzar, y antes de que pudiera seguir a sus camaradas, la corriente, barriendo súbitamente la macabra obstrucción, dejó otra vez despejado el canal. Debajo de Alvarado cayó muerto su fiel caballo; él también estaba mal herido; sus compañeros se habían alejado y el despiadado enemigo lo rodeaba por todas partes. No podemos menos de recordar al héroe romano...

aquel héroe tan valiente
que defendió audaz el puente,
y a quien dedica la historia
una página de gloria.

La situación de Alvarado era tan desesperada como la de Horacio Cocles, y con el mismo varonil denuedo supo colocarse a su altura. Con una rápida ojeada, comprendió que lanzarse al agua sería una muerte segura. Entonces, mediante un supremo esfuerzo de su vigorosa musculatura, apoyóse en la lanza y saltó. La distancia era de dieciocho pies[12]. Hay memoria de otros saltos bastante más largos. Nuestro propio Washington, cuando en su juventud se dedicaba a juegos atléticos, saltó una vez más de veinte pies tomando carrera. Pero considerando las circunstancias, la obscuridad, sus heridas y el peso de su armadura, el prodigioso salto de Alvarado no ha sido sobrepujado quizá por otro alguno.

Pero Alvarado saltó, y el héroe de esa proeza subió tambaleándose por la margen opuesta, hasta ir a reunirse con sus compatriotas.

A partir de aquel momento, los que quedaban siguieron luchando por el viaducto hasta llegar a tierra firme. Los indios abandonaron por fin la persecución, y los españoles, exhaustos, pudieron respirar y contar los que se habían salvado. Muy pocos habían quedado con vida. Nada tiene de extraño, según dice la leyenda, que su valiente general, acostumbrado como estaba a reprimir estoicamente sus sentimientos, se sentase bajo el ciprés que se enseña todavía con el nombre de «el árbol de la noche triste», y derramase lágrimas viriles al contemplar los lastimosos restos de su valeroso ejército. De los mil doscientos españoles que antes tenía, ochocientos sesenta perecieron, y de los supervivientes no había uno solo que no estuviese herido. También habían muerto dos mil indios tlaxcaltecas aliados suyos. A no ser porque los indígenas trataban menos de matar que de aprisionar a los españoles para darles una muerte más horrible con la cuchilla de sacrificar, ni uno solo se hubiera salvado. Aun así, los supervivientes vieron más tarde a unos sesenta de sus camaradas descuartizados sobre el altar del gran Teocali.

Perdiose toda la artillería, como también todo el tesoro. Ni un grano de pólvora quedó en condición de poder utilizarse, y sus armaduras quedaron tan abolladas y rotas, que no parecían las mismas. Si los indios les hubiesen perseguido entonces, los hombres, exhaustos, hubieran sido fáciles víctimas. Pero después de aquella terrible pelea, también descansaban los indígenas, lo cual permitió que pudiesen escapar los españoles. Dirigiéronse al pueblo amigo de Tlaxcala, dando un rodeo para escapar de sus enemi-

[12] Cinco metros y medio. (*N. del T.*)

gos; pero fueron atacados por todos los pueblos intermedios. La lucha más desesperada tuvo efecto en las llanuras de Otumba. Rodeados y acosados por los naturales, los españoles se consideraban ya perdidos. Afortunadamente, Cortés reconoció a uno de los exorcistas por su rico ropaje, y en una última y desesperada carga, ayudado por Alvarado y otros pocos oficiales, derribó al sujeto de quien los supersticiosos indios hacen depender el éxito de la guerra. Muerto el mago, sus aterrorizados secuaces cejaron, y de nuevo los españoles se vieron libres de las garras de la muerte.

En el sitio de México, que fue el más sangriento asedio que registra la historia de América, Alvarado fue quizá la figura más prominente después de Cortés. Este gran general era el cerebro de aquella notable campaña, y un cerebro de gran valía. No hay nada en la historia que pueda compararse con su empresa de hacer construir trece bergantines en Tlaxcala y transportarlos a hombros de sus soldados a más de cincuenta millas tierra adentro y botarlos en el lago de México a fin de que ayudasen a poner el sitio. Lo que más se le parece es el gran hecho de Balboa transportando dos bergantines a través del istmo. Las hazañas del gran cartaginés Aníbal en el sitio de Tarento, y las del «gran capitán» español, Gonzalo de Córdoba, en la misma plaza, no son comparables en modo alguno con aquellas.

En los setenta y tres días que duró el sitio, era Cortés la cabeza y Alvarado su brazo derecho. El bizarro teniente mandaba la fuerza que atacó por el mismo viaducto por donde se retiraron en la *Noche Triste*. En una de las batallas le mataron a Cortés el caballo que montaba, y los indios se llevaban arrastrando al conquistador, cuando uno de sus pajes se abalanzó sobre ellos y le salvó la vida. En el asalto final y en la desesperada lucha dentro de la ciudad, Cortés iba al frente de una mitad de los soldados españoles y Alvarado mandaba la otra mitad, y este fue el que dirigió la toma por asalto del gran Teocali.

Después de la conquista de México, en que ganó tantos laureles, Alvarado fue enviado por Cortés con una pequeña fuerza a conquistar Guatemala. Marchó allá por Oaxaca y Tehuantepec, encontrando la resistencia característica de los indios. Había en Guatemala tres tribus principales: los Quiche, los Zutuhil y los Cachiquel. Los Quiche le hicieron frente en campo abierto, y los derrotó. Entonces se rindieron formalmente, hicieron la paz y le invitaron a visitarlos como amigo en su pueblo de Utatlán. Cuando los españoles estaban seguros en la ciudad y rodeados por los indios, estos pegaron fuego a las casas y atacaron ferozmente a sus medio asfixiados huéspedes. Después de un empeñado encuentro, Alvarado los derrotó y dio muerte a los cabecillas. Las otras dos tribus se sometieron, y en cosa de un año Alvarado y su pequeña fuerza habían llevado a cabo la conquista de Guatemala. Los servicios de aquel fueron recompensados con su nombramiento de Gobernador y Adelantado de la provincia, y fundó la ciudad de Guatemala, que en su tiempo probablemente llegó a ser lo que México era entonces: una ciudad de quince mil a veinte mil habitantes indios y mil españoles.

El gobernador Alvarado se ausentaba con frecuencia de la capital. Había que efectuar muchas expediciones por aquel desierto nuevo mundo. Su más importante jornada la realizó en 1534, cuando, construyendo sus buques como de costumbre, salió para el Ecuador y llevó a cabo una marcha dificultosa por el interior, hasta llegar a Quito, donde se encontró en territorio de Pizarro. Entonces regresó a Guatemala sin provecho alguno.

Durante una de sus ausencias produjose el terrible terremoto que destruyó la ciudad de Guatemala y causó a Alvarado una irreparable pérdida, a la cual nunca se resignó. Más arriba de la ciudad se elevaban dos grandes volcanes: el Volcán de Agua y el Volcán de Fuego. El volcán de agua estaba extinto y su cráter inundado por un lago. El volcán de fuego estaba, y está todavía, en erupción. En aquel memorable temblor de tierra, el borde de lava del volcán de agua quedó hendido por la convulsión, y aquel volumen de agua se precipitó como un torrente sobre la malhadada ciudad. Miles de personas perecieron bajo las paredes que se derrumbaban y en la impetuosa corriente, y entre los que así se perdieron, hallábase la esposa de Alvarado, doña Beatriz de la Cueva. Su muerte causó al valiente soldado un gran desaliento, porque la amaba tiernamente.

En los tiempos borrascosos que atravesó México, después que Cortés hubo terminado su conquista y empezó a malearse en la prosperidad y a ponerse en evidencia de un modo indigno, el apoyo de Alvarado fue solicitado y obtenido por el grande y buen virrey Antonio de Mendoza, uno de los hombres de gobierno más notables de todas las épocas. No fue eso una traición por parte de Alvarado hacia su antiguo jefe, pues Cortés había traicionado no solamente a la Corona, sino también a sus amigos. La causa de Mendoza era la causa del buen gobierno y de la lealtad.

Se había hecho necesario domeñar a los indios hostiles Nayares, quienes habían causado a los españoles muchos trastornos en la provincia de Jalisco, y en esa campaña Alvarado se unió a Mendoza. Los indios se retiraron a la cima del ingente y, al parecer, inexpugnable risco de Mixtón, y había que desalojarlos a toda costa. El asalto de aquella roca puede compararse con el de Acoma y es uno de los más desesperados y brillantes de que hay recuerdo. El virrey mandaba en persona; pero la verdadera proeza la realizaron Alvarado y un oficial compañero suyo. Al ir a escalar el risco, Alvarado fue herido en la cabeza por una roca que dejaron rodar los salvajes, y murió a consecuencia de la herida; pero no sin ver que sus compañeros alcanzaban una brillante victoria.

El oficial que, después de Alvarado, merece citarse como héroe del Mixtón, fue Cristóbal de Oñate, hombre distinguido por muchos conceptos. Era un oficial de valía, de espíritu activo y diligente, y uno de los primeros millonarios de Norte América, siendo, además, el padre del colonizador de Nuevo México, Juan de Oñate. El 11 de junio de 1548, algunos años después de la batalla de Mixtón, descubrió Oñate las más ricas minas de plata del continente, las de Zacatecas, en la pelada y desolada meseta donde se halla ahora la ciudad mejicana de aquel nombre. Esas grandes venas de arseniato rubí y negro y de plata virgen, formaron los primeros millonarios de Norte América, así como la conquista del Perú hizo los primeros del continente del Sur. Las minas de Zacatecas no eran tan vastas como las que se explotaron en Potosí, de Bolivia, las cuales produjeron, de 1541 a 1664, la inconcebible suma de 641.250.000 pesos en plata; pero las minas de Zacatecas también fueron enormemente productivas. Su corriente de plata fue la primera realización de los ensueños de vasta riqueza en el continente del norte, y causó un prodigioso cambio comercial en esa parte del Nuevo Mundo. En la localidad, el descubrimiento redujo el precio de las subsistencias cerca de un noventa por ciento. Nunca fue México un país de mucho oro; pero durante más de tres siglos ha sido uno de los principales productores de plata.

Lo es aún hoy día, si bien su producción no es tan crecida como la de los Estados Unidos.

Cristóbal de Oñate fue, por lo tanto, un hombre muy importante en la obra del destino. Su «bonanza» hizo de México un nuevo país comercialmente, y supo hacer de sus millones mejor uso que el que se hace en nuestros días, pues se los empleó en la construcción de dos de las primeras ciudades de los Estados Unidos.

El vellocino de oro

Todos sabemos de aquel extraño vellocino amarillo que, guardado por un dragón, estaba colgado en el sombreado bosquecillo de Coicos, y de cómo Jasón y sus argonautas ganaron el precio, después de muchos peligros y peripecias. Ahora bien, en nuestro propio Nuevo Mundo hemos tenido un vellocino de oro más deslumbrador que aquel que trató de ganar el mitológico pupilo del viejo Quirón, pero que nadie llegó a capturar, no obstante haberlo probado hombres más valientes que Jasón. Realmente hubo centenares de Jasones que lucharon más bravamente y sufrieron mucho mayores contrariedades, y que, sin embargo, nunca llegaron a conseguir el premio. Porque el dragón que guardaba el vellocino de oro americano no era un quimérico perro faldero como el de Jasón, que se tragase una pócima y se echase a dormir; era un monstruo mayor que toda la tierra en que vivían los argonautas y que todos los países en que viajaron; un monstruo que todavía no ha logrado ningún hombre, ni toda la humanidad, hacer desaparecer: el mortífero monstruo de los trópicos.

El mito de Jasón es uno de los más hermosos de la antigüedad, y hasta es más que bello. Empezamos ahora a comprender la importante influencia que puede tener un cuento de hadas sobre conocimientos más serios. Un mito tiene siempre, en cierta parte, algún fundamento de verdad, y esa oculta verdad puede ser de un valor perdurable. Estudiar la historia sin fijar la atención en los mitos que relata, es prescindir de una preciosa luz auxiliar que puede iluminar determinados hechos. El progreso humano, en casi todas sus fases, ha sentido la influencia de este raro pero poderoso factor. ¿Dónde imagina el lector que estaría hoy la química, si la piedra filosofal y otros mitos no hubiesen inducido a los viejos alquimistas a escudriñar los misterios, donde nunca hallaron lo que buscaban, pero encontraron verdades de la mayor valía para la humanidad? La geografía en particular, ha debido más bien a los mitos que a la invención escolástica el llegar a ser una ciencia, y el mito de oro ha sido en todo el mundo el profeta y la inspiración de los descubrimientos y el moldeador de la historia. Nos hemos acostumbrado a considerar a los españoles como los únicos que iban en busca de oro, dando a entender que la caza del oro es una especie de pecado y que ellos eran excesivamente propensos a cometerlo. Pero no es ese un defecto propio exclusivamente de los españoles; esa afición es común a toda la humanidad. La única diferencia está en que los españoles hallaron oro, lo que es un pecado bastante grande para ciertos «historiadores», incapaces de considerar lo que hubieran hecho los ingleses si hubiesen hallado oro en América desde un principio.

No creo que nadie niegue que, cuando se descubrió oro en las partes más distantes de su tierra, el sajón tuvo piernas para llegar hasta ese metal, y hasta adoptó medidas que no eran del todo decorosas para apoderarse de él; pero nadie es tan imbécil que hable de «los días del 49» como de algo que nos deshonre. Hubo ciertamente algunos lamentables episodios; pero, cuando California conmovió de pronto el continente, haciendo llegar hasta ella la fuerza de los Estados del Este, abrió uno de los más valientes, más importantes y más señalados capítulos de nuestra historia nacional. Porque el oro no es un pecado: es un artículo muy necesario, y muy digno siempre que recordemos que es un medio y no un fin, un instrumento y no un motivo de lucro; punto de sentido común económico que solemos olvidar tan fácilmente en el centro bursátil de Nueva York como en las minas del Oeste.

A esta universal y perfectamente legítima afición al oro, debemos principalmente el que se descubriese la América, como en realidad el haber civilizado muchos otros países.

La historia científica moderna ha demostrado plenamente cuán disparatada y errónea es la idea de que los españoles tan solo buscaban oro, y nos enseña de qué manera tan varonil satisfacían las necesidades del cuerpo y del espíritu. Pero el oro era para ellos, como sería hoy mismo para otros hombres, el principal motivo. La gran diferencia está únicamente en que el oro no les hacía olvidar su religión. Fue un dedo de oro el que guió a Colón hacia América; a Cortés hacia México; a Pizarro hacia el Perú; de igual modo que nos guió a nosotros a California, sin lo cual no hubiera sido hoy uno de nuestros Estados. El oro que se encontró al principio en el Nuevo Mundo era desgraciadamente poco: antes de la conquista de México solo ascendió a 500.000 pesos; Cortés aumentó la cantidad, y Pizarro la hizo subir a una cifra fabulosa y deslumbradora. Pero lo más curioso es que el oro que se encontró, no representó, en la exploración y civilización del Nuevo Mundo, un papel tan importante como el que se buscaba en vano. El maravilloso mito que representa el vellocino de oro americano, influyó de un modo más eficaz, en la geografía y la historia, que las verdaderas e incalculables riquezas del Perú.

De este mito fascinador tiene la gente escaso conocimiento, aun cuando una corruptela de su nombre anda en boca de todo el mundo. Hablando de una región muy rica solemos decir que es otro «Eldorado» o bien «un Eldorado», error indigno de personas cultas. El verdadero nombre es «Dorado», y «El Dorado» es una contracción en español de «el hombre dorado», mito que ha dado origen a una serie de proezas, al lado de las cuales son insignificantes las de Jasón y sus compañeros semidioses.

Como todos esos mitos, este tuvo en realidad su fundamento. El «vellocino de Coicos» era una imagen poética de las minas de oro del Cáucaso; pero realmente existió un «hombre dorado». Su historia y los sucesos a que dio pie es un cuento de hadas que tiene la ventaja de ser verdad. Es un tema sumamente complicado; pero, gracias a que Bandelier ha descorrido por fin el velo que lo cubría, se puede ahora relatar esa historia de un modo inteligible, como no se ha vulgarizado antes de ahora.

Hace algunos años se halló en una laguna de Siecha, en Nueva Granada, un curioso y pequeño grupo de estatuas: era un trabajo tosco y antiguo de los indios, y aun más precioso por su interés etnológico que por el metal de que estaba hecho, que era de oro puro. Este raro ejemplar, que puede verse ahora en un museo de Berlín, es una balsa de oro, sobre la cual están agrupadas diez figuritas de hombres del mismo metal. Representa una extraña costumbre que en tiempos prehistóricos era peculiar de los indios de la aldea de Guatavitá, en las montañas de Nueva Granada. Esa costumbre era como sigue: en cierto día uno de los jefes de la aldea untaba su cuerpo desnudo con una goma, y después se espolvoreaba de la cabeza a los pies con oro fino molido. Ese era el «hombre dorado». Entonces lo llevaban sus compañeros en una balsa hasta el centro del lago que estaba cerca de la aldea, y saltando de la balsa el nombre dorado, se lavaba su preciosa y extraña envoltura y la dejaba hundirse hasta el fondo del lago. Esa práctica era un sacrificio en provecho de la aldea. La tal costumbre ha quedado históricamente comprobada; pero se había abandonado más de treinta años antes de que se enterasen de ella los europeos, esto es, los españoles de Venezuela en 1527. Esa costumbre no había sido abandonada voluntariamente

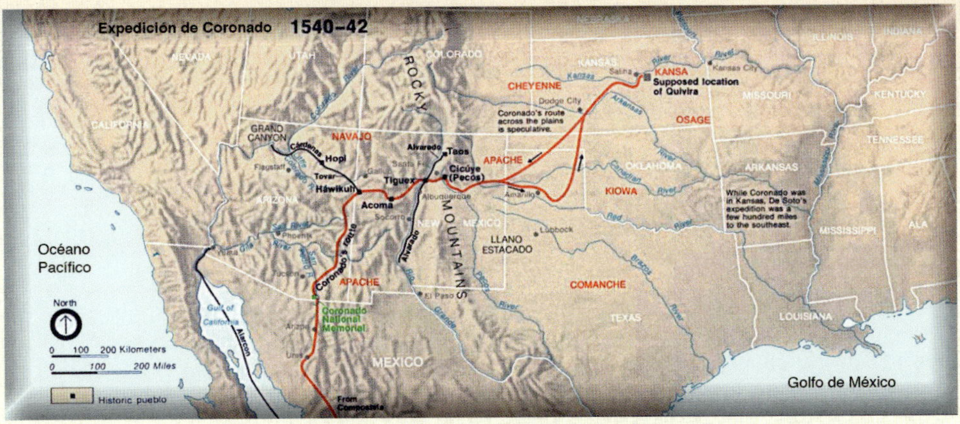

Expedición de Coronado.
Cortesía University of Texas Libraries, *The University of Texas at Austin.*
Durante dos años (1540-1542) recorrió territorios que, a partir de México, son hoy parte de los estados de Arizona, Nuevo México, Texas Oklahoma y Kansas. Un miembro de la expedición, García López de Cárdenas, descubrió el Gran Cañón del Colorado.

Acoma.
Ciudad fortificada de modo natural.

Iglesia de San Miguel de Santa Fe. A pesar de que la iglesia ha sido reparada y reconstruida numerosas veces, sus paredes originales de adobe están todavía en gran parte intactas gracias a haber estado ocultas por adiciones posteriores.

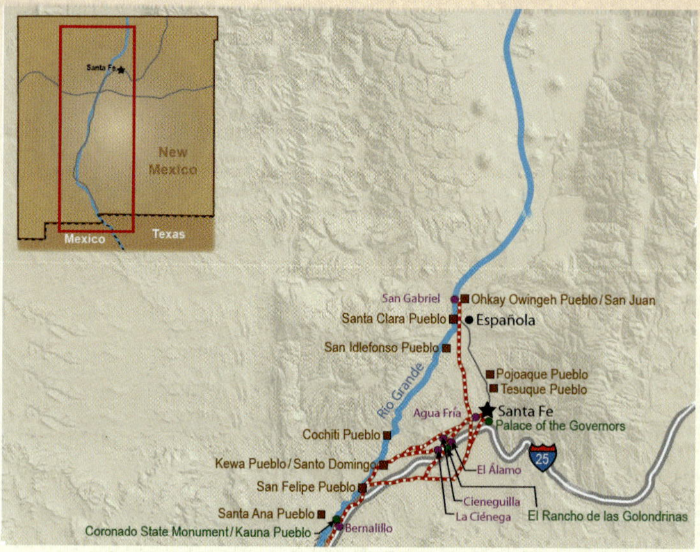

La zona de Río Grande que descubrió y asentó Juan de Oñate.

La primera capital

Juan de Oñate fue el primer colonizador de Ohkay Owingeh Pueblo, cristianizado por los españoles como San Juan de los Caballeros. En el invierno de 1599 la colonia ya se había trasladado a un pueblo próximo, Yungue que renombraron San Gabriel. A los 10 años se trasladó a Santa Fe.

Río Abajo, Río Arriba y la Bajada

En el periodo colonial español Nuevo México estuvo dividido en dos administraciones. Eran Río Abajo, o río de más abajo, y el Río Arriba, o parte superior del río. La divisoria era la escarpadura conocida como la Bajada, al norte de Cochtití Pueblo.

En el centro de la parte superior: El Paso del Norte, Senecú, Ysleta, Socorro y San Lorenzo (todos en Nuevo México) [Archivo General de Indias, MP-México, 121]

Restos de la iglesia de la misión Nuestra Señora de los Ángeles en Porciúncula de Pecos.

Iglesia de la misión de San Gerónimo de Taos, Patrimonio de la Humanidad de UNESCO y Monumento Histórico Nacional de EE.UU.

MAPA GEÓGRAFICO
de una gran parte de la America Septentrional comprehendido entre los 19.° y 41.° de Latitud N. y los 251.° y 290.° de Longitud Oriental de Tenerife, en el que se contienen las Provincias de la antigua y nueva California, las de Sonora, Nueva Vizcaya, Nuevo Mexico, Coahuila y Texas, erigidas en Capitania General por S. M. en el año 1779
EXPLICACION DE LOS SIGNOS
Presidios existentes
Presidios reformados
Destacamentos
Ciudades
Villas
Pueblos y Misiones
Ranchos y Haciendas
Reales de Minas
Rancherias de Gentiles
Puestos de parada en los Desiertos
Parages despoblados
Minerales abandonados
MAR DEL SUR Ó PACIFICO
SENO DE CALIFORNIAS
TROPICO
Provincia
del Moqui
Nabajoa
Rio Gila
APACHES GILEÑOS
YAMPAIS
CHEDUN
Tejua
Yumas
Papagos
Mochi-
cobaji
Genigueih
Jecuich
Cabo de S. Lucas

Exploradores en el siglo XVI y sus relaciones con los pueblos indígenas del norte.
Mapa geográfico de... Provincias de la antigua y nueva California, las de Sonora, Nueva Vizcaya, Nuevo México, Coahuila y Texas.
Archivo del Museo Naval, Madrid, por cortesía de la BNE.

En la actualidad, buena parte del territorio de EE.UU.: California, Nevada, Utah, Arizona, Colorado, Nuevo México, Kansas, Texas, Oklahoma, Arkansas, Misouri, Louisiana y Misisipi.

Bernardino de Sahagún: *Historia general de las cosas de Nueva España*. El franciscano es hoy considerado un maestro de la antropología, por recoger la tradición oral que le transmitían sus alumnos. La obra escrita al principio en náhuatl y luego traducida por el propio autor al español, y desde el punto de vista indígena, es un tesoro de conocimientos etnográficos, arqueológicos e históricos, aunque no se publicará hasta 1829.

Pedro Alvarado representado como Sol en el *Proceso de residencia contra Alvarado,* ilustrado con estampas sacadas de los antiguos códices mexicanos y notas y noticias biográficas, críticas y arqueológicas por D. José Fernando Ramírez.

Cortés envió a Pedro de Alvarado a Guatemala en diciembre de 1523. Acompañando a Alvarado había muchos soldados españoles (parte superior de esta imagen), pero el grueso del ejército se componía de guerreros indígenas del Centro y Sur de México. Lienzo del Quahquechollan («Casa de Alfeñique»), Universidad Francisco Marroquín.

Mapa de Tierra Firme con el río Orinoco como gran protagonista.

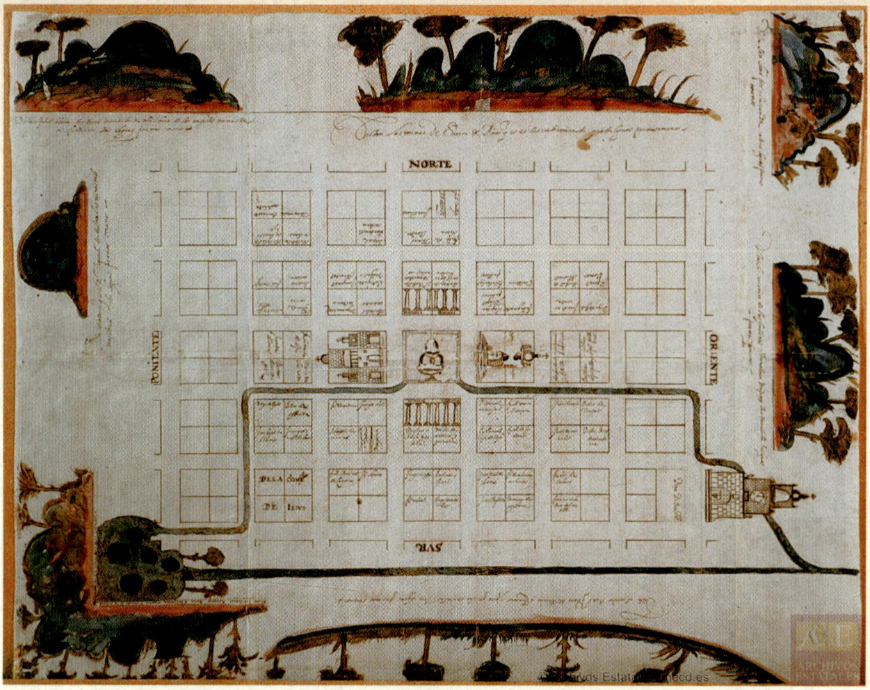

Nuestra Señora de la Concepción de Sierra de Pinos (Zacatecas). Al norte, las salinas del Peñol Blanco y minas de Nuestra Señora de los Ángeles, las minas de Sierra de Pinos; al este, San Luis y las serranías de las Gallinas y Bernalejo; al oeste, el cerro de Tepezalá y las minas de magistral. Al sur, vista de perfil del camino de México a Zacatecas. En el centro, traza urbana en damero con calles paralelas que se entrecruzan formando 35 manzanas cuadradas idénticas, ocupando la plaza central el espacio de una cuadrícula sin edificar. En el centro se ubica la fuente y a su alrededor, se sitúan los edificios más representativos del poder civil (Audiencia, casas reales y cárcel), al oriente, y eclesiástico (la iglesia mayor), al poniente. En los lados norte y sur de la plaza se dibuján fachadas con soportales. Las construcciones se representan en perspectivas abatida y de forma bastante detallada.

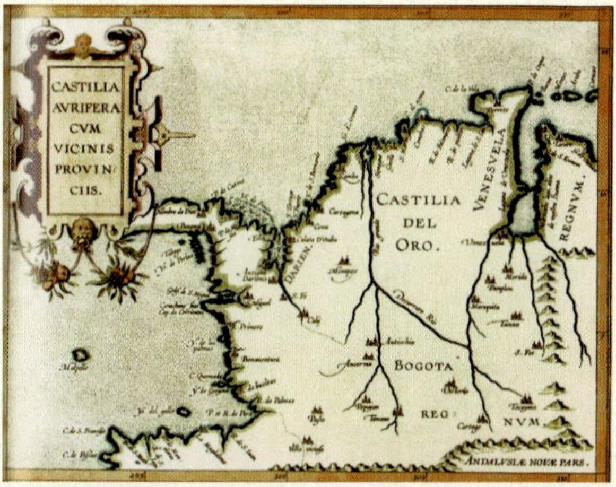

Zona de las andanzas de Pascual de Andagoya: Panamá, Colombia y Ecuador, por entonces territorio conocido como Castilla de Oro.

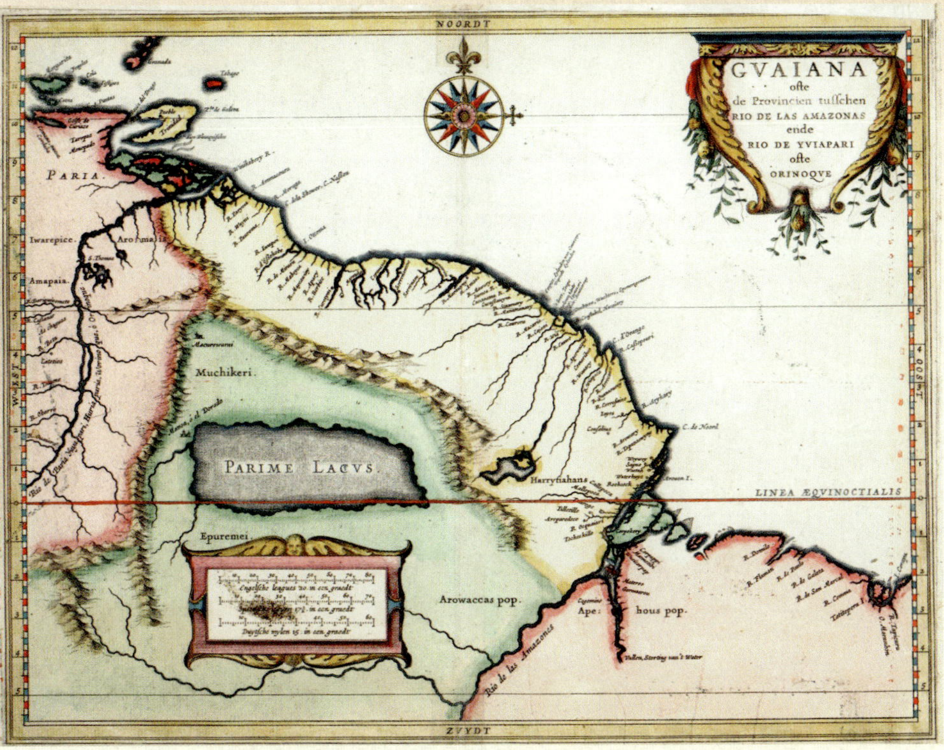

El fabuloso lago de Parime de Hessel Gerritsz (1625). En su esquina superior izquierda se puede leer: «Manoa, o el Dorado».

Los 13 de la Isla del Gallo. Óleo de Juan B. Lepiani, que representa a Francisco Pizarro en la isla del Gallo, invitando a sus soldados a cruzar la línea trazada en el suelo.

México *en Civitates orbis terrarum*, vol. 1, 1572, grabado de Braun and Hogenberg.

Cusco *en Civitates orbis terrarum*, vol. 1, 1572, grabado de Braun and Hogenberg.

Mapa de Perú.

La captura de Atahualpa, óleo de Juan B. Lepiani, pintor peruano (1864-1932).

Cuarto de oro ofrecido como rescate por Atahualpa a Pizarro. Las dimensiones del edificio son: 11,80 m de largo, 7,30 m de ancho y 3,1 m de alto.

En la actualidad, Cuzco es una buena muestra del mestizaje de culturas: Quri Kancha, «Templo dorado», originalmente Inti Kancha «Templo del Sol», es el templo inca sobre el que fue construido el Convento de Santo Domingo.

Plaza de Armas de Cuzco en la actualidad. De frente, la iglesia de los jesuistas; a la izquierda, las torres de la catedral y el patio del colegio Francisco de Borja.

Los restos mortales de Pizarro están recogidos en la primera capilla de la derecha de la catedral de Lima.

Sacsayhuamán, la fortaleza asentada en el cerro que domina Cuzco, en la que se hicieron fuertes los incas frente a las tropas de Pizarro.

por la gente de Guatavitá, sino que los belicosos indios Muysca de Bogotá pusieron fin a ella, bajando a dicha aldea y exterminando a casi todos sus habitantes. Pero el sacrificio fue un hecho, y a tan enorme distancia y en aquellos días precarios, los españoles supieron de esa costumbre como si todavía se practicase. La historia del «hombre dorado», que por contracción se decía «eldorado», era demasiado sorprendente para no causar impresión. Llegó a ser una palabra familiar, y desde entonces un señuelo para cuantos se acercaban a la costa del norte de la América del Sur. Nos extrañará que la tal conseja (que ya se había convertido en un mito en 1527, desde que cesara la costumbre que le dio pie), pudiese subsistir durante 250 años sin que se refutase por completo; pero no nos sorprenderá tanto si tenemos en cuenta que la América del Sur era entonces un dificultoso y vasto desierto y que aun hoy contiene muchos misterios que no han sido explorados.

Las primeras tentativas para llegar hasta el hombre dorado, se hicieron desde la costa de Venezuela. Carlos I de España y V de Alemania había empeñado la costa de aquella posesión española a la opulenta familia bávara de los Welsers, concediéndoles el derecho de colonizar y «descubrir el interior». En 1529, Ambrosio Dalfinger y Bartolomé Seyler desembarcaron en Coro (Venezuela) con 400 hombres. La historia del hombre dorado era ya cosa corriente entre los españoles y, atraído por ella, Dalfinger se fue tierra adentro para encontrarlo. Era atrozmente cruel, y su expedición fue nada menos que una absoluta piratería. Penetró hasta el río Magdalena, en Nueva Granada, esparciendo la muerte y la devastación por donde quiera que pasaba. Encontró algún oro; pero su brutalidad hacia los indios fue tan grande y contrastaba de tal modo con el trato que estaban acostumbrados a recibir de los españoles, que los indígenas, exasperados, se rebelaron, y la marcha de aquel hombre no fue otra cosa que una continua lucha, que duró más de un año. El mal estaba en que los Welsers no tenían más empeño que encontrar tesoros para reintegrarse del dinero que habían desembolsado, y no sentían el verdadero espíritu colonizador y cristianizador de los españoles. Dalfinger no pudo hallar el Hombre Dorado, y murió en 1530 de resultas de una herida que recibió durante su nefanda expedición.

Su sucesor en el mando de los intereses de los Welsers, Nicolás Federmann, no fue mucho mejor como hombre, ni tuvo mejor fortuna como explorador. En 1530 marchó tierra adentro para descubrir el Dorado; pero desde Coro se dirigió en derechura hacia el Sur, así que no pasó por Nueva Granada. Después de una terrible marcha por las selvas tropicales, tuvo que volverse con las manos vacías, en el año 1531.

Desde este punto empieza a derivar, cronológicamente, una de las curiosas ramificaciones y variaciones de este fecundo mito. Fue al principio un hecho, durante treinta años una fábula, y ahora, después de tres años, comenzó a ser un errante fuego fatuo, que saltaba de un punto a otro y poco a poco se iba enredando con otros mitos. La primera variación data de la tentativa para descubrir el origen del Orinoco, ese gran río que se suponía que solo podía emanar de algún gran lago. En 1530, Antonio Sedeño salió de España con una expedición para explorar el Orinoco. Llegó al Golfo de Paria y construyó un fuerte, con intención de continuar desde allí sus exploraciones. Mientras ponía su proyecto en obra, Diego de Ordaz, antiguo camarada de Cortés, había obtenido en España una concesión para colonizar el distrito que se llamaba entonces Marañón, y era un territorio vagamente definido, que comprendía Venezuela, Guayana y el norte del Brasil. Salió de España en 1531, llegó al Orinoco y se remontó por el río hasta las cataratas. Entonces tuvo que volverse, después de dos años de tratar en vano de vencer todos los obstáculos que se le presentaron. Pero en esta expedición oyó decir que el Orinoco tenía su origen en un gran lago, y que el camino que a ese lago conducía pasaba por una provincia llamada Meta que, según se decía, era fabulosamente rica en oro. Según el historiador Bandelier, que es autoridad en la materia, no cabe duda que la riqueza que se atribuía a Meta era solo un eco del cuento del Dorado, que había llegado hasta las tribus del bajo Orinoco.

A Ordaz le siguió en 1534 Gerónimo Dortal, el cual intentó llegar a Meta, pero fracasó por completo. Estas tentativas realizadas desde Venezuela, según demuestra Bandelier, localizaron por fin el sitio del Dorado, limitándolo a la parte noroeste del continente. Se le había buscado en otros puntos sin encontrarlo, y de ahí se dedujo que debía de estar en el único sitio no explorado: la elevada meseta de Nueva Granada.

Después de muchas infortunadas tentativas, que no es del caso relatar aquí, Gonzalo Jiménez de Quesada conquistó por fin la meseta de Nueva Granada, en 1536-38. Este bravo soldado subió por el río Magdalena con una fuerza de seiscientos veinte infantes y ochenta y cinco jinetes. De estos, solo llegaron vivos a la meseta ciento ochenta, al principio del año 1537. Se encontró con los indios Muysca, que vivían en aldeas permanentes y poseían oro y esmeraldas. Le resistieron con su característica tenacidad; pero las tribus fueron vencidas una tras otra y Quesada fue el conquistador de Nueva Granada.

El botín que se repartieron los conquistadores ascendió a 246.976 pesos de oro —que valdrían ahora 1.250.000 duros— y 1.815 esmeraldas, algunas de gran tamaño y de mucho valor. Hallaron el verdadero sitio del Hombre Dorado, y hasta visitaron Guatavitá, cuyos habitantes opusieron una feroz resistencia; pero, claro está que no hallaron al Hombre, porque ya había desaparecido la famosa costumbre.

Apenas había Quesada completado su gran conquista, cuando le sorprendió la llegada de otras dos expediciones españolas, que fueron atraídas al mismo sitio por el mito del Dorado. Dirigía una de ellas Federmann, el cual había penetrado en Bogotá desde la costa de Venezuela en aquella su segunda expedición, que fue una marcha terrible. Al mismo tiempo, y sin saberlo el uno del otro, Sebastián de Belalcázar había salido de Quito en busca del Hombre Dorado. El cuento del cacique cubierto de oro había llegado hasta el corazón del Ecuador, y los relatos de los indios indujeron a Belalcázar a ir en busca del sitio en que se hallaba. Los tres jefes hicieron un convenio en virtud del cual Quesada quedó único dueño del país que había conquistado, y Federmann y Belalcázar regresaron a sus puestos respectivos.

Mientras Federmann andaba a la caza del mito, un sucesor suyo había ya llegado a Coro. Era el intrépido alemán conocido por «George de Speyer», pero cuyo verdadero nombre, descubierto por Bandelier, era George Hormouth. Al llegar a Coro, en 1535, no solamente oyó hablar del Dorado, sino también de que había carneros domesticados hacia el sudoeste, esto es, en dirección del Perú. Siguiendo estas vagas indicaciones, salió con aquel rumbo; pero tropezó con tan enormes dificultades para llegar al paso de la montaña que le dijeron los indios que conducía a la tierra del Dorado, que se desvió hacia las vastas y terribles selvas tropicales del alto Orinoco. Allí oyó hablar de Meta, y siguiendo aquel mito, penetró hasta un grado del Ecuador. Durante veintisiete meses él y sus acompañantes españoles anduvieron errabundos por la enmarañada y pantanosa manigua que hay entre el Orinoco y el río Amazonas. Tropezaron con muy numerosas y belicosas tribus, de las cuales la más notable era la de los Uaupes. No hallaron oro; pero en todas partes oyeron contar la fábula de un gran lago relacionado con el oro. De los ciento noventa hombres que salieron en esta expedición, solo regresaron ciento treinta, y de estos, solo unos cincuenta tenían fuerzas para llevar armas. Tan indescriptible y penoso viaje duró tres años. El resultado de sus horrores fue desviar la atención de los exploradores del verdadero sitio del Dorado, y encaminarles hacia las selvas del río Amazonas, en la empresa quimérica de buscar un mito que tenía mucho de geográfico. En otras palabras, preparó la exploración de la parte norte del Brasil.

Poco después de George de Speyer, y sin tener la menor relación con él, Francisco Pizarro, conquistador del Perú, había dado impulso a la exploración del Amazonas desde el lado Pacífico del continente. En 1538, desconfiando de Belalcázar, envió a su hermano Gonzalo Pizarro a Quito, para reemplazar a su sospechoso teniente. Al siguiente año, Gonzalo supo que el árbol de la canela abundaba en los bosques de la vertiente oriental de los Andes, y que todavía más lejos moraban poderosas tribus indias ricas en oro. Quiere decir que, mientras el mito original y verdadero del Dorado había llegado a Quito desde el Norte, el mito de Meta, que era un eco de aquel, había llegado también allí desde el Este. Puesto que Belalcázar había ido al antiguo y verdadero lugar del Dorado, y no había encontrado a ese individuo, se suponía que su domicilio debía hallarse en algún otro punto, es decir, al Este, en vez del Norte, de Quito. Gonzalo emprendió su desastrosa expedición a las selvas orientales con doscientos veinte hombres. En los dos años que duró la tremebunda jornada perecieron todos los caballos, como también sus compañeros indios, y los pocos españoles que llegaron vivos al Perú, en 1541, tenían la salud completamente quebrantada. Se encontró el árbol de la canela; pero no el Hombre Dorado. Uno de los tenientes de Gonzalo, Francisco de Orellana, habíase adelantado por la parte superior del Amazonas, con cincuenta hombres, en un bote desvencijado.

No pudieron los dos grupos volver a juntarse, y Orellana finalmente se dejó arrastrar por la corriente hasta la desembocadura del Amazonas, en medio de indecibles sufrimientos. Flotando mar adentro en el Atlántico, llegaron por último a la isla de Cubagua, el 11 de septiembre de 1541. Esta expedición fue la primera que trajo al mundo informes fidedignos respecto del tamaño y la naturaleza del mayor río de la tierra, y también dio a dicho río el nombre que hoy lleva. Encontraron tribus indias cuyas mujeres luchaban al lado de los hombres, y por esta razón le llamaron «río de las Amazonas».

En 1543, Hernán Pérez Quesada, hermano del conquistador, penetró en las regiones que había visitado George de Speyer. Fue allí desde Bogotá, por haber oído tergiversado el mito de Meta; pero solo encontró miseria, hambre, enfermedades e indígenas hostiles en los dieciséis terribles meses que anduvo errante por el desierto.

Entretanto, se habían convencido en España de que la concesión de Venezuela a los prestamistas alemanes era un fracaso. El régimen de los Welser solo daño causaba. No obstante, se resolvió hacer el último esfuerzo, y Philip von Hutten, joven y valiente caballero alemán, salió de Coro, en

«Así tratan las amazonas a los que hacen prisioneros en batalla».
1557, por André Thevet.

agosto de 1541, a la caza del mito de oro, el cual por aquel tiempo había llegado ya hasta el sur de las Amazonas. Durante dieciocho meses anduvo vagando en un círculo, y entonces, oyendo decir que había una tribu poderosa y rica en oro, llamada de los Omaguas, se lanzó hacia el sur, cruzando el Ecuador con su fuerza de cuarenta hombres. Encontró a los Omaguas; fue derrotado por ellos y herido, y al fin pudo llegar a Venezuela después de pasar por muchos sufrimientos durante más de tres años en las más impenetrables selvas y los dilatados pantanos de los trópicos. A su regreso fue asesinado, y así terminó la dominación alemana en Venezuela.

El hecho de que los Omaguas pudieran derrotar a una compañía española en batalla a campo abierto, dio a aquella tribu una gran reputación. Siendo tan fuertes en número y en valentía, era natural suponer que también fuesen ricos en metales, aun cuando no se había visto de ello muestra alguna.

Arrojado de su cuna, el mito del Hombre Dorado se había convertido en un fantasma errante. Habíase perdido de vista su primitiva forma, y de un Hombre Dorado se había transformado, poco a poco, en una tribu de oro. Se confundieron y combinaron el Dorado y Meta, siguiendo el curioso pero característico curso de los mitos. Primero, un hecho notable; después, el relato de un hecho que ha dejado de existir; luego, el eco lejano de ese cuento enteramente despojado de los hechos fundamentales, y, por último, un enredo y maraña general del hecho; la leyenda y el eco formando un nuevo mito, difícil de reconocer.

Este mito vagabundo y variable atrajo poderosamente la atención, en 1550, en la provincia del Perú. En aquel año varios centenares de indios de la región central del Amazonas, esto es, del corazón del norte del Brasil, se refugiaron en las colonias españolas de la parte oriental del Perú. Habían sido arrojados de sus habitaciones por la hostilidad de las tribus vecinas, y no llegaron al Perú, sino después de muchos años de penosas y azarosas marchas.

Dieron noticias exageradas de la riqueza e importancia de los Omaguas, y esos cuentos fueron creídos con avidez. Sin embargo, no estaba entonces el Perú en condiciones de emprender una nueva conquista, y solo diez años después de la llegada de aquellos indios refugiados, se dieron algunos pasos acerca de este asunto. El primer virrey del Perú, el bueno y gran Antonio de Mendoza, que del virreinato de México había sido ascendido a esta más alta dignidad, vio en aquellas noticias la oportunidad de tomar una sabia medida. Había librado a México de unos cuantos centenares de hombres levantiscos que eran una amenaza para el buen gobierno, enviándolos a la caza del áureo fantasma de Quivira, aquella notable expedición de Coronado que fue tan importante para la historia de los Estados Unidos. Entonces halló en su nueva provincia un peligro análogo pero mucho peor, y para librar al Perú de gente maleante y peligrosa, Mendoza organizó la famosa expedición de Pedro de Ursúa. Fue el cuerpo más numeroso que se reunió en la América del Sur para una empresa de esta clase en el siglo XVI; pero se componía de los peores y más feroces elementos que jamás hubo en las colonias españolas. Las fuerzas de Ursúa se concentraron en las márgenes del alto Amazonas, y el día de 19 de julio, el primer bergantín zarpó y tomó río abajo. El cuerpo principal de la expedición siguió en otros bergantines el 26 de septiembre.

Era aquella región una inmensa selva tropical, enteramente desierta. Pronto se hizo evidente que sus esperanzas de oro nunca llegarían a realizarse, y empezó el descontento a manifestarse de un modo sangriento. En aquella turba de malhechores que virtualmente había desterrado el sabio virrey para purificar el Perú, no era de esperar que reinase la armonía. No hallándose ya diseminados entre buenos ciudadanos que pudiesen reprimir sus desmanes, sino unidos en descarada pillería, no tardaron, con su conducta, en reproducir la fábula de los gatos de Kilkenny[13]. Su viaje fue una orgía imposible de describir.

Entre aquellos pillastres había uno de condición peculiar; un sujeto deforme, pero muy ambicioso, el cual tenía motivos para no desear volver al Perú. Llamábase Lope de Aguirre. Viendo que el objeto de la expedición no podía menos de fracasar, empezó a formar un plan diabólico.

Si no podían hallar oro de la manera que esperaban, ¿por qué no buscarlo de otro modo? En una palabra, concibió el plan audaz de hacer traición a España y a todos y fundar un nuevo imperio. Para llevarlo a cabo comprendió que era necesario deshacerse de los jefes de la expedición, los cuales podrían tener escrúpulos de ser traidores a su patria. Así, mientras los bergantines flotaban río abajo, fueron teatro de una serie de atroces tragedias. Primero fue asesinado el comandante Ursúa, y en su lugar pusieron a un joven noble, muy disoluto, llamado Fernando de Guzmán. En el acto fue elevado a la dignidad de príncipe, y ese fue el primer paso de su manifiesta traición.

Luego fue asesinado Guzmán, como también la infame Inés de Atienza, mujer que tomó parte vergonzosa en aquella trama, y el jorobado Aguirre se hizo jefe y «tirano». Patentizose su traición, y desde aquel momento mandó la expedición, no como oficial español, sino como rebelde y pirata. Mientras hacía rumbo al Atlántico, trazó planes de espantosa magnitud y audacia. Proyectó navegar hasta el Golfo de México, desembarcar en el istmo, apoderarse de Panamá y de allí navegar hasta el Perú, en donde daría muerte a todos los que se le opusiesen y establecería un imperio bajo su dominio.

Pero un curioso accidente desbarató todos sus planes. En vez de llegar a la desembocadura del Amazonas, la flotilla derivó hacia la izquierda, internándose en sus laberínticas revueltas, y fueron a parar al río Negro. Las lentas corrientes les impidieron descubrir su error, y siguieron adelante hasta el Casiquiare, y desde allí penetraron en el Orinoco. El día 1 de julio de 1561 (un año justo estuvieron navegando por el laberinto, y todos los días se señalaron con asesinatos a diestro y siniestro), los malvados llegaron al Océano Atlántico, pero por la desembocadura del Orinoco, y no, como ellos esperaban, por la del Amazonas. Diecisiete días después avistaron la isla de

[13] Según la fábula, dos gatos cayeron en un pozo de Kilkenny, y se atacaron uno a otro con tanta ferocidad que solo quedaron los rabos. *(N. del T.)*

Margarita, donde había un puesto español. A traición se apoderaron de la isla y proclamaron su independencia de España.

Con este acto se proveyó Aguirre de dinero y de algunas municiones; pero le faltaban buques para hacer un viaje por mar. Trató de apoderarse de un gran bajel que conducía a Venezuela al provincial Montesinos, misionero dominico; pero su traición se vio frustrada, y se dio la alarma al continente. Furioso por su fracaso, aquel monstruo descuartizó a los oficiales reales de Margarita. Se desconcertó así su plan de llegar a Panamá; pero al fin logró apresar un buque más pequeño, con el cual pudo desembarcar en la costa de Venezuela, en el mes de agosto de 1561. Su correría por el continente dejó una estela de crímenes y de rapiña. La gente, atacada por sorpresa y no pudiendo oponer una resistencia inmediata a aquel malvado, huía cuando él se acercaba. Las autoridades enviaron a pedir ayuda hasta Nueva Granada, y toda la parte norte de la América del Sur estaba aterrorizada.

Aguirre continuó sin oposición hasta llegar a Barquisimeto. Halló aquel pueblo desierto; pero pronto llegó el edecán Diego de Paredes, con una fuerza leal que había reunido precipitadamente. Al mismo tiempo Quesada, conquistador de Nueva Granada, se apresuraba a marchar contra el traidor con cuantas fuerzas podía allegar. Aguirre se halló sitiado en Barquisimeto, y sus parciales empezaron a desertar. Finalmente, viéndose casi solo, Aguirre mató a su hija (que había participado en todas aquellas terribles correrías) y se rindió. El comandante español no quería ejecutar al architraidor; pero los mismos secuaces de Aguirre insistieron en que se le diese muerte, y lo lograron.

La leyenda del hombre dorado en un grabado de Théodore de Bry.

Hiciéronse posteriormente otras muchas tentativas para descubrir el Hombre Dorado; pero fueron de poca importancia, excepto la que realizó Sir Walter Raleigh en 1595. Solamente llegó hasta el Salto Coroni, es decir, que no pudo llevar a cabo una empresa tan grande siquiera como la de Ordaz; pero volvió a Inglaterra con estupendos relatos de un gran lago interior y de ricas naciones. Había confundido la leyenda del Dorado con noticias de los Incas del Perú, lo cual prueba que los españoles no eran los únicos que comulgaban con ruedas de molino. A la verdad, tanto los exploradores ingleses como los de otras naciones, fueron igualmente crédulos y sintieron la propia ansia de llegar hasta el oro fabuloso. El mito del gran lago, el lago de Parime, fue absorbiendo gradualmente el mito del Hombre Dorado. La tradición histórica se fundió y perdió en la fábula geográfica. Únicamente en las selvas orientales del Perú reapareció el Dorado al principio del siglo XVIII; pero como una ficción tergiversada y sin fundamento. Mas el lago Parime permaneció en los mapas y en las descripciones geográficas. Es una curiosa coincidencia que donde se creía que existían las tribus de oro de Meta, se haya descubierto recientemente las minas de oro de Guyana, que han sido motivo de disputa entre Inglaterra y Venezuela. Es cierto que Meta era tan solo un mito; pero hasta ese mito fue de utilidad.

La fábula del lago de Parime, el cual por mucho tiempo se creyó que era un gran lago que tenía detrás grandes cordilleras de montañas de plata, la desbarató por completo Humboldt a principios del siglo XIX. Demostró que no había tal gran lago, ni tales montañas de plata. Las anchas sabanas del Orinoco, cuando se inundaban en la estación de las lluvias, se creyó que eran un lago, y el fondo de plata era sencillamente el refiejo de los rayos solares en los picos de roca micácea.

Con las investigaciones de Humboldt desapareció la más curiosa y fantástica leyenda de la Historia. Ningún otro mito o tradición de la América del Norte o de la del Sur, llegó a ejercer tan poderosa influencia en el curso de los descubrimientos geográficos; ningún otro puso a prueba el esfuerzo humano de un modo tan pasmoso, y ninguno ilustró con tanta brillantez la incomparable tenacidad y la abnegación inherentes al carácter español. Para la mayoría de nosotros es una nueva, pero una verdadera y comprobada lección, que esa nación meridional, más impulsiva e impetuosa que las del Norte, era también más paciente y más sufrida. Murió el mito, pero no había existido en vano. Antes de que fuese desmentido, había dado pie a la exploración del Amazonas, del Orinoco, de toda la parte del Brasil situada al norte del Amazonas, de toda Venezuela, de toda Nueva Granada y del este del Ecuador. Una mirada al mapa nos revelará lo que esto significa; y es que el Hombre Dorado hizo que conociese el mundo la geografía de la América del Sur que se extiende al norte de la línea ecuatorial.

3

EXPLORADORES EJEMPLARES

El porquerizo de Trujillo

Allá por los años de 1471 a 1478 (no estamos seguros de la fecha exacta), nació un infortunado chico en la ciudad de Trujillo, provincia de Extremadura (España). Era hijo ilegítimo del coronel Gonzalo Pizarro, el cual se había distinguido en las guerras de Italia y de Navarra. Pero su parentesco no le fue de provecho alguno. El niño bastardo nunca tuvo hogar; hasta se dice que fue abandonado como expósito en el atrio de una iglesia. Creció y se hizo hombre en la ignorancia y la pobreza más abyecta, sin escuela y sin que nadie cuidase de él, y teniendo que procurarse por sí solo la subsistencia. Únicamente podía dedicarse a las más bajas faenas; pero parece que en ellas ponía sus cinco sentidos. ¡Cómo los muchachos de la vecindad se hubieran reído y mofado si alguien les hubiese dicho: «Ese rapaz sucio y harapiento que guarda puercos en los encinares de Extremadura, será un día un grande hombre, en un nuevo mundo que nadie ha visto todavía; será un soldado más famoso que nuestro Gran Capitán, y repartirá más oro que el Rey, nuestro Señor!» Y no hubiese podido reprochárseles sus burlas. El hombre más sabio de Europa en aquella época tampoco habría dado crédito a tal profecía; porque, a la verdad, era la cosa más improbable del mundo. Pero el mozuelo que sabía guardar fielmente los puercos cuando no había cosa mejor que hacer, podía dedicarse a cosas más grandes cuando estas se le ofrecían, y salir igualmente airoso de ellas. Afortunadamente para él, surgió muy a tiempo el Nuevo Mundo. A no ser por Colón, hubiera sido hasta su muerte un porquerizo, y hubiese perdido la Historia una de sus más gallardas figuras, así como otras muchas a quienes el aventurero genovés abrió las puertas de la inmortalidad. Para miles de hombres tan incomprendidos por sí mismos como por los demás, no había entonces en la vida sino una abyecta obscuridad en la atestada, ignorante y empobrecida Europa. Cuando España halló de repente nuevas tierras allende los mares, causó el hecho un despertar de la humanidad como no se había visto ni volverá a verse nunca. Se halló, literalmente hablando, un nuevo mundo, y con ello se creó casi una nueva gente. No solo se aprovecharon de tan maravillosa novedad los grandes hombres y los de preclaro ingenio; el más pobre e ignorante podía entonces elevarse y crecer hasta desarrollar toda la estatura del hombre que dentro de él había. Fue, en realidad, el gran principio de la libertad del hombre; la primera apertura de la puerta de la igualdad; la primera semilla de las naciones libres como la nuestra. El Viejo Mundo era el campo de los ricos y los favorecidos; pero América era ya lo que tiene el orgullo de ser hoy: la gran oportunidad para el pobre. Y es un hecho muy notable que casi todos los que se hicieron una gran hombrada en América fueron no los grandes que a ella vinieron, sino los hombres obscuros que aquí se aquistaron la admiración de un mundo que antes ni siquiera conocía su nombre. De todos estos y de todos los otros, fue Pizarro el más grande explorador. El engrandecimiento del mismo Napoleón no fue un triunfo tan sorprendente de la fuerza de voluntad y del genio sobre todos los obstáculos, ni moralmente más digno de alabanza.

No sabemos en qué año Francisco Pizarro, el porquerizo de Trujillo, llegó a América; pero sí que empezó a ser hombre de importancia en 1510. En dicho año se hallaba ya en la isla Española y acompañó a Ojeda en su desastrosa expedición a Urabá en el continente. Allí se mostró tan valeroso y prudente, que Ojeda le dejó encargado de la malhadada colonia de San Sebastián, mientras él regresaba a la Española en busca de auxilios. Esta primera responsabilidad que recayó sobre Pizarro estaba preñada de peligros y sufrimientos; pero nuestro exporquerizo se mantuvo a la altura de la situación, y comenzó a desarrollarse en él aquel raro y paciente heroísmo que más tarde debía sostenerlo durante los años más terribles que haya vivido conquistador alguno. Dos meses estuvo esperando en aquel sitio mortífero, hasta que perecieron tantos, que los sobrevivientes pudieron al fin salvarse apretujándose en el único bote que tenían.

Entonces Pizarro se unió con Balboa y participó de aquella penosa marcha a través del istmo y del brillante honor del descubrimiento del Pacífico. Cuando la intrépida carrera de Balboa tuvo un fin repentino y sangriento, Pizarro pasó al mando de Pedro Arias Dávila, el cual lo envió a varias expediciones de poca importancia. En 1515 cruzó de nuevo el istmo, y probablemente oyó hablar de un modo vago del Perú. Pero no tenía dinero ni influencia para lanzarse por sí solo a una aventura. Acompañó al gobernador Dávila cuando este se trasladó a Panamá y se acreditó en varias pequeñas expediciones. Pero a la edad de cincuenta años era todavía pobre y desconocido; no era más que un humilde «ranchero» que vivía cerca de Panamá. En aquel pestilente y despoblado istmo, pocas oportunidades se le ofrecían para resarcirse de la pérdida de su juventud. No había aprendido a leer ni a escribir, y, la verdad sea dicha, eso nunca llegó a aprenderlo; pero es evidente que había aprendido cosas más importantes, y había desarrollado una virilidad que podía servirle para hacer frente a cualquier contingencia.

En 1522 Pascual de Andagoya hizo un pequeño viaje desde Panamá por la costa del Pacífico; pero no fue más allá de donde había llegado Balboa algunos años antes. Su fracaso, sin embargo, llamó de nuevo la atención hacia los países desconocidos situados más al Sur, y Pizarro ardía en deseos de explorarlos. La mente del hombre que había sido porquerizo fue la única que supo comprender la importancia de aquellas regiones que esperaban ser descubiertas; su valor, el único que podía afrontar los obstáculos que para lograrlo existían. Al fin halló dos hombres prestos a escuchar sus planes y ayudarle a realizarlos. Esos fueron Diego de Almagro y Hernando de Luque. Almagro era un soldado de fortuna, un expósito como Pizarro, pero mejor educado y de alguna más edad. Físicamente era un hombre valeroso, aunque no tenía el elevado valor moral ni la influencia moral de Pizarro. Era por todos conceptos un hombre de más baja estofa; más bien lo que podía esperarse de ambos por su nacimiento, que no ese carácter fenomenal del hombre que demostró hallarse tan en su centro en las cortes y las conquistas, como guardando cerdos en su tierra. No solo podía Pizarro acomodarse fácilmente a cualquier rango de fortuna, sino que en él no hacían mella ni el poder ni la pobreza. Era hombre de rectos principios, esclavo de su palabra, inflexible, heroico, y no obstante prudente y humanitario, generoso, justo y siempre leal; cualidades todas en que muy por debajo de él estaba Almagro.

Luque era un sacerdote, vicario en Panamá. Era un hombre sabio y bueno, a quien mucho debieron los dos soldados. Solo tenían estos gran valor y fuertes brazos para la expedición, y él tuvo que aprontar los medios. Hízolo con dinero que obtuvo del licenciado Espinosa, jurisconsulto. Era necesario, como en todas las provincias españolas, el consentimiento del Gobernador, y aunque Dávila no parecía aprobar la expedición, se obtuvo su permiso con la promesa de darle una participación en los beneficios, aun cuando no tenía que contribuir a los gastos. Se le dio el mando a Pizarro, y salieron en noviembre de 1524, con un centenar de hombres. Almagro se quedó para seguirles tan pronto como pudiera, con la esperanza de reclutar más gente en la pequeña colonia.

Después de costear alguna distancia hacia el Sur, Pizarro hizo un desembarco. Era aquel un sitio inhospitalario. Los exploradores se hallaron en un inmenso pantano tropical, donde era imposible avanzar a causa de las ciénagas y de la espesa manigua. Los miasmas que emanaban de aquel cenagal eran un enemigo cruel e intangible. Nubes de venenosos insectos se cernían sobre ellos. Pensar que las moscas sean un peligro para la vida parecerá extraño a los que solo conocen las zonas templadas; pero en algunas partes de los trópicos hay insectos más terribles que los lobos. Desde la marisma, los españoles, exhaustos, lograron difícilmente abrirse paso hasta unos montes, cuyas aguzadas rocas (que probablemente eran de lava) les cortaban los pies hasta los huesos. Y nada encontraron para consolarles y alentarles; todo era un desierto sin aliciente alguno. Con trabajo retrocedieron hasta su tosco bergantín, aplanados bajo un sol tropical, y se embarcaron de nuevo. Aprovisionándose de agua y de madera, continuaron su rumbo hacia el Sur. Entonces sobrevinieron fuertes tormentas que duraron diez días. Lanzado de una a otra parte por las olas, su desvencijado barco estuvo a punto de hacerse pedazos. Escaseó el agua y, en cuanto a alimento, tuvieron que contentarse con dos mazorcas de maíz diarias cada uno. Tan pronto como el tiempo se lo permitió, procuraron desembarcar; pero se hallaron de nuevo en una selva tupida e impenetrable. Aquellas extrañas, inmensas selvas de los trópicos (selvas tan grandes como toda Europa) son la parte más ingrata de la Naturaleza: el inmenso mar y las desiertas llanuras no son tan solitarios ni tan mortíferos como ellas. Árboles gigantescos, algunos de ellos de mucho más de cien pies de circunferencia, crecen apiñados y altísimos, sumidos en eterna lobreguez, enlazados sus enormes troncos con espesas enredaderas, de tal modo que forman, no ya un bosque, sino una impenetrable muralla. Para dar un paso hay que abrirse camino con el hacha. Grandes y repugnantes serpientes y enormes saurios viven allí, y en aquel aire caliente y húmedo se esconde un enemigo más mortal que la boa, el caimán o la víbora: la pestilencia tropical.

No eran canijos aquellos hombres; pero en tan terribles desiertos pronto perdieron toda esperanza. Empezaron a maldecir a Pizarro por haberlos llevado a tan miserable muerte, y clamoreaban porque les volviese a Panamá. Pero eso solo servía para contrastar la diferencia que había entre hombres que eran valerosos físicamente y un hombre de valor moral como Pizarro. No tuvo este la menor idea de abandonar la empresa; sin embargo, como sus hombres estaban dispuestos a amotinarse, era preciso hacer algo, y tuvo una idea brillante; uno de los primeros chispazos de aquel genio que se desarrolló de modo tan notable ante el peligro y la necesidad. Alentaba a sus subordinados mientras trataba de desbaratar su motín. Encargó a Montenegro, uno de sus oficiales, que se fuese en el bergantín con la mitad del pequeño ejército a la Isla de las Perlas en busca de provisiones. Esto fue parte a que no se abandonase la expedición. Pizarro y sus cincuenta hombres no podían volverse a Panamá, porque no tenían buque; y Montenegro y sus compañeros no podían dejar de volver con algunos auxilios. Pero fue muy doloroso aquel compás de espera. Durante seis semanas, aquellos famélicos españoles anduvieron perdidos por la ciénaga, cuya salida no podían hallar. No encontraban allí alimento alguno, excepto los mariscos que recogían y algunas bayas, entre las cuales las había venenosas y que causaban muchos dolores a los que las comían. Pizarro participaba de las penalidades de sus hombres con bondadosa abnegación, compartiendo alimentos con el más pobre soldado y trabajando como los demás, siempre animándoles con el ejemplo y con sus buenas palabras. Más de veinte hombres, casi la mitad de aquel grupo, murieron a consecuencia de sus privaciones, y los que sobrevivieron perdieron toda esperanza, excepto el esforzado jefe. Cuando estaban ya a punto de desfallecer, una luz lejana que vieron brillar a través de la selva les dio valor, y abriéndose camino hacia ella, llegaron por fin a un campo abierto donde había una aldea india, cuyas provisiones de maíz y de cocos salvaron a los extenuados españoles. Tenían aquellos indios unos cuantos toscos adornos de oro, y dijeron que hacia el sur había un país muy rico en este metal.

Por fin, Montenegro regresó con su buque y algunas provisiones al puerto del Hambre, como lo llamaron los españoles. También él había sufrido mucho a causa de las tormentas, que le retrasaron en su viaje. Unidos los dos grupos, navegaron hacia el sur y pronto llegaron a una costa más abierta, donde encontraron otra aldea de indios. Los habitantes habían huido; pero los exploradores hallaron alimentos y algunos ornamentos de oro. Quedaron horrorizados, sin embargo, al descubrir que se hallaban entre caníbales, puesto que vieron piernas y brazos humanos que se estaban asando en las hogueras. Determinaron hacerse a la mar en medio de una tormenta, antes que quedarse en un lugar tan repulsivo. Al llegar a un promontorio, que bautizaron con el nombre de Punta Quemada, tuvieron que desembarcar de nuevo, porque su pobre barco estaba tan quebrantado que había peligro de que se fuese a pique. Mientras Pizarro acampaba en una ranchería abandonada, envió a Montenegro con una pequeña fuerza a hacer exploraciones tierra adentro. Había penetrado el teniente unas cuantas millas, cuando cayó en una emboscada que le tendieron los indígenas, y tres de sus hombres fueron muertos. Los españoles no tenían ni siquiera mosquetes; pero con espada y ballesta lucharon desesperadamente y por fin rechazaron a sus atezados enemigos. Los indios, viendo allí frustrado su propósito, regresaron a marchas forzadas a su aldea, y por serles familiares las veredas, llegaron antes que Montenegro y lo atacaron súbitamente. Pizarro, con su pequeña fuerza, salió a su encuentro, y empezó una lucha feroz, pero desigual. Estaban los españoles en gran minoría, y su situación era desesperada. En la primera descarga de flechas del enemigo, Pizarro recibió *siete heridas*, hecho que por sí solo basta para demostrar la escasa ventaja que la armadura de los españoles les daba sobre los indios, mientras que era una carga muy pesada bajo el calor de los trópicos y entre enemigos tan ágiles. Los españoles tuvieron que cejar, y al retroceder, Pizarro resbaló y cayó. Los indios, reconociendo fácilmente que era el jefe, dirigieron todos sus esfuerzos contra él, y varios de ellos se lanzaron sobre el guerrero caído y ensangrentado, pero Pizarro se levantó, y haciendo un supremo esfuerzo, tumbó a dos de ellos y mantuvo a los otros a distancia, hasta que vinieron sus hombres en su ayuda. Entonces acudió Montenegro y atacó por detrás a los indios, viéndose pronto los españoles dueños del campo. Pero les había costado muy caro, y el jefe comprendió claramente que no podía permanecer en aquella tierra salvaje con tan pequeña fuerza. Pensó, por lo tanto, en ir a buscar refuerzos.

Embarcose de nuevo para volver a Chicamá, y permaneciendo allí con la mayoría de sus hombres, cuidando de que no tuviesen ocasión de desertar, envió a Nicolás de Ribera, con el oro que habían recogido y un informe detallado de sus hechos, al Gobernador Dávila, de Panamá.

Entretanto Almagro, después de muchas demoras, había salido de Panamá en otro buque y con sesenta hombres para seguir a Pizarro. Encontró la pista por los árboles que Pizarro había marcado en varios puntos, según lo convenido. Desembarcó en Punta Quemada, y allí lo recibieron los indios de un modo hostil. Llegaba Almagro con la sangre ardiente y cargó contra ellos con denuedo. En esa acción, una jabalina de los indios le produjo tan grave herida en la cabeza que, después de unos días de intenso sufrimiento, perdió uno de sus ojos. Pero, no obstante esta gran desgracia, continuó impertérrito su viaje. La gran resistencia física de aquel hombre era su cualidad más admirable. Podía arrostrar el peligro y el dolor bravamente; pero pocos días después demostró que carecía de valor moral. En el Río San Juan, la soledad y la incertidumbre fueron demasiado para Almagro, y se

Contrato de Panamá. Acuerdo entre Francisco Pizarro, Diego de Almagro y Hernando de Luque para explorar Perú, según la malévola ilustración de Théodore de Bry.

volvió hacia Panamá. Afortunadamente supo que su capitán estaba en Chicamá, y allí se juntó con él. Pizarro no pensaba en abandonar la empresa, y de tal modo influyó en Almagro, el cual solo necesitaba ser dirigido para estar pronto a cualquier hazaña, que los dos se juraron solemnemente llegar hasta el fin de su viaje o morir como hombres en la empresa. Pizarro le envió a Panamá en busca de auxilios, y él se quedó alentando a sus hombres en el pestífero Chicamá.

El gobernador Dávila, hombre nada emprendedor y poco dado a la administración, estaba a la sazón de muy mal humor para que le pidiesen ayuda. Uno de sus subordinados en Nicaragua merecía ser castigado, según él creía, y su fuerza no era suficiente para el caso. Se arrepentía amargamente de haber permitido a Pizarro irse con cien hombres, que ahora le serían muy útiles, y rehusó ayudar a la expedición y hasta permitir que continuase. Luque, cuyo cargo y carácter le daban influencia en la pequeña colonia, finalmente persuadió al pusilánime gobernador a que no estorbase la expedición. Hasta en eso mostró Dávila su codicia. Como precio de su consentimiento oficial, sin el cual no podía hacerse el viaje, exigió el pago de mil pesos de oro, renunciando todo su derecho a los beneficios de la expedición, que estaba seguro que serían casi nulos. Un peso de oro valía entonces mucho más de lo que vale ahora. En aquellos días era dicho metal mucho más escaso que en la actualidad, y, por consiguiente, era mayor su valía. Con un peso de oro podía entonces comprarse una cantidad de cosas cinco veces mayor que ahora, de modo que lo que se llamaba un duro, y pesaba un duro, tenía realmente el valor de cinco duros. Por consiguiente, el dinero que exigió Dávila como soborno equivalía a cinco mil duros.

Afortunadamente, por aquel tiempo Dávila fue substituido por otro gobernador de Panamá, don Pedro de los Ríos, el cual no puso obstáculos al gran proyecto. Con fecha 10 de marzo de 1526, hicieron un nuevo contrato Pizarro, Almagro y Luque. El buen vicario había hecho un anticipo de cien mil pesos en barras de oro para la expedición, y tenía que percibir una tercera parte de todos los beneficios. Pero en realidad la mayor parte de ese dinero procedía del licenciado Espinosa, y por medio de un contrato privado se estipuló que la participación que correspondía a Luque se entregaría al licenciado. Se compraron y abastecieron con provisiones dos nuevos buques, mayores y mejores que el estropeado bergantín que había construido Núñez de Balboa. El pequeño ejército se engrosó con reclutas hasta reunir 160 hombres, y también se adquirieron unos cuantos caballos, quedando equipada y lista la segunda expedición.

El hombre impertérrito

Con una fuerza tan insuficiente, aunque mucho más numerosa que antes, Pizarro y Almagro se embarcaron de nuevo para llevar a cabo su peligrosa empresa. El piloto era Bartolomé Ruiz, valiente y leal andaluz y buen marino. El tiempo se presentaba mejor, y los aventureros iban muy esperanzados. Después de navegar unos cuantos días, llegaron al río San Juan, que era el punto más lejano de aquella costa a que había llegado europeo alguno: se recordará que fue el punto donde Almagro se descorazonó y volvió hacia atrás. Allí hallaron más poblados indios y un poco de oro; pero también allí la inmensidad y aspereza del desierto se hizo más evidente. Nos es muy difícil concebir, en esta época de comodidades, cuan perdidos se hallaban aquellos exploradores. No había entonces en todo el mundo un hombre de raza blanca que supiese lo que había más allá del sitio adonde habían llegado los aventureros españoles; y para sentir aliento y valor es necesario saber con certeza que existe algún objetivo en el punto a que nos encaminamos. Podemos comprender lo que por ellos pasaría, si nos imaginamos un grupo de muchachos, valerosos pero indoctos, conducidos con los ojos vendados a una distancia de mil millas, y abandonados en un desierto selvático y enteramente desconocido.

Allí hizo alto Pizarro con parte de sus hombres, y envió a Almagro a Panamá con uno de los buques en busca de reclutas, y al piloto Ruiz con el otro buque a explorar la costa más al Sur. Ruiz costeó hasta llegar a la Punta de Pasado, y fue el primer hombre blanco que cruzó la línea ecuatorial en el Pacífico, lo cual no es menguado honor. Encontró un país de más promisión, y vio pasar una balsa grande con velas de tela de algodón, en la cual iban varios indios. Tenían espejos (probablemente vidrio volcánico, como era común entre los aborígenes del sur) con marcos de plata, y adornos de plata y de oro, además de géneros notables en que había entrete-

Los dos primeros viajes de Pizarro por las costas de Panamá, Colombia, Ecuador y Perú.

jidas figuras de animales, pájaros y peces. El recorrido duró varias semanas, y Ruiz llegó a San Juan muy oportunamente. Pizarro y su gente sufrieron horribles penalidades. Habían hecho un gallardo esfuerzo para penetrar tierra adentro; pero no les fue posible salir de la horrenda selva tropical, «cuyos árboles llegaban hasta el cielo». La espesa manigua no era tan solitaria como la de las otras selvas en que habían estado. Había multitud de charloteros loros y brillantes monos, alrededor de los árboles se enroscaban perezosas boas, y dormitaban los caimanes cabe empantanadas lagunas. Muchos de los españoles perecieron, víctimas de aquellos horripilantes y raros reptiles; algunos murieron hechos pulpa, estrujados por las potentes roscas de las serpientes, y otros fueron triturados entre las mandíbulas de los escamosos saurios. Muchos más fueron muertos por los indios que estaban en acecho: en una sola arremetida, catorce de aquella menguante partida fueron asesinados por los naturales que rodeaban su embarrancada canoa. Agotáronse también sus provisiones, y los que quedaron con vida se estaban muriendo de hambre cuando llegó Ruiz con escasos auxilios, pero con noticias alentadoras. Pronto llegó también Almagro, con provisiones y un refuerzo de ochenta hombres.

Toda la expedición se hizo de nuevo a la vela con rumbo al Sur. Pero en seguida se desencadenaron persistentes tormentas. Después de indecibles sufrimientos, los exploradores volvieron la proa hacia la isla del Gallo, donde permanecieron dos semanas para reparar sus desmantelados buques y sus cuerpos, igualmente quebrantados. Después se embarcaron otra vez dirigiéndose a mares ignotos. El paisaje iba presentando gradualmente mejor aspecto. Los palúdicos bosques tropicales ya no se extendían hasta la orilla del mar. Entre los boscajes de ébanos y caobos, había de vez en cuando algunos claros, con campos rústicamente cultivados, y también poblados indios de bastante extensión. En aquella región había placeres auríferos y criaderos de esmeraldas, y los indígenas tenían valiosos ornamentos. Los españoles desembarcaron, pero fueron acometidos por un número muy superior de indios, y solo pudieron librarse de ellos de una manera muy curiosa. En la desigual batalla los españoles se vieron acorralados, cuando uno de ellos cayó de su caballo, y ese pequeño incidente puso en fuga el enjambre de indígenas. Algunos historiadores han ridiculizado la idea de que semejante minucia pudiese producir aquel efecto; pero esto es debido a la ignorancia de los hechos. Hay que tener presente que aquellos indios nunca habían visto un caballo. Tomaron al jinete español y su cabalgadura por un animal grande, raro y asaz terrible por sí solo: trasunto del antiguo mito griego de los centauros, este incidente muestra el modo como nació aquel mito. Pero luego, la gran bestia desconocida se dividió en dos partes, que podían obrar con entera independencia la una de la otra, y esto era demasiado para aquellos supersticiosos indios, todos los cuales huyeron despavoridos. Los españoles salieron escapados hacia sus buques y dieron gracias al cielo por su extraña liberación.

Pero esta escapada milagrosa les demostró más claramente la insuficiencia de aquel puñado de hombres para luchar contra las hordas de indios. Necesitaban más refuerzos, y otra vez se embarcaron hacia la isla del Gallo, donde esperaría Pizarro mientras Almagro iba a Panamá en solicitud de auxilios. Obsérvese cómo Pizarro siempre tomaba para sí la carga más pesada y más penosa y daba la más fácil a su consocio. Siempre era Almagro el que se enviaba a las comodidades que ofrecía la civilización, mientras que el esforzado jefe soportaba la espera, el peligro y el sufrimiento. El mayor obstáculo que se presentaba entonces consistía en los mismos soldados, aun teniendo en cuenta los mortales peligros y enormes privaciones que debían sufrir. Pero los peligros y las privaciones de por fuera son más llevaderos que la traición y el descontento por dentro. A cada paso Pizarro tenía que sostener moralmente a sus hombres. Sentíanse constantemente descorazonados (y ciertamente tenían motivo para estarlo); y en tal estado de ánimo se hallaban dispuesto a cualquier acto de violencia, y de ningún modo a seguir adelante. Así es que Pizarro tenía constantemente que esforzar su voluntad y su valor no solamente para él mismo, que sufría tan cruelmente como el último, sino para todos. Era como uno de esos espíritus vigorosos que vemos algunas veces sosteniendo un cuerpo medio muerto, cuerpo que mucho antes se hubiera ya disgregado de un espíritu menos intrépido.

Los hombres se habían amotinado de nuevo, y a pesar del animoso ejemplo y de los esfuerzos de Pizarro, estuvieron a punto de hacer fracasar toda la empresa. Por conducto de Almagro enviaron a la esposa del gobernador un ovillo de algodón como muestra de los productos del país; pero en este, al parecer, simple regalo los cobardes habían escondido una carta en la cual declaraban que Pizarro los conducía a la muerte, y amonestaban a otros que no le siguiesen. Un verso ramplón, colocado al final, decía que Pizarro era un carnicero que esperaba más carne, y que Almagro había ido a Panamá a recoger ovejas para llevarlas al matadero.

La carta llegó a manos del gobernador Los Ríos, el cual se indignó mucho al leerla. Envió al cordobés Tafur con dos buques a la isla del Gallo a recoger a todos los españoles que allí estaban, y estorbar así una expedición cuya importancia no era su mente capaz de comprender. Pizarro y sus hombres sufrían terriblemente, siempre calados por las tormentas y casi muertos de hambre. Cuando llegó Tafur, todos menos Pizarro lo acogieron como un salvador y querían volverse con él en el acto. Pero el capitán no cejó. Con su daga trazó una raya sobre la arena y mirando a sus hombres de hito en hito les dijo: «Camaradas y amigos, de aquel lado está la muerte, las privaciones, el hambre, la desnudez, las tempestades; de este lado está la comodidad y la molicie. Desde este lado vais a Panamá a ser pobres; del otro lado vais al Perú a ser ricos. El que sea valiente castellano, que escoja lo preferible».

Al decir esto cruzó la raya, pasándose al Sur. Ruiz, el bravo piloto andaluz, cruzó también detrás de él; lo mismo hizo Pedro de Candía, el griego, y uno tras otro once héroes más, cuyos nombres merecen ser recordados por cuantos aman la lealtad y el valor. Eran Cristóbal de Peralta, Domingo de Soria Luce, Nicolás de Ribera, Francisco de Cuéllar, Alonso de Molina, Pedro Alcón, García de Jerez, Antón de Carrión, Alonso Briceño, Martín de Paz y Juan de la Torre. El ruin Tafur solo vio en este acto de heroísmo una desobediencia al gobernador, y no quiso dejarles uno de sus buques. Con dificultad se le pudo inducir a que les abandonase algunas provisiones, siquiera para impedir que se murieran, y con sus cobardes pasajeros se volvió a Panamá, dejando a los catorce solos en su pequeña isla del desconocido Mar Pacífico.

¿Tuvo nunca el lector conocimiento de un heroísmo más grande? ¡Solos, aprisionados por el gran mar, con muy pocos alimentos, sin buques, sin ropa, casi sin armas, había allí catorce hombres, empeñados todavía en conquistar un país salvaje tan grande como toda Europa! Hasta el parcial historiador Prescott admite que en todos los anales de la caballería no se encuentra nada que lo aventaje.

La isla de Gallo se hizo inhabitable, y Pizarro y sus hombres construyeron una frágil balsa y en ella navegaron setenta y cinco millas hacia el Norte, hasta llegar a la isla de Gorgona. Esa era tierra más alta y en ella había madera, y los exploradores construyeron chozas para resguardarse de las tormentas. Sufrieron grandemente por el hambre, por la intemperie y por causa de los bichos venenosos, que les martirizaban cruelmente. Pizarro reunía a su gente a diario para hacer sus devociones, y todos los días daba gracias a Dios por conservarles la vida y le pedían que no los desamparase. Pizarro fue siempre un hombre devoto, y nunca hacía acto alguno sin invocar la gracia divina, ni se olvidaba nunca de dar gracias a Dios por los éxitos que alcanzaba. Así lo hizo hasta el fin, y aun en sus postrimerías trazó con los dedos la cruz, que tanto reverenciaba.

Durante siete inenarrables meses, los catorce hombres abandonados esperaron y sufrieron en su solitario arrecife. Tafur llegó salvo a Panamá, y dio cuenta de haberse negado aquellos hombres a volver con él. El gobernador Los Ríos se irritó más todavía y rehusó prestar auxilio a los obstinados náufragos. Pero Luque, recordándole que las órdenes que había recibido de la Corona eran que ayudase a Pizarro, al fin indujo al tacaño gobernador a que permitiese enviarles un buque con casi los suficientes marineros para tripularlo y un pequeño acopio de provisiones. Pero con el buque se enviaron órdenes terminantes a Pizarro de volver y presentarse en el término de seis meses, ocurriera lo que ocurriese. Los que fueron a rescatarlos hallaron a los catorce valientes en la isla de Gorgona; y Pizarro pudo al fin continuar su viaje con unos cuantos marineros y un ejército de once. Dos de los catorce estaban tan enfermos que tuvieron que quedar en la isla al cuidado de indios amigos, y con el corazón apenado sus camaradas se despidieron de ellos.

Pizarro hizo rumbo al Sur. Pronto traspusieron el punto más lejano a que había llegado europeo alguno —Punta de Pasado, que era el límite de las exploraciones de Ruiz—, y se hallaron de nuevo en mares desconocidos. Después de navegar veinte días, entraron en el Golfo de Guayaquil (Ecuador), y anclaron en la bahía de Túmbez. Delante de ellos vieron una gran ciudad india con casas permanentes. La bahía azul estaba salpicada de balsas con velas indias, y en las lejanías del fondo veían elevarse los gigantescos picos de los Andes. Podemos imaginarnos la impresión que debió causar a los españoles la primera vista de aquellas montañas, que tenían más de veinte mil pies ingleses de altura.

Los indios salieron en sus balsas a contemplar a los maravillosos extranjeros, y viéndose tratados con la mayor bondad y consideración, pronto perdieron el miedo. Los españoles recibieron regalos de pollos, cerdos y baratijas; les trajeron plátanos, maíz, boniatos, piñas, cocos, caza y pescado. Puede asegurarse que estos obsequios fueron sumamente apreciados por los rudos exploradores, después de tantos meses de pasar hambre. Los indios llevaron también a bordo varias llamas, que son los cuadrúpedos característicos y más valiosos de América del Sur. El ameno, aunque mal informado historiador que ha contribuido a propagar una interesante, pero absolutamente falsa idea del Perú, dice que la llama es el carnero peruano; pero es tan carnero como la jirafa. La llama es el camello sudamericano, un verdadero camello, aunque pequeño. Es el animal de carga cuyo andar lento y seguro y cuyo paciente lomo han permitido al hombre transitar por un país tan montañoso que en algunos sitios son inservibles los caballos. Además de hacer las veces de acémila, es productor de materia textil: de él se saca el pelo que sirve para tejer las prendas de ropa que usa el pueblo. Había tres clases más de camellos: la vicuña, el guanaco y la alpaca, todos pequeños y todos apreciados por su pelo, el cual para géneros finos es superior a la lana de los mejores carneros. Los peruanos domesticaron la llama en grandes rebaños e hicieron de ese cuadrúpedo su auxiliar más importante. Eran los únicos aborígenes en las dos Américas que tenían un animal de carga antes de llegar los europeos, excepto los apaches de las llanuras y los esquimales, los cuales utilizaban los perros y los trineos.

En Túmbez, Alonso de Molina fue enviado a tierra para ver la ciudad. Volvió con tan sorprendentes informes de templos dorados y grandes fortalezas, que Pizarro no le dio crédito y envió a Pedro de Candía. Este griego, natural de la isla de Candía, era hombre importante en el pequeño grupo de españoles. En todas partes eran entonces los griegos considerados como un pueblo versado en las todavía misteriosas armas, y toda Europa respetaba a los que habían inventado el «fuego griego», ese maravilloso agente que ardía por debajo del agua y que nadie sabe fabricar hoy día. Los griegos eran generalmente conocidos como «pirotécnicos», y eran muy solicitados como maestros de artillería.

Pedro de Candía bajó a tierra con su armadura y su arcabuz, causando con ambas cosas el pasmo de los habitantes; y cuando puso una tabla como blanco y de un balazo la hizo astillas, quedaron sobrecogidos por aquel extraño ruido y por el resultado. Candía dio informes tan encomiásticos como los de Molina, y los harapientos españoles empezaron a creer que al

Felipillo es el intérprete que está a la derecha de la imagen con sombrero: lleva el nombre escrito en la manga de su chaquetilla [Felipe Guamán Poma de Ayala: *El primer nueva coronica y buen gobierno*].

fin iban a realizarse sus dorados ensueños, y con esto cobraron nuevo aliento. Pizarro rehusó delicadamente aceptar los regalos de oro, plata y perlas que le ofrecieron los aterrorizados indígenas, y de nuevo volvió la proa hacia el Sur, navegando hasta cerca del *99* de latitud. Entonces, considerando que ya había visto bastante para justificar su vuelta en busca de refuerzos, se dirigió a Panamá. Alonso de Molina y un compañero se quedaron en Túmbez a petición suya, por gustarles mucho aquella tierra. En su lugar llevose Pizarro dos jóvenes indios para que aprendiesen la lengua española. Uno de ellos, a quien dieron el nombre de Felipillo, jugó más tarde un papel importante pero ignominioso. Los navegantes se detuvieron en la isla de Gorgona para recoger a sus dos camaradas que quedaron enfermos. El uno había muerto, pero el otro se unió de buen grado a sus compañeros. Y así, con sus doce hombres, Pizarro volvió a Panamá, después de dieciocho meses de ausencia, habiendo amontonado en ese lapso todos los sufrimientos y todos los horrores de una vida entera.

Ganando terreno

Al gobernador Los Ríos no le impresionó el heroísmo de aquel pequeño grupo, y rehusó prestarle auxilio. Su situación parecía desesperada; pero el jefe no se amilanó. Determinó ir él mismo a España y dirigirse personalmente al Rey. Esta me parece a mí que fue una de sus más notables empresas. Aquel hombre, cuya niñez se deslizó entre cerdos, y que en su edad viril guardó rebaños de hombres rudos y mucho más peligrosos: que nada sabía de libros ni de etiquetas cortesanas, presentándose confiada pero modestamente en la deslumbradora y rígida corte de España, mostraba otra faceta de su alto valor. Era lo mismo que si un deshollinador de Londres fuese mañana a pedir audiencia y mercedes a la Reina Victoria[14].

Pero Pizarro supo salir de aquella, como de todas las otras crisis de su vida, de una manera honrosa. Estaba todavía sin ropa y sin un maravedí; pero Luque hizo una colecta para él de mil quinientos ducados, y en la primavera del año 1528 embarcó Pizarro para España. Llevó consigo a Pedro de Candía y algunos peruanos, con varias llamas, telas primorosamente tejidas por los indios y algunas joyas y vasijas de oro y plata para corroborar su relato. Llegó a Sevilla durante el verano, y fue en el acto encerrado en un calabozo por Enciso, en virtud de una cruel y antigua ley que por mucho tiempo prevaleció en todos los países civilizados, que permitía encarcelar por deudas. La historia de sus hechos no tardó en divulgarse, y por orden de la Corona fue puesto en libertad y llamado a la Corte. De pie ante el arrogante Carlos V, el analfabeto soldado contó su historia con tanta modestia, de un modo tan varonil y con tal claridad, que el emperador derramó lágrimas al oír el relato de tan horribles sufrimientos y se entusiasmó ante tan heroica entereza.

---

[14] El autor escribió este libro antes del fallecimiento de esta reina. (*N. del T.*)

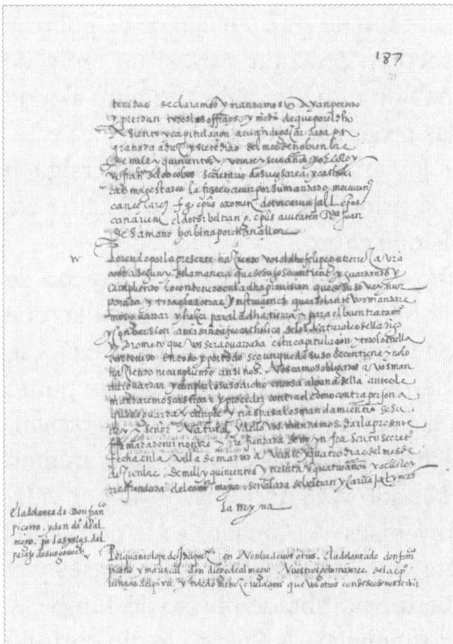

Capitulación con Francisco Pizarro y Diego de Almagro firmada por la Reina.
AGI, INDIFERENTE, 415, L.1, F.181 R-187V.

El rey estaba a punto de embarcarse para Italia en una misión importante; pero, ganado ya su corazón, dejó a Pizarro muy recomendado al Consejo de las Indias para que este le ayudase en su empresa. Aquella docta pero grave corporación se movía lentamente, como suelen moverse los hombres que solo han aprendido en libros y con teorías, y la dilación era peligrosa. Por fin la reina intervino en el asunto, y el veintiséis de julio de 1529 firmó de su propia y regia mano el precioso documento que hizo posible una de las más grandes y más brillantes conquistas que registra la historia de la humanidad. América debe mucho a las animosas reinas de España, lo mismo que a sus reyes. Recordamos lo que hizo Isabel para el descubrimiento del Nuevo Mundo, y ahora la esposa de Carlos V contribuyó de una manera igualmente honrosa al más interesante pasaje de la historia de América.

La capitulación o contrato en que dos personalidades tan diferentes y distantes figuraran al lado una de la otra: la primera firmando con letra clara: Yo *la Reina,* y el otro poniendo debajo: Francisco (X) *Pizarro,* fue la base de la fortuna de este último. El hombre que fuera víctima de la mofa y del abandono de espíritus mezquinos, que constantemente frustraran su más acariciada esperanza, se había ahora aquistado el interés y el apoyo de sus soberanos, y obtenido de ellos la promesa de un magnífico galardón; y seguros estamos de que un hombre de su calibre, tenía más lejos de su pensamiento ese galardón que la posibilidad de realizar su soñado descubrimiento. Había tenido que atraerse auxiliares con el cebo de doradas esperanzas; y era natural y justo que, al cabo de cincuenta años de pobreza y privaciones, pensase también un poco en procurar para sí un tanto de comodidad y de riqueza. Pero no ha habido ni podrá haber hombre alguno que, por mera avaricia, lleve a cabo las proezas que realizó Pizarro. Semejantes éxitos solo pueden alcanzarlos los grandes espíritus que persiguen los más altos ideales, y ciertamente la principal ambición de Pizarro era conseguir algo más noble y perdurable que el oro.

El contrato con la Corona concedió a Francisco Pizarro el derecho de fundar y establecer un imperio español en el país de Nueva Castilla, que tal fue el nombre que se dio al Perú. Se le otorgaba permiso «para explorar, conquistar, pacificar y colonizar» las tierras desde Santiago hasta un punto distante doscientas leguas al sur, y de esa vasta y desconocida nueva provincia sería gobernador y capitán general, que era el más elevado cargo militar. Se le daba además los títulos de adelantado y alguacil mayor de por vida, con un sueldo anual de 725.000 maravedises. A Almagro se le nombraba comandante de Túmbez, con una renta anual de 300.000 maravedises y el rango de hidalgo. El buen padre Luque fue nombrado obispo de Túmbez y protector de los indios con mil ducados anuales. A Ruiz se le dio el título de gran piloto de los mares del sur; Candía fue nombrado comandante de artillería, y a los otros que tan bizarramente permanecieron al lado de Pizarro en la isla solitaria, se les concedió el título de hidalgos.

A cambio de estas mercedes se le exigió a Pizarro la promesa de observar las generosas leyes españolas para el gobierno, protección y educación de los indios, y que llevara con él sacerdotes expresamente para convertir los naturales al cristianismo. Tenía además que reunir una fuerza de doscientos cincuenta hombres en seis meses, y equiparlos bien, contando con un pequeño auxilio de la Corona; y dentro de los seis meses de su llegada a Panamá, debía salir con la expedición para el Perú. También se le hizo caballero de la orden de Santiago y, elevado así de repente a la altiva nobleza de España, se le permitió añadir las armas reales a las de los Pizarros, con otros timbres conmemorativos de sus proezas: una ciudad india, con un buque en la bahía, y el pequeño camello del Perú. Esto era un sorprendente y significativo cúmulo de honores, muy difíciles de comprender para los que solo estamos habituados a las instituciones republicanas. Borró para siempre la mancilla del nacimiento de Pizarro y le dio un sitio esclarecido. Fue eso tanto más importante, por cuanto demostraba que la Corona reconocía de este modo el rango de Pizarro en la conquista de América. Cortés nunca ganó y nunca recibió tal distinción.

Esta división de honores dio pie a muy serios disgustos. Almagro jamás perdonó a Pizarro su mayor exaltamiento, y le acusó de haber procurado lo mejor para sí, egoísta y traicioneramente. Algunos historiadores se han puesto de parte de Almagro; pero tenemos fundados motivos para creer que Pizarro obró con rectitud e integridad. Como él mismo expuso, hizo cuantos esfuerzos pudo para inducir a la Corona a conceder los mismos honores a Almagro; pero la Corona se negó a ello. Pero, aun sin tener en cuenta la palabra de Pizarro, era una medida política muy prudente que la Corona rehusase esa petición. En cualquier parte, la coexistencia de dos jefes constituye siempre un peligro, y España había ya tenido en tal sentido una experiencia demasiado amarga en América, para dar lugar a una repetición. Dispuesta estaba a conceder todos los honores y dar estímulos a los brazos; pero debía haber solamente una cabeza, y ciertamente cualquiera que se fije en la diferencia mental y moral que había entre los dos hombres y en lo que fueron sus acciones y los resultados, antes y después de la regia concesión, admitirá que la Corona de España hizo favor a Almagro en su estimación y le dio ciertamente cuanto él valía. En todo el contrato se transparentan los esfuerzos de Pizarro en favor de su socio, el ingrato y después traidor Almagro, y eso lo corrobora plenamente la prolongada paciencia y la clemencia de Pizarro para con su vulgar, innoble y cada vez más empecatado camarada. No era Pizarro de esos hombres a quienes la fortuna les trastorna la cabeza. Ni lo aplastaba la adversidad, ni, lo que es más raro todavía, le embriagaba el éxito más brillante, en lo cual se elevaba a mayor altura que Napoleón, que era más grande como genio, pero menos noble como hombre. Elevado de una abyecta y prolongada pobreza al más alto pináculo de la riqueza y de la fama, Pizarro fue siempre el mismo hombre tranquilo, modesto, prudente, heroico, temeroso de Dios y agradecido a sus beneficios. El éxito solo contribuyó a hacer más vil la naturaleza de Almagro, y su fin fue ignominioso.

Después de firmar su contrato con la Corona, Pizarro sintió el anhelo de visitar los lugares en que transcurriera su niñez. Aun cuando esta fuera infelicísima, sentía una varonil satisfacción en volver a contemplar aquellos lugares. Y el harapiento rapaz que dejara sus cerdos en Trujillo, volvió allí siendo un héroe ennoblecido, de cabello cano y de fama imperecedera. No creo que fuese allá por un alarde de vanagloria ante los que pudieron recordarle. Esto no era propio del carácter de Pizarro, el cual nunca dio muestras de vanidad ni de orgullo. Era liberal, modesto, generoso, como el valiente Crook, el más grande y el mejor de nuestros conquistadores de los indios, el cual nunca estaba más a gusto que cuando andaba entre sus tropas sin que en su uniforme ni en sus maneras se pudiese ver que era un mayor general del ejército de los Estados Unidos y no un pobre *scout* o cazador. No; lo que llevó a Pizarro a Trujillo fue lo que había en él de hombre, o tal vez un rasgo del niño que siempre queda en esos grandes corazones. Por supuesto, el pueblo se regocijó honrando al héroe de ese cuento fantástico, que tal parece la historia de sus hechos. Pero con seguridad que el bizarro general se alegraba de evadirse algunas veces de sus visitas, para ir a recorrer las lomas donde había guardado cerdos muchos años antes, y a contemplar los mismos árboles y riachuelos, y tal vez a otro harapiento e ignorante muchacho pastoreando bulliciosos puercos. Bien pudo haberse pellizcado para cerciorarse de que realmente estaba despierto; de que aquel rapaz que veía allá a lo lejos no era él, Francisco Pizarro, vestido de harapos en medio de sus cerdos, y de que aquel caballero canoso, afamado, que tanto había viajado y tantos honores recibido, no era un sueño, como tampoco los años que habían transcurrido. Y era él hombre capaz, sintiéndose despierto, de ir a sentarse sobre el césped junto al desarrapado porquerizo y decirle bondadosamente: «¿Cómo vamos, amigo?». Y cuando el asombrado y asustado mozuelo balbucease o tratase de huir del primer gran personaje que le había dirigido la palabra, Pizarro le hablaría con tanto cariño y le contaría cosas tan maravillosas, que el pobre rapaz le miraría con esa adoración al héroe que es uno de los más puros y más alentadores impulsos de nuestra naturaleza, pensando si podría él llegar a ser algún día un personaje como aquel arrogante caballero que tranquilamente le había dicho: «Sí, hijo mío; yo también guardé puercos en este sitio». Cuanto más pienso en ello, por lo que sabemos de Pizarro, más seguro estoy de que realmente fue a visitar los antiguos pastos y los cerdos y los ignorantes porqueros, y de que habló con ellos sencilla y afablemente, y que les impresionaría de tal modo, que resolvieron hacer algo mejor de lo que haciendo estaban.

Pero el interés que en todas partes se atraía Pizarro no trajo reclutas a su bandera tan aprisa como él deseaba. Muchos preferían admirar al héroe, que llegar a ser héroes a costa de semejantes padecimientos. Entre los que le siguieron estaban sus hermanos Hernando, Gonzalo y Juan, que debían figurar de un modo prominente en el Nuevo Mundo, si bien hasta entonces nunca se había oído mentar sus nombres. Hernando, el mayor de los cuatro, era el único hijo legítimo y recibió mucho mejor educación. Pero era también el peor, y como no profesaba los principios estrictos de Francisco, terminó de un modo lastimoso. Juan era una figura simpática, y se distinguió por su carácter varonil y su valor; murió prematuramente. Gonzalo era un verdadero caballero andante, intrépido, liberal y caballeroso, y llegó a ser tan querido en el Nuevo Mundo por los soldados que le seguían como por los indios que conquistaba. Hizo una de las marchas más increíbles de que hay memoria, y probablemente hubiera adquirido gran fama, si la muerte de su hermano y guía Francisco no le hubiese hecho caer en manos de malos consejeros como el pícaro Carvajal, quienes llevándole por mal camino lo empujaron hacia su ruina. Pero, si bien los hermanos no eran malvados, ni cobardes, ni tontos, ninguno podía compararse con Francisco. Era este uno de los raros ejemplares que se ha hallado esparcidos y muy distanciados por el camino del mundo. Poseía no tan solo las cualidades de los héroes y que, por fortuna, son muy comunes, sino también la intuición y la certera finalidad del genio. Con menos perspicacia que Napoleón, porque era menos instruido, pero tan grande como él en su decisión, y más grande que él por sus principios, fue uno de los hombres más insignes de todas las edades.

Diego de Almagro en *Historia General de los hechos de los castellanos en las islas y Tierra Firme del Mar Océano.*

Pero, volviendo a nuestro relato, pasaron los seis meses, y todavía le faltaba completar los doscientos cincuenta voluntarios que necesitaba. El Consejo estaba a punto de revistar el contingente; pero Pizarro, por temor de que, ateniéndose estrictamente a la letra de la ley, pudiese aquel impedirle la consumación de sus grandes planes simplemente por la falta de unos cuantos hombres, y desesperado al pensar en una nueva demora, no quiso aguardar el permiso oficial para salir, sino que soltó amarras y se hizo a la mar secretamente en enero de 1530. No fue realmente correcta semejante determinación; pero estaba convencido de que mucho se arriesgaba por un mero tecnicismo y de que él cumplía con el espíritu ya que no con la letra de la ley. Es evidente que la Corona lo comprendió también así, puesto que ni se le mandó a buscar ni se le impuso un castigo. Después de un viaje pesado llegó salvo a Santa Marta. Allí sus nuevos soldados se asustaron al saber que iban a encontrar grandes serpientes y caimanes, y un gran número de los más pusilánimes desertó. También Almagro levantó un clamoreo, diciendo que Pizarro le había robado los honores que le correspondían; pero Luque y Espinosa pacificaron a los revoltosos, ayudados por el espíritu generoso de Pizarro. Este convino en nombrar a Almagro adelantado y en pedir a la Corona que confirmase el nombramiento. También prometió mirar por él antes que por sus propios hermanos.

Al comenzar enero de 1531, Francisco Pizarro salió de Panamá en su tercero y último viaje hasta el Sur. Tenía en sus tres buques ciento ochenta hombres y veintisiete caballos. No era, en verdad, un ejército imponente para explorar y conquistar un gran país; pero fue todo lo que pudo reunir, y Pizarro estaba empeñado en hacer la prueba. Llevó a cabo la verdadera conquista del Perú con un puñado de rudos héroes; pero de todos modos lo hubiera intentado, y es muy posible que hubiese salido airoso de la ardua empresa aun cuando no hubiese tenido más que cincuenta soldados; porque, después de todo, él fue quien conquistó el Perú, más que sus ciento ochenta hombres. Almagro quedó otra vez en Panamá tratando de reclutar voluntarios.

Pizarro intentaba navegar en derechura a Túmbez y allí efectuar el desembarco; pero las tormentas hicieron retroceder los frágiles buques, y se vio obligado a cambiar de plan. Después de navegar trece días, desembarcó en la bahía de San Mateo, y condujo a sus hombres por tierra mientras los buques iban costeando hacia el Sur. Fue aquella una marcha sumamente difícil en tan inhospitalaria costa, y apenas podían los hombres avanzar dando tumbos. Pero Pizarro les servía de guía y los animaba con palabras y con su ejemplo. Como en otras ocasiones y en todas partes, tenía esta vez que llevar a su gente. Sin duda tenían tan buenas piernas como él, aun cuando debió ser Pizarro de constitución muy robusta; pero hay un músculo mental que es más duro y más resistente y que ha sostenido a muchos cuerpos vacilantes; el músculo del arrojo. Y el arrojo de Pizarro no ha sido sobrepujado en el mundo. Casi puede decirse que tenía que llevar a su ejército sobre los hombros.

Aun cuando la región era selvática, tenía riqueza mineral. Según dice Pedro Pizarro, historiador del siglo XVI y pariente de Francisco, este recogió doscientos mil «castellanos»[15] de oro, que envió a Panamá en sus

[15] Moneda del valor de un peso duro.

buques para que hablasen por él. Era la clase de argumento que los rudos aventureros del istmo podían entender, y él confiaba que su lógica amarilla le atrajese voluntarios. Pero, mientras los buques realizaban esa importante misión, el pequeño ejército sufría lo indecible caminando penosamente por la costa. Las movedizas arenas, el calor tropical, el peso de sus armas y de la armadura, eran casi insoportables. Estalló una extraña y horrible peste, y muchos perecieron. El país se hizo más y más inhabitable, y de nuevo perdieron toda esperanza aquellos pacientes soldados. En Puerto Viejo se les juntaron treinta hombres al mando de Sebastián de Belalcázar, el cual después se distinguió yendo a caza de aquella áurea mariposa que tanto persiguieron hasta morir y nadie llegó a alcanzar: el mito de El Dorado. Avanzando siempre, Pizarro cruzó por fin la isla de Puna, para dar descanso a sus desgarbados hombres y prepararlos para la conquista. Los indios de la isla intentaron traicionarlos, y cuando sus cabecillas fueron presos y castigados, todo el enjambre de naturales cayó ferozmente sobre el campamento de los españoles. Fue una lucha muy desigual; pero al fin el valor y la disciplina pudieron más que la fuerza bruta, y los indios fueron derrotados. Muchos españoles quedaron heridos, entre ellos Hernando Pizarro, el cual recibió una herida de venablo de mal cariz en una pierna. Pero los indios no les dieron punto de reposo y les hostilizaban constantemente, apoderándose de los que se desviaban y teniendo al campamento en continua alarma. Entonces llegó oportunamente un refuerzo de cien hombres, con unos cuantos caballos al mando de Hernando de Soto, el heroico pero infortunado jefe que más tarde exploró el Misisipi.

Con este refuerzo, Pizarro cruzó de nuevo al continente sobre unas balsas. Los indios le disputaron el paso, mataron a tres hombres en una de las balsas y desprendieron otra balsa, aprisionando a los soldados que en ella iban. Hernando Pizarro había ya desembarcado, y aun cuando se interponía un peligroso lodazal, espoleó su caballo, que lo atravesó hundiéndose hasta los ijares, y seguido de unos cuantos compañeros, rescató a los prisioneros que estaban en peligro.

Entrando en Túmbez, los españoles hallaron aquella linda población desguarnecida y desierta. Alonso de Medina y su compañero habían desaparecido, y nunca se supo la suerte que corrieron. Pizarro dejó allí una pequeña fuerza, y en mayo de 1532 marchó tierra adentro, enviando a Soto con un pequeño destacamento a explorar la base de los gigantescos Andes. Desde su primer desembarco, Pizarro impuso la más estricta disciplina. Sus soldados debían dar a los indios buen trato, so pena de los más severos castigos. No debían ni siquiera entrar en un hogar indio, y si se atrevían a desobedecer este mandato eran rígidamente castigados. Este régimen liberal y bondadoso para con los indios lo adoptó Pizarro desde un principio, y lo mantuvo con firmeza.

Después de emplear tres o cuatro semanas en exploraciones, Pizarro escogió un sitio en el valle de Tangara y fundó allí la ciudad de San Miguel. Construyó una iglesia, un almacén, una sala de justicia, un fuerte y varias viviendas, y organizó un gobierno. El oro que habían recogido lo envió a Panamá, y esperó varias semanas a que llegasen voluntarios. Pero no llegó ninguno, y era evidente que tenía que abandonar la conquista del Perú o emprenderla con el puñado de hombres que le seguían. No le tomó a Pizarro mucho tiempo el decidirse por una de las dos alternativas. Dejando cincuenta soldados al mando de Antonio Navarro para guarnecer San Miguel, y dictando rigurosas leyes para la protección de los indios, marchó Pizarro el 24 de septiembre de 1532 al interior de aquel vasto y desconocido país.

El Perú tal como era

Ahora que hemos seguido a Pizarro hasta el Perú, ahora que va a conquistar la tierra maravillosa que tan incomparables contrariedades y sufrimientos le costó encontrar, debemos detenernos un momento para decir cómo era aquel país. Esto es tanto más necesario cuanto que se han propalado por el mundo tan falsos y tan disparatados relatos acerca del «Imperio del Perú» y del «Reino de los Incas» y otras sandeces por el estilo. Para comprender lo que fue la conquista tenemos que saber antes lo que había que conquistar, y para ello es necesario esbozar en pocas palabras la pintura del Perú, tal como nos la han dado con su autoridad algunos historiadores grotescamente equivocados, y decir después cómo era realmente el Perú, según se ha demostrado gracias a modernas investigaciones.

Nos han contado que el Perú era un gran imperio, rico, populoso y civilizado, gobernado por una larga serie de reyes, que se llamaban Incas; que tenía dinastías y nobleza, trono y corona y corte; que sus reyes conquistaban vastos territorios y civilizaban a los vecinos salvajes que conquistaban, por medio de sabias leyes y de escuelas y de otros instrumentos de economía política; que tenían caminos militares mucho mejores que los que construyeron los romanos, de mil millas de longitud y con prodigioso pavimento y varios puentes; que aquella portentosa raza creía en un Ser Supremo; que el rey y todos los que tenían sangre real en sus venas eran inconmensurablemente superiores al común del pueblo, pero que eran bondadosos, justos, paternales e ilustrados; que había regios palacios en todas partes; que tenían canales de cuatrocientas o quinientas millas de largo, y ferias regionales y representaciones teatrales de tragedias y comedias; que tallaban esmeraldas con herramientas de bronce, arte que es hoy desconocido; que el gobierno verificaba censos y educaba a las masas; y que, así como la política de los aborígenes de México era la política del odio, la de los reyes

Incas era una política de amor y de suavidad. Sobre todo, se nos ha hablado mucho del largo linaje de monarcas incas, la familia real cuyo último gran rey, Huayna Capac, murió poco antes de la llegada de los españoles. Se le representaba repartiendo el trono entre sus hijos Atahualpa y Huáscar, quienes pronto pelearon y empezaron una guerra cruel y fratricida con ejércitos y otros procedimientos de pueblos civilizados. Entonces, se nos dice, llegó Pizarro y se aprovechó de esa guerra intestina; azuzó a un hermano contra el otro, y así pudo al fin conquistar el imperio.

Todo esto, con otras mil cosas igualmente ridículas, inexactas e imposibles, es parte de uno de los romances históricos más fascinadores pero más erróneos que se han escrito. Nunca hubiera salido de pluma alguna si entonces se hubiese conocido la hermosa y exacta ciencia de la etnología. Esa idea del Perú que por tanto tiempo ha prevalecido, se basaba en la más supina ignorancia de aquel país, y, sobre todo, de los indios de todas partes. Porque hay que recordar que aquellos sorprendentes seres, cuyo imaginado gobierno deja tamañita a cualquiera nación civilizada y moderna, no eran más que indios. No quiero decir con esto que los indios no sean hombres, con todas las emociones y sentimientos y derechos de los hombres, derechos que ojalá hubiésemos protegido nosotros con tan honroso cuidado como lo hizo España. Pero los indios del Norte y los del Sur de América

se parecen mucho en su organización social, religiosa y política, y son muy distintos de nosotros. Los peruanos ciertamente estaban algo más adelantados que cualesquiera otros indios de América; pero de todos modos eran indios. No tenían una idea correcta de un Ser Supremo, sino que adoraban una deslumbradora multitud de dioses y de ídolos. No tenían rey, ni trono, ni dinastía, ni sangre real, ni nada que fuese regio. Todas estas cosas eran aún más imposibles entre los indios de lo que serían ahora en nuestra propia república. Ni había, ni podía haber, siquiera una nación. La vida de los indios es esencialmente de tribus. No solamente no puede haber un rey entre ellos, ni nada que se parezca a un rey, sino que ni conocen lo que es herencia, a no ser como algo de que conviene precaverse. El jefe (y ni siquiera reconocen un jefe supremo) no puede trasmitir su autoridad a su hijo ni a otro individuo alguno. El sucesor lo elige el consejo de oficiales encargados de ello. Donde no hay reyes no puede haber palacios, y no los había en el Perú. En cuanto a ferias y escuelas y otras cosas por el estilo, son tan inexactas como imposibles. No había Corte, ni Corona, ni nobleza, ni censos, ni teatros, ni nada que remotamente indicase que había habido algo de todo eso; y por lo que hace a los Incas, no eran reyes, ni siquiera gobernantes, sino simplemente una tribu de indios. Eran los únicos de esta raza en ambas Américas que sabían fundir, y esto les permitía hacer toscos ornamentos e imágenes de oro y plata; así es que su país era el más rico del Nuevo Mundo, y realmente hacían alarde de un notable aunque barbárico esplendor. Los templos de sus ciegos dioses brillaban con ornamentos de oro, y los indios se adornaban con profusión de metales preciosos, así como nuestros Navajos y Pueblos en Nuevo México y Arizona aun hoy llevan libras y más libras de adornos de plata. También hacían herramientas de bronce, algunas de las cuales eran de muy buen temple; pero eso no era un arte, sino tan solo un accidente. Nunca se hallaban dos de sus utensilios que tuviesen la misma aleación; el artífice indio lo hacía al buen tuntún, y por cada herramienta que le salía bien por casualidad, tenía que desechar muchas por malas.

Eran los Incas una de las tribus peruanas, débiles al principio y muy asendereados por sus vecinos. Al fin, arrojados de sus antiguos lares, dieron con un valle que era una fortaleza natural. Allí construyeron la ciudad de Cuzco (pues construían ciudades lo mismo que nuestros indios Pueblos, solo que las suyas eran mejores). Entonces, cuando hubieron fortificado los dos o tres pasos por donde únicamente podía llegarse a aquella hondonada de los Andes, se consideraron seguros. Sus vecinos ya no podían penetrar allí para matarles y robarles. Con el tiempo llegaron a ser numerosos y confiados, y como todos los demás indios (y algunos blancos), entonces empezaron a salir a matar y robar a sus vecinos. En esto se daban muy buena maña, porque tenían un lugar seguro adonde retirarse y, sobre todo, porque sus pequeños camellos podían transportarles subsistencias para permanecer algún tiempo fuera de su escondrijo. Habían domesticado la llama, lo cual no había hecho ninguna de las tribus vecinas, excepto los Aymaros, y esto dio a los incas una enorme ventaja. Podían salir de su seguro valle en gran número, con provisiones para un mes o más, y sorprender alguna aldea. Si eran batidos, se escondían por las montañas, viviendo con las municiones de su recua y hostilizando y atacando constantemente a los aldeanos hasta aburrirlos. Vemos, pues, el gran servicio que el pequeño camello prestó a los Incas. Les permitió hacer la guerra de un modo que hasta entonces no lo hicieran los otros indios de América. Con esta ventaja y de este modo, esta tribu guerrera había llevado a cabo lo que pudiéramos llamar una «conquista» sobre una extensa comarca. Las otras tribus vieron que les tenía más cuenta cejar al fin y pagar a los Incas para que las dejasen tranquilas.

Estos construyeron almacenes en cada uno de tales sitios, y pusieron un oficial en todos ellos, para la cobranza del tributo impuesto a la tribu conquistada. Esas tribus nunca se mezclaron. No podían entrar en Cuzco, y los

Viñetas que ilustran el libro de Pedro Cieza de León: *Parte primera de la chronica del Perú: que tracta la demarcación de sus prouincias, la descripción dellas, las fundaciones de las nueuas ciudades, los ritos y costumbres de los indios…*

Incas no iban a vivir entre ellos. No constituían, pues, una nación, sino un conglomerado de tribus indias sujetas por el miedo a una tribu más fuerte.

La organización de los Incas era, hablando en general, igual a la de cualquiera otra tribu india. El oficial más prominente en semejante tribu era naturalmente el que tenía a su cargo la dirección de los combates, esto es, el jefe de los guerreros. Era el que mandaba en la guerra; pero en los otros ramos del gobierno distaba de ser el único o el hombre de más alto rango. Y eso es sencillamente lo que fueron Huayna Capac y todos esos fabulosos reyes Incas; capitanes guerreros con la misma influencia que tienen varios capitanes de guerra indios que conozco personalmente en Nuevo México.

Los hijos de Huayna Capac eran también capitanes guerreros indios, y nada más; con la particularidad de que eran jefes guerreros de distintas tribus, rivales y enemigas. Atahualpa bajó desde Quito con sus guerreros indios y tuvo varios combates, haciendo finalmente prisionero a Huáscar, a quien encerró en el fuerte indio de Jauja.

Así se hallaban las cosas cuando Pizarro se dirigió al interior. Y para que no se confunda el lector con la aserción de que los historiadores españoles explicaban de distintos modos la situación del Perú, conviene hacer otra aclaración. Los cronistas españoles ni decían más mentiras ni cometían más equivocaciones que nuestros propios exploradores que vinieron más tarde y escribieron con seriedad acerca del *rey* indio Philip, del *rey* indio Powhatan y de la *princesa* india Pocahontas. La etnología era entonces una ciencia desconocida. Ninguno de aquellos antiguos escritores comprendía la organización característica de los indios. Veían un hombre ignorante, desnudo, supersticioso, que mandaba a sus ignorantes secuaces y era persona de autoridad, y le llamaron «rey» porque no sabían qué otro nombre darle. Lo mismo hicieron los españoles. En aquella época no tenía el mundo más que una pequeña regla para medir los gobiernos y las organizaciones; y por muy ridículas que nos parezcan sus medidas, no era posible entonces medir mejor. No; las equivocaciones de los cronistas españoles eran tan sinceras y tan ignorantes como aquellas en que incurriera Prescott tres siglos después, y a la verdad, no eran tan absurdas.

El Perú, sin embargo, era un país muy prodigioso para haber sido formado por simples indios desprovistos hasta de una organización o un espíritu nacional, que es el primer requisito para formar nación. Sus «ciudades» eran importantes, y en su construcción notábase bastante pericia; las granjas eran mejores que las de nuestros Pueblos, porque eran allí indígenas la patata y otras plantas alimenticias entonces desconocidas en nuestra región del sudoeste, y estaban regadas por el mismo sistema de irrigación que era común a todas las tribus sedentarias. Eran los únicos indios que se dedicaban al pastoreo, y sus grandes rebaños de llamas eran un importante venero de riqueza; mientras que los géneros de lana de camello que ellos mismos tejían, no desdeñaban usarlos las empingorotadas damas españolas. Y sobre todo, sus toscos hornos de fundición les permitían presentar cierta pompa deslumbradora, que no era de esperar entre indios americanos; la verdad, nos causaría sorpresa entrar en las iglesias de cualquier ciudad del mundo y hallarlas tan esplendentes con placas, imágenes y netos de oro, como eran algunos de sus barbáricos templos. No podemos afirmar que nunca hiciesen sacrificios humanos; pero esos horrendos ritos eran raros y no podían compararse con los horrores que a diario llevábanse a cabo en México. En los sacrificios ordinarios la llama era la víctima.

Hacia la fortaleza de esa extraordinaria tribu india, se dirigía Pizarro al frente de su escasa tropa.

La conquista del Perú

Positivamente ningún ejército salió jamás a luchar con tan desproporcionadas desventajas. Contra innumerables miles de peruanos, tenía Pizarro ciento setenta y siete hombres. De estos, solo sesenta y siete iban montados. En toda la fuerza no había más que tres cañones; y solo veinte hombres tenían siquiera ballestas: todos los demás iban armados de espadas, dagas y lanzas. ¡Linda hueste, en verdad, para conquistar lo que era un imperio en vastedad, ya que no en organización!

A los cinco días de marcha desde San Miguel, Pizarro hizo alto para descansar. Allí notó señales de descontento entre su gente, y adoptó un remedio característico de su genio. Haciendo formar a sus hombres, les habló en términos amistosos. Díjoles que deseaba que San Miguel estuviese mejor defendido, pues era muy pequeña la guarnición que allí había quedado. Si algunos de los presentes preferían no seguir adelante, ni afrontar los peligros desconocidos que hallarían tierra adentro, quedaban en libertad de retroceder para reforzar la guarnición de San Miguel, donde tendrían derecho a las mismas mercedes de terreno que los otros, además de participar en los beneficios de la conquista.

Fue una medida audaz y, sin embargo, prudente. Cuatro infantes y cinco jinetes dijeron que se volverían a San Miguel; y, en efecto, se volvieron, mientras que ciento sesenta y ocho leales siguieron adelante, prometiendo de nuevo seguir a su intrépido jefe hasta el fin.

Soto, que había estado explorando por espacio de ocho días, volvió entonces acompañado de un mensajero que enviaba el capitán guerrero de los Incas, Atahualpa. Traía el indio presentes, e invitó a los españoles a visitar a Atahualpa, que estaba acampado con sus bravos en Caxamarca. Felipillo, el joven indio de Túmbez que fue a España con Pizarro para aprender el español, prestó ahora útil servicio como intérprete, y por su mediación pudieron los españoles conversar con los Incas. Pizarro trató al mensajero con su acostumbrada afabilidad, y lo despidió con regalos, marchando después peñas arriba en dirección de Caxamarca. Uno de los indios declaró que Atahualpa trataba simplemente de atraer a los españoles a su fortaleza para destruirlos sin tomarse el trabajo de salir a su encuentro, lo cual era verdad; y otro indio declaró que el jefe Inca tenía a su mando una fuerza que no bajaba de cincuenta mil hombres. Pero sin arredrarse, Pizarro envió un indio adelante para hacer un reconocimiento, y siguió marchando por los temibles pasos de la cordillera, alentando a sus hombres con una de sus características arengas. Díjoles:

> Tened todos ánimo y valor para hacer lo que espero de vosotros y lo que deben hacer todos los buenos españoles, y no os alarméis por la multitud que dicen tiene el enemigo ni por el número reducido en que estamos los cristianos. Que aunque fuésemos menos y el ejército contrario fuese más numeroso, la ayuda de Dios es mayor todavía; y en la hora de la necesidad Él ayuda y favorece a los suyos, para desconcertar y humillar el orgullo de los infieles, y atraerles al conocimiento de nuestra Santa Fe.

Al oír este animoso discurso, los hombres gritaron que le seguirían adondequiera que les llevase. Pizarro se puso al frente con cuarenta jinetes y sesenta infantes, dejando a su hermano Hernando que hiciese alto con los hombres restantes hasta nueva orden. No era juego de niños el trepar por aquellos terribles pasos. Los jinetes tuvieron que desmontar, y aun así, con dificultad podían llevar sus caballos por aquellas alturas. Los angostos senderos serpeaban por debajo de salientes riscos y bordeaban sombrías quebradas, estrechas hendiduras de millares de pies de profundidad, en las que el resalto que formaba la roca tenía apenas el ancho suficiente para arrastrarse por él. Dominaban el paso dos imponentes fuertes de piedra; pero afortunadamente estaban abandonados. Si los hubiese ocupado el enemigo, estaban perdidos los españoles; pero Atahualpa quiso dejarles penetrar en su trampa, en la confianza de que una vez dentro los aplastaría fácilmente. Cuando llegaron los españoles a lo alto del paso, mandaron a buscar a Hernando, el cual subió con su gente. Llegó entonces un mensajero de Atahualpa con regalo de llamas, y casi al mismo tiempo volvió el espía indio que envió Pizarro y reiteró que Atahualpa intentaba traicionarles.

El mensajero peruano explicó de un modo plausible los movimientos sospechosos que había relatado el espía. Su explicación distaba de ser satisfactoria; pero Pizarro era demasiado listo para mostrar su desconfianza. Solo podían salvarse aparentando tranquilidad.

Los españoles sufrieron mucho frío al doblar aquella empinada sierra, y hasta la misma bajada por la vertiente oriental de la cordillera se les hizo sumamente dificultosa. Al séptimo día llegaron a la vista de Caxamarca situada en su lindo valle ovalado, que era una hondonada de gran extensión. A lo lejos y a un lado estaba al campamento del jefe guerrero Inca y de su ejército, que cubría una vasta superficie. El día 15 de noviembre de 1532, los españoles entraron en la ciudad. Hallábase enteramente desierta, lo cual era de muy ominoso agüero. Pizarro hizo alto en la gran plaza cuadrada o comunal, y envió a Soto y Hernando Pizarro con treinta y cinco jinetes al campo de Atahualpa para pedirle una entrevista. Hallaron al jefe Inca rodeado de una pompa que les pasmó; y no menos les impresionó el número abrumador de guerreros que vieron en el campamento. A su solicitud, contestó Atahualpa que aquel día estaba guardando ayuno por ser día sagrado (lo cual ya era una circunstancia sospechosa); pero que al día siguiente visitaría a los españoles en la ciudad. «Ocupad las casas de la plaza», les dijo; «y no entréis en ninguna otra. Aquella son para el uso de todos. Cuando yo vaya, daré órdenes acerca de lo que hay que hacer».

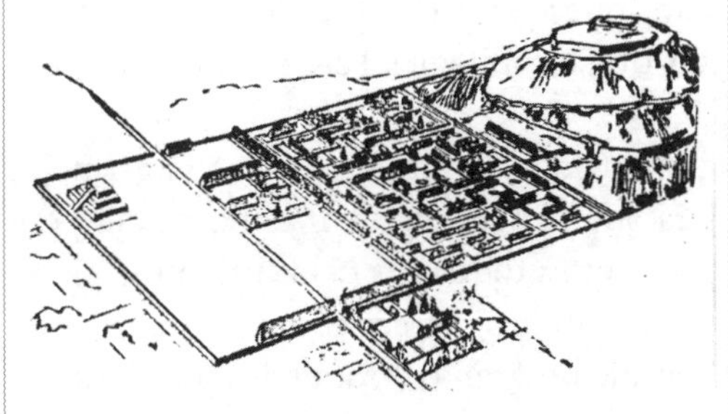

Reconstrucción hipotética de la Plaza Inca de Cajamarca, según Harth Terré

Reconstrucción de la Cajamarca que ganó Pizarro y grabado de Guamán Poma.

Los peruanos, que nunca habían visto un caballo, quedaron atónitos al contemplar aquellos extranjeros montados, y aun más se encantaron cuando Soto, que era un gran jinete, mostró su habilidad con algunas proezas, no por vano alarde, sino porque era de mucha importancia el causar impresión a aquellos innumerables bárbaros con las peligrosas habilidades de los extranjeros.

Los acontecimientos del día siguiente merecen especial mención, puesto que ellos y sus consecuencias directas han dado pie a la injusta imputación que se ha hecho a Pizarro de ser un hombre cruel. Los verdaderos hechos lo justifican plenamente.

En la mañana del 16 de noviembre, después de una noche de gran ansiedad, los españoles se levantaron al despuntar el alba. Entonces vieron claramente que se habían metido en la trampa, y que había una probabilidad contra ciento de que pudiesen salir de allí. Su espía indio había sido veraz en sus avisos. Allí estaban, acorralados en la ciudad ciento setenta y ocho hombres, y a poca distancia había innumerables millares de indios. Pero, y esto era peor todavía, vieron que les habían cortado la retirada; porque durante la noche Atahualpa había situado una gran fuerza entre ellos y el paso por donde habían entrado. Estaban, pues, en una situación enteramente desesperada: no podía salvarles más que un milagro. Pero el milagro estaba a mano: era Pizarro.

Por una de las sabias disposiciones de la naturaleza, las mentes mejor equiparadas piensan mejor y más rápidamente cuando más necesitan pensar aprisa y bien. En el momento supremo todos los pensamientos que se amontonan y confunden en el excitado cerebro, parece como si se apartasen de repente para dejar un claro por donde un gran pensamiento pueda saltar, como el corredor que llega a la meta, o bien como el rayo que hiende el aire manso, mientras su fuego se precipita abriéndose paso. Las personas más inteligentes tienen a veces ese relampagueo mental, y cuando se puede confiar en que ha de aparecer e iluminar al instante las crisis más obscuras, es la intuición del genio. Eso es precisamente lo que hizo de Napoleón todo un Napoleón, y de Pizarro todo un Pizarro.

Había necesidad de formular con maravillosa rapidez un pensamiento que fuese casi sobrehumano. ¿Cómo podían vencerse aquellas terribles desventajas?

¡Ah! Pizarro dio con ello. Él no sabía, como sabemos ahora, las razones supersticiosas que hacían que los indios reverenciasen tanto a Atahualpa; pero sí sabía que existía esa influencia. Algo de lo que Pizarro era para los españoles, era para los peruanos su capitán guerrero: no tan solo era su jefe militar, sino que literalmente era «en sí toda una hueste». Pues bien, si él podía hacer prisionero a aquel cacique traidor, esto haría disminuir muchas de las desventajas; en realidad equivaldría de un modo incruento a quitar a los enemigos algunos millares de hombres. Además, Atahualpa quedaría en rehén para responder de la paz de su tribu. Y como único medio de salvación, Pizarro resolvió aprisionar al cacique.

Empezó en el acto a hacer preparativos para este brillante golpe estratégico. La caballería, dividida en dos grupos, mandados por Hernando de Soto y Hernando Pizarro, se ocultó en dos espaciosos zaguanes que daban a la plaza. En un tercer zaguán se colocó la infantería, y Pizarro, con veinte hombres, ocupó una posición en otro punto ventajoso. Pedro de Candía, con la artillería —dos pequeños falconetes—, se había situado en lo alto de un fuerte edificio. Pizarro dirigió entonces a sus soldados una fervorosa arenga, y después de una rogativa a Dios para que les amparase y librase de todo mal, la pequeña fuerza esperó al enemigo.

Casi había transcurrido el día cuando Atahualpa entró en la ciudad sentado en una silla de oro que llevaban en hombros sus servidores. Había prometido hacerles una visita amistosa e ir desarmado; pero era de notar que aquella visita amistosa la hizo acompañado de un séquito de varios miles de atléticos guerreros. Ostensiblemente iban desarmados; pero debajo de sus mantos llevaban ocultos arcos, machetes y mazas. Atahualpa no pudo resistir a la curiosidad, aun cuando habíase mostrado indiferente. Aquella nueva clase de hombres era demasiado interesante para exterminarlos en el acto. Quería verlos más, y así fue a ellos; pero sumamente confiado, como pudiera estarlo un niño cruel con una mosca. Observaría por un rato sus aleteos y zumbidos, y cuando se cansase de ellos no tenía más que extender el pulgar y aplastar la mosca sobre el vidrio de la ventana. Pero no contaba Atahualpa con la huéspeda. Ciento setenta cuerpos españoles podían ser fácilmente aplastados; pero no cuando los animaba un espíritu como el de su jefe.

Aun en aquel instante estaba Pizarro dispuesto a adoptar procedimientos pacíficos. El bueno de fray Vicente de Valverde, capellán del pequeño ejército, se adelantó a recibir a Atahualpa. Hacían un raro contraste el modesto misionero con su hábito gris y su manoseada Biblia en la mano, frente al astuto indio sentado en su trono de oro, cubierto de adornos del mismo metal y con un collar de esmeraldas. El padre Valverde le dirigió la palabra. Le dijo que venían como servidores de un poderoso rey y del verdadero Dios. Venían como amigos, y todo lo que pedían era que el cacique abandonase sus ídolos y adorase a Dios, y aceptase al rey de España como aliado suyo y no como soberano.

Atahualpa, después de examinar curiosamente la Biblia (pues por de contado no había visto antes libro alguno), la dejó caer y contestó al misionero con brevedad y casi con insolencia. Las exhortaciones del padre Valverde solo contribuyeron a irritar al indio, y sus palabras y su gesto se volvieron más amenazadores. Atahualpa mostró el deseo de ver la espada de uno de los españoles, y este se la enseñó. Entonces quiso él desenvainarla; pero el soldado, con mucha prudencia, se lo impidió. El padre Valverde no recomendó entonces una matanza, como se le ha imputado; solamente informó a Pizarro del fracaso de sus esfuerzos conciliatorios. Había llegado la hora. Atahualpa podía dar el golpe en cualquier momento, y si él era el primero en darlo, no había esperanza alguna para los españoles. Su única salvación estaba en adelantársele y coger por sorpresa a los que sorprenderles querían. Pizarro hizo una señal con su trena a Candía, y el ridículo cañoncito de la azotea retumbó de uno a otro extremo de la plaza. No hirió a nadie, ni fue esa la intención al dispararlo, sino únicamente aterrorizar a los indios, que nunca habían oído un cañonazo, y dar la señal a los españoles. La exactitud del relato que han hecho algunos historiadores de cómo «el humo de la artillería llenó la plaza de nubes sulfurosas, que cegaron a los peruanos y esparcieron una densa lobreguez», puede juzgarse teniendo presente que toda esa mortífera nube debía salir de los cañoncetes que se transportaban a lomo de caballo por aquellas montañas, y de tres viejos fusiles de chispa. Sin embargo, de este ridículo modo se han descrito muchos de los incidentes de la conquista.

No menos falsas y disparatadas son las descripciones corrientes de la «matanza» que siguió. Los españoles salieron todos al oír la señal, cayeron sobre los indios y finalmente los desalojaron de la plaza. Nos resistimos a creer que murieron dos mil, pues calculando cuántos indios puede matar un hombre con una espada o un mosquete o una ballesta en media hora de lucha a todo correr, y multiplicando ese factor por ciento sesenta y ocho, veremos que no es de dos mil, sino de doscientos, el número más probable de los muertos en Caxamarca.

El principal empeño de los españoles no era precisamente matar, sino rechazar a los otros indios y hacer prisionero a Atahualpa. Pizarro había dado severas órdenes de no causar daño al cacique. No quería matarle, sino únicamente retenerlo vivo en rehenes, para que respondiera de la conducta pacífica de su tribu. La guardia de corps del jefe indio hizo una fuerte resistencia, y un español, en su excitación, lanzó a Atahualpa un arma arrojadiza. De un salto Pizarro se puso delante y recibió la herida en un brazo, salvando así la vida al cacique. Por fin se apoderaron de Atahualpa, ileso, y lo encerraron en uno de los edificios bajo la vigilancia de una fuerte guardia. Él confesó —con una de esas bravatas características de los indios, cuya costumbre tradicional es demostrar su valor ofendiendo al que los hace prisioneros— que les había dejado entrar en la ciudad, sintiéndose seguro por sus más numerosas fuerzas, con el fin de hacer esclavos a los que mejor le cuadrase y dar muerte a los otros. Pudo haber añadido que si el astuto de su padre estuviese vivo, esto no hubiera ocurrido. El experto Huayna Capac no habría dejado que los españoles entrasen en la ciudad, sino que los hubiera enredado y aniquilado en los ásperos vericuetos de la montaña. Pero Atahualpa, más presuntuoso y menos prudente, asumió un riesgo innecesario, y ahora se hallaba prisionero, con su ejército derrotado. Como vulgarmente se dice, fue por lana y salió trasquilado.

El distinguido cautivo fue tratado con la mayor consideración y cuidado. Solo era prisionero por cuanto no podía salir; pero en las espaciosas y alegres habitaciones que se le asignaron tenía todas las comodidades que apetecer podía. Su familia vivía con él; comía en su propia vajilla los mejores alimentos que podían obtenerse, y se le complacía en todos sus deseos, excepto el de salir para llamar a los indios a las armas. El padre Valverde y el mismo Pizarro trabajaron con empeño para convertir a Atahualpa al cristianismo, explicándole la impotencia y la maldad de sus ídolos y el amor y bondad del verdadero Dios, en cuanto les era posible hacérselo entender a un indio, para quien naturalmente un Dios cristiano era incomprensible. No tardó Atahualpa en reconocer la inutilidad de sus dioses, y declaró francamente que no eran más que unos embusteros. Huayna Capac les había consultado, y le dijeron que todavía viviría mucho tiempo; no obstante, Huayna Capac murió en breve. El mismo Atahualpa había ido a preguntar al oráculo si debía atacar a los españoles: el oráculo contestó que sí, y que fácilmente les subyugaría. No es de extrañar que el cacique hubiese perdido la fe en los que hacían semejantes predicciones.

Los españoles recogieron muchas llamas, una considerable cantidad de oro, y un gran acopio de preciosos vestidos de algodón y de pelo de camello. No se les hostigó más, pues los indios sin su reconocido caudillo se hallaban más perdidos de lo que estaría un ejército civilizado sin sus jefes, puesto que el cacique indio está investido de un carácter sacerdotal lo mismo que militar, y su cacique estaba prisionero.

Atahualpa custodiado por guardas en su casa.

Por fin Atahualpa, ansioso de volver a capitanear sus fuerzas a toda costa, hizo una proposición tan estupenda que los españoles a duras penas podían dar crédito a sus oídos. Si le dejaban en libertad, ofrecioles llenar de oro la habitación en que se hallaba prisionero, hasta la altura a que alcanzase con la mano, y otro aposento menor lo llenaría igualmente de plata. La pieza que debía llenarse con vasijas y objetos de oro (no había nada macizo como lingotes), dícese que tenía veintidós pies de largo por diecisiete de ancho; y la altura que marcó el cacique con la mano en la pared era de nueve pies sobre el nivel del suelo.

El rescate de oro

No cabe dudar que Pizarro aceptó esta proposición de buena fe. El carácter del hombre, su religión, las leyes de España y los indicios justificados que nos ofrece su habitual conducta nos inducen a creer que tenía efectivamente la intención de poner en libertad a Atahualpa en cuanto se pagase su rescate. Pero circunstancias posteriores, que él no pudo evitar y por las que no debe culpársele, le obligaron a proceder de otra manera.

Los mensajeros de Atahualpa se diseminaron por el Perú a fin de reunir el oro y la plata necesarios para el rescate. Entretanto Huáscar, el cual se recordará que estaba prisionero en manos de la gente de Atahualpa, al enterarse del arreglo propuesto, envió un mensaje a los españoles exponiendo su cuita y reclamando sus derechos. Pizarro dio órdenes de que fuese conducido a Caxamarca para que expusiese allí su pretensión. El único modo de averiguar cuál de los dos jefes rivales tenía razón era carearlos y pesar sus respectivas pretensiones. Pero esto no le convenía a Atahualpa. Antes de que Huáscar pudiese ser llevado a Caxamarca, fue asesinado por sus guardianes indios, que eran hechura de Atahualpa y, según opinión general, por orden del mismo Atahualpa.

El oro y la plata para el rescate fue llegando poco a poco. Históricamente no cabe dudar cuál era el plan de Atahualpa en aquel arreglo: lo que hacía era simplemente ganar tiempo, hacer que los españoles esperasen y esperasen, hasta que él tuviese reunidas sus fuerzas para rescatarlo, y entonces acabar con los invasores. De esto empezaron a darse cuenta los españoles. Por tentador que fuese el cebo de oro, sospecharon que detrás de él había una trampa. No tardaron en confirmarse sus sospechas. Empezaron a enterarse de que se reunían secretamente las fuerzas indias. Las noticias eran cada vez más ominosas, y ni siquiera el oro que llegaba todos los días y que a veces representaba un valor de 50.000 pesos, les cegaba hasta el punto de no ver el creciente peligro que corrían.

Chalicuchima, uno de los tres generales principales de Atahualpa en el Imperio de los Incas.

Era preciso conocer la situación mejor de lo que podían, estando encerrados en Caxamarca, y al efecto se encargó a Hernando Pizarro que fuese con un pequeño destacamento a explorar por Guamachucho, y después por Pachacamac, distante trescientas millas. Fue aquel un reconocimiento difícil y peligroso, pero en extremo interesante. Su marcha por la meseta de la cordillera fue sumamente penosa. El relato de grandes vías militares no pasaba de ser un mito, aun cuando mucho se había hecho para mejorar las trochas; algo muy parecido al modo primitivo de los Pueblos de Nuevo México, solo que en mayor escala. Las mejoras, sin embargo, solo tuvieron por objeto arreglar las veredas para las pisadas firmes de las llamas; pero con gran dificultad se podía arrastrar y empujar los caballos españoles por los trechos más escabrosos. Lo que muy especialmente llamó la atención de los españoles, fueron los toscos pero seguros puentes colgantes de vástagos con que los indios salvaban angostas pero terribles quebradas; pero aun esos oscilantes pasos eran difíciles de cruzar para los caballos.

Después de algunas semanas de penoso viaje, el destacamento llegó a Pachacamac sin encontrar oposición alguna. Su famoso templo había sido despojado de sus tesoros; pero su renombrado dios —un grotesco ídolo de madera— allí quedaba. Los españoles derrocaron y destruyeron aquel fetiche pagano, y después purificaron el templo y erigieron en él un gran crucifijo, para dedicarlo al verdadero Dios. Explicaron a los indígenas, lo mejor que pudieron, lo que era el cristianismo, y procuraron inducirles a convertirse.

Allí supieron que Chalicuchima, uno de los jefes de guerra subalternos de Atahualpa, estaba en Jauja con una gran fuerza, y Hernando decidió ir a visitarlo. Los caballos se hallaban en mal estado para tan dura jornada, pues se habían desgastado sus herraduras en la reciente marcha, y el herrarlos allí era un problema, porque no había hierro en el Perú. Pero Hernando salió del apuro con un peregrino recurso. Si no había hierro, había en cambio plata en abundancia, y al cabo de poco tiempo los caballos españoles llevaban herraduras de ese precioso metal y estaban en disposición de marchar a Jauja.

Era una jornada difícil; pero valía la pena de hacerla. Chalicuchima decidió espontáneamente ir con los españoles a Caxamarca para consultar con su jefe Atahualpa. En realidad, era justamente lo que él deseaba. Una entrevista personal les permitiría determinar el mejor medio de librarse de aquellos misteriosos extranjeros. Por consiguiente, los aventureros españoles y el astuto subjefe llegaron por fin juntos a Caxamarca.

Mientras tanto, Atahualpa lo había pasado muy ricamente en manos de sus aprehensores. Aun cuando estos tenían motivos para desconfiar —y en efecto desconfiaban— del indio traicionero, no solamente lo trataron humanitariamente, sino con la mayor benevolencia. Vivía lujosamente con su familia y servidumbre, y tenía mucho trato con los españoles. Parece que hicieron cuanto pudieron para ganar su amistad, principio que inspiró siempre la conducta de Pizarro. Los historiadores parciales no pueden contradecir un hecho significativo. Los indios llegaron a considerar a Pizarro y a sus dos hermanos Gonzalo y Juan como amigos, y un indio, que es mucho más suspicaz y observador que nosotros, es una de las últimas personas a quien se puede engañar sobre este punto. Si los Pizarro hubiesen sido los hombres crueles y despiadados que nos han pintado algunos escritores predispuestos y mal informados, los aborígenes hubiesen sido los primeros en notarlo y les hubieran odiado. El hecho de que los pueblos que conquistaron llegaran a ser sus amigos y admiradores, es el mejor testimonio de su humanitarismo y su justicia.

Atahualpa hasta aprendió a jugar al ajedrez y a otros juegos europeos, y aparte de procurarle esos entretenimientos, se puso empeño en hacerle comprender cada día más y mejor los principios del cristianismo. A pesar de todo esto, iba continuamente trabajando en sus hostiles planes.

Hacia últimos de mayo, los tres emisarios que se envió a Cuzco a buscar una parte del rescate volvieron a Caxamarca con un gran tesoro. Solamente del famoso templo del Sol les habían dado los indios setecientas placas de oro, y eso no era sino una parte del tributo de Cuzco. Los mensajeros trajeron de allí doscientas cargas de oro y veinticinco de plata, llevando cada carga cuatro indios en una especie de carretilla de mano. Esta enorme contribución hizo aumentar considerablemente el tesoro destinado al rescate, si bien no se consiguió con ella llenar el aposento hasta la señal indicada y convenida. Sin embargo, Pizarro no era un Shylock. El precio del rescate no

Retrato y firma de Diego de Almagro.

estaba completo, pero era bastante, y el héroe hizo que un notario redactase un documento eximiendo formalmente a Atahualpa de todo pago ulterior, esto es, dándole recibo y finiquito de la cantidad estipulada. Pero se vio obligado a aplazar la liberación del cacique. El asesinato de Huáscar y otros síntomas por el estilo, indicaban que sería una medida suicida el soltar por entonces a Atahualpa. Aun cuando disfrazaba sus intenciones, eran estas muy sospechosas, y Pizarro le dijo que era necesario retenerlo algún tiempo más en rehenes. Sabía muy bien que no estaría seguro dejando libre a Atahualpa, antes de tener una fuerza mayor para resistir el ataque que sin duda este cacique organizaría en el acto. Conocía el carácter vengativo de los indios algo mejor que algunos historiadores de biblioteca.

Almagro, entretanto, había por fin conseguido salir de Panamá con ciento cincuenta infantes y cincuenta caballos, en tres buques, y desembarcando en la costa del Perú llegó a San Miguel en diciembre de 1532. Allí se enteró con asombro del mágico éxito de Pizarro y del botín de oro, y al punto se puso en comunicación con él. Al mismo tiempo su secretario envió a Pizarro una carta traicionera, tratando de crear enemistad y vender a Almagro. Pero el secretario no conocía al hombre a quien se dirigía, pues Pizarro rechazó la despreciable oferta. Verdaderamente, su conducta para con su poco admirable socio, desde el principio hasta el fin, fue más que justa: fue condescendiente, amistosa y magnánima hasta el extremo. Entonces envió a Almagro la reiteración de su amistad, y generosamente le brindó una participación en el campo de oro que había sido conquistado con escasa ayuda de su parte. Almagro llegó a Caxamarca en el mes de febrero de 1533, y fue cordialmente acogido por su antiguo compañero de armas.

Entonces se repartió el cuantioso rescate, tesoro que no se registra igual en la historia. Fue aquel reparto una labor que requería no poca prudencia y pericia. El tributo no consistía en moneda ni lingotes, sino en placas, vasijas, imágenes y otros objetos que variaban grandemente en peso y en ley. Tuvo que reducirse y calcularse todo de conformidad con un tipo regulador. Separáronse algunos de los objetos más notables para enviarlos a España, y se hizo fundir los otros en forma de lingotes, por los artífices indios, quienes emplearon un mes en esa tarea. El producto fue casi fabuloso. Se valuó en 1.326.539 pesos de oro, que en aquella época valían comercialmente cinco veces lo que pesaban, o sea en junto unos 6.632.695 pesos. Además de tan importante cantidad de oro, había 51.610 marcas de plata, que al mismo tipo equivalían a 1.135.420 pesos de nuestra moneda.

Los españoles se habían reunido en la plaza pública de Caxamarca. Pizarro rogó a Dios que le iluminase para repartir aquel tesoro equitativamente, y empezó la distribución. Ante todo se separó una quinta parte del peso total con destino al rey de España, de acuerdo con lo ofrecido por Pizarro en el «contrato». Después de esto, los conquistadores recibieron sus partes por el orden de su categoría. Pizarro recibió 57.222 pesos de oro y 2.350 marcos de plata, además de la silla de oro de Atahualpa, que por su peso valía 25.000 pesos. A su hermano Hernando le tocó 31.080 pesos de oro y 2.350 marcos de plata. A Soto le correspondió 17.749 pesos de oro y 724 marcos de plata. Había en la tropa sesenta jinetes y muchos de ellos recibieron 8.880 pesos de oro y 362 marcos de plata. De los ciento cinco soldados de infantería, varios recibieron la misma cantidad que los de caballería, y los demás una cuarta parte menos. Separóse cerca de 100.000 pesos oro para dotar la primera iglesia del Perú, que fue la de San Francisco. También se dio participación a Almagro y a su gente, así como a los que habían quedado de guarnición en San Miguel. Que Pizarro logró hacer un reparto equitativo lo demuestra el hecho de no haber habido la menor queja, y no eran sus asociados hombres que se quedasen tranquilos si se creyesen lesionados o siquiera lo imaginasen. Ni aun sus difamadores han podido culpar de falta de integridad al valiente conquistador del Perú.

Para dar una forma más gráfica al resultado de tan inesperada y portentosa ganancia, haremos una lista poniendo a cada participación el valor equivalente en dólares americanos:

A la Corona de España		1.553.623 dólares
»	Francisco Pizarro	462.810»
»	Hernando Pizarro	209.100»
»	Soto	104.628»
»	Cada jinete	52.364»
»	Cada infante	26.182»

Todo esto sin contar las fortunas que se repartieron a Almagro y a los suyos y para la iglesia.

Este es el cálculo más aproximado que puede hacerse del valor de aquel tesoro. El estudio del muy complicado y variable sistema de monedas de aquellos tiempos y de sus valores relativos, sería trabajo de toda una vida; pero las cifras que acabamos de dar son virtualmente exactas. El cálculo de Prescott, que da al peso de oro de aquel tiempo un valor equivalente a once dólares de hoy, carece enteramente de fundamento: valía muy cerca de cinco dólares. El marco de plata es mucho más difícil de apreciar, y Prescott ni siquiera lo intenta. El marco no era una moneda, sino un peso, y su valor comercial era entonces de unos veintidós dólares.

Traición y muerte de Atahualpa

Pero en medio de su gozo al ver realizados sus dorados ensueños —y casi podemos imaginar lo grandes que se sentirían al verse ya ricos, después de una vida de pobreza y de sufrimientos—, los españoles se vieron bruscamente sorprendidos por menos placenteras realidades. Las maquinaciones de los indios, de que ya se había sospechado, ahora no daban lugar a dudas. De todas partes llegaban noticias de un levantamiento. Se anunciaba que doscientos mil guerreros de Quito y treinta mil de los caníbales Caribes se habían puesto en camino para caer sobre la pequeña fuerza de los españoles. Rumores de esta clase siempre suelen ser exagerados; pero entonces tenían probablemente fundamento. No otra cosa podía esperar quien estuviese tan familiarizado con el carácter de los indios como lo estaban los españoles. De todos modos, nuestro juicio de lo que sobrevino debe guiarse no solamente por lo que era cierto, sino más bien por lo que los españoles creían que lo era. Ellos tenían motivos para suponer, y no cabe dudar que así lo suponían, que las maquinaciones de Atahualpa atraían una fuerza muy superior contra ellos, y que su vida estaba en inminente peligro. La inmensa riqueza que acababan de adquirir les ponía aun más intranquilos. Es una fase curiosa pero común de la naturaleza humana, que no nos damos cuenta de la mitad de los muchos peligros ocultos que amenazan nuestra vida, hasta que hemos adquirido algo que nos hace la vida más agradable. A menudo vemos cómo un hombre valiente se vuelve de pronto cauteloso, y hasta ridículamente medroso, cuando tiene una esposa querida o algún hijo que cuidar y proteger; y dudo que ningún muchacho travieso haya llegado a los veinte años sin que la posesión de algún pequeño tesoro le haya hecho pensar de momento en las muchas cosas que podrían quitarle el gusto de disfrutarlo. Entonces ve y presiente peligros que antes nunca se le había ocurrido suponer.

Los españoles tenían ciertamente suficientes motivos para temer por su vida, sin pensar en otra cosa; pero la repentina riqueza, que les prometía un brillante y bien ganado porvenir, sin duda agudizaba más sus aprensiones y les acuciaba a hacer más desesperados esfuerzos por salvarse.

No existe ni sombra de un indicio de que Pizarro pensase jamás en hacer traición a Atahualpa, y hay evidentes señales de todo lo contrario. Pero ya sus soldados empezaban a exigir lo que parecía necesario para su protección. Creían que Atahualpa les había traicionado. Había causado la muerte de su hermano Huáscar, el cual estaba dispuesto a ser amigo de ellos, con el fin de que aquella alianza le colocase por encima del poder de su temido rival. Les había ofrecido como cebo un áureo rescate, y con sus dilaciones había ganado tiempo para organizar sus fuerzas con que aplastar a los españoles, y ahora ellos pedían no solo que se le castigase, sino que se le imposibilitase de seguir conspirando. Nadie que se hallase en iguales circunstancias podía rebatir esa lógica; ni aun ahora me parece a mí fuera de razón. No tan solo creyeron que su acusación era justa, sino que probablemente lo era; de todos modos ellos obraron justamente, según los informes que tenían. Tal era su alarma, que se doblaron las guardias, los caballos estaban constantemente enjaezados y los hombres dormían sobre las armas, mientras Pizarro hacía la ronda todas las noches para cerciorarse de que todo estaba en disposición de resistir el ataque que se esperaba de un momento a otro.

Y, sin embargo, en esta crisis el jefe español mostró una varonil renuncia aun a parecer traicionero. Era hombre de palabra, a más de ser humanitario, y le repugnaba faltar a su promesa de poner en libertad a Atahualpa, aun cuando le eximía la conducta del mismo Atahualpa, en completa violación del espíritu del contrato. Pero era imposible substraerse a la exigencia de su gente: debía mirar por sus vidas como por la suya propia y, obligado a elegir entre ellos y Atahualpa, no era dudosa la elección. Pizarro se resistía; pero su tropa insistió, y no tuvo más remedio que ceder. Pero, aun entonces, cuando el enemigo podía presentarse de un momento a otro, exigió que el prisionero fuese formalmente juzgado y cuidó de que se cumpliese este requisito. El tribunal declaró a Atahualpa convicto de haber instigado el asesinato de su hermano y de conspirar contra los españoles, y le condenó a ser ejecutado aquella misma noche. Si se demoraba el cumplimiento de la sentencia, podía llegar la hueste india a tiempo para rescatar a su cacique, y eso aumentaría grandemente la desventaja en que se hallaban los españoles. Por lo tanto aquella noche se le dio garrote a Atahualpa en la plaza de Caxamarca, y al día siguiente recibió sepultura en la iglesia de San Francisco, tributándole las honras debidas a su alto rango. De nuevo se vieron sorprendidos los peruanos, esta vez por la muerte de Atahualpa. Sin la dirección de su jefe guerrero y perdida la esperanza de rescatarlo, vacilaron antes de atacar directamente a los españoles. Se mantuvieron a una distancia segura incendiando aldeas y escondiendo oro y otros artículos que pudieran ser útiles al enemigo; así que, después de todo, aun cuando se había conjurado el peligro inmediato con la ejecución del cacique, la situación presentaba todavía un mal cariz.

Guamán Poma: muerte de Atahualpa que aparece ajusticiado por decapitación cuando, en realidad, lo fue por garrote.

Pizarro, que no tenía de los títulos peruanos una idea más exacta que algunos de nuestros historiadores, con la esperanza de crear un ambiente de paz, nombró capitán de guerra a Toparca, otro de los hijos de Huayna Capac; pero este nombramiento no produjo el efecto que perseguía.

Decidiose entonces emprender la larga y ardua expedición a Cuzco, residencia y principal ciudad de la tribu Inca, de la cual habían oído referir áureos portentos. A principios de septiembre de 1533, Pizarro y su ejército, engrosado ya con el refuerzo de Almagro hasta unos cuatrocientos hombres, salieron de Caxamarca. Fue aquella una jornada preñada de dificultades y peligros. Los angostos y empinados senderos conducían por vertiginosos vericuetos y por puentes colgantes tan difíciles de atravesar como lo fuera una hamaca, y subían por elevadas peñas, donde solo las ágiles llamas podían hallar huecos en que sentar las patas. En Jauja les hizo resistencia gran golpe de indios, atrincherados en la margen opuesta de un torrente recién henchido por las lluvias. Pero los españoles atravesaron la corriente y se lanzaron con tal furia sobre los naturales, que estos no tardaron en ceder.

En aquel lindo valle tuvo Pizarro la idea de fundar una colonia: hizo allí una breve parada y envió a Soto con un destacamento de sesenta hombres a practicar un reconocimiento. En el acto empezó Soto a notar señales ominosas. Halló aldeas incendiadas y puentes destruidos, de modo que se hizo sumamente difícil cruzar aquellas terribles quebradas. Además, donde había sido posible, se amontonaron en el camino troncos de árboles y rocas, impidiendo de ese modo el paso de la caballería. Cerca de Bilcas tuvo una dura refriega con los indios, y aun cuando salieron victoriosos los españoles, perdieron varios hombres. Soto, sin embargo, siguió resueltamente adelante. Mientras la cansada tropa iba trabajosamente subiendo por el empinado y sinuoso desfiladero de Vilcaconga, oyose el aullido de guerra de los indios, y una hueste de guerreros salió de sus escondrijos por detrás de árboles y peñascos, y arremetió furiosamente contra los españoles. La senda era empinada y angosta; a duras penas los caballos podían tenerse en pie, y bajo el empuje de aquel alud de indios, jinetes y caballos fueron rodando cuesta abajo. Los aborígenes les rodearon como un enjambre de abejas, tratando de desarzonar a los soldados y hasta agarrándose desesperadamente a las patas de los caballos, y repartiendo fuertes porrazos con la mayor agilidad. Un poco más arriba de la escabrosa senda había una meseta, y Soto vio claramente que, a menos de ganar aquella posición, estaban perdidos. Con un esfuerzo supremo de músculo y de voluntad logró reunir en aquella altura a su pequeño grupo que luchaba con tan tremenda desventaja, y después de un breve descanso dio una carga contra los indios; pero no pudo quebrantar aquella horrenda, obscura masa. Sobrevino la noche, y los españoles, exhaustos y cubiertos de sangre —pues pocos hombres y caballos habían salido sin heridas de aquel espantoso encuentro—, descansaron como pudieron, sin abandonar las armas. Los indios tenían la seguridad de acabar con ellos al día siguiente, y los mismos españoles abrigaban pocas esperanzas de salvarse. Pero ya muy avanzada la noche oyeron toques de cornetas españolas en el paso de abajo, y poco después abrazaban a sus inesperados compatriotas y daban gracias a Dios por haberles salvado. Y era que Pizarro, conocedor de los primeros peligros que encontraron en su jornada, había despachado apresuradamente a Almagro con un refuerzo considerable de caballería para auxiliar a Soto, refuerzo que, haciendo marchas forzadas, llegó muy oportunamente. Los peruanos, viendo a la mañana siguiente que el enemigo estaba reforzado, no renovaron el combate y se retiraron a las montañas. Los españoles se trasladaron a un sitio más seguro, y allí acamparon para aguardar a Pizarro.

Este no tardó en llegar, después de haber dejado en Jauja el tesoro, bajo la vigilancia de cuarenta hombres. Pero mucho le preocupó el aspecto de la situación. Aquellos organizados y audaces ataques del enemigo, y la súbita muerte de Toparca, de un modo sospechoso, le indujeron a creer que Chalicuchima, segundo capitán de guerra, los traicionaba; y probablemente esto era cierto. Cuando Pizarro se hubo reunido con Almagro, hizo procesar a Chalicuchima; y habiéndosele hallado convicto del delito de traición, fue ejecutado sin demora. No podemos menos de horrorizarnos ante el procedimiento empleado para su ejecución, que fue la hoguera; pero no debemos por eso precipitarnos en juzgar como cruel al individuo responsable de tal pena. Todos aquellos actos deben medirse por comparación y por el espíritu que reinaba en aquella época. Entonces no consideraba el mundo como una crueldad el suplicio de la hoguera, y más de un siglo después, cuando estaba la gente mucho más ilustrada, los cristianos de la Gran Bretaña, de Francia y de la Nueva Inglaterra no pusieron reparo en que se castigase algunos delitos con ese suplicio, y seguramente no diremos que nuestros puritanos antepasados fuesen hombres malvados o crueles. Ahorcaron brujas y azotaron herejes, no por crueldad, sino por la ciega superstición de su tiempo. Ahora nos parece una cosa horrenda; pero entonces no lo parecía, y no debemos esperar que Pizarro fuese mejor y más sabio que los hombres que tenían ventajas que él nunca había tenido. Yo ciertamente preferiría que no hubiese permitido que Chalicuchima pereciese en la hoguera; pero también quisiera que las repugnantes páginas de Salem y de la esclavitud pudiesen borrarse de nuestra historia. Ni en un caso ni en el otro, sin embargo, tildaría yo a Pizarro de monstruo, ni a los puritanos de hombres crueles.

Hallándose en semejante trance, presentóse a Pizarro el Inca Manco, ricamente ataviado, y le propuso una alianza. Pretendía ser el legítimo jefe de guerra, y deseaba que los españoles como tal le reconociesen. Su proposición fue aceptada de buen grado.

Siguiendo adelante, los españoles cayeron en una emboscada en un desfiladero; pero rechazaron a sus agresores, y por fin entraron en Cuzco el 15 de noviembre de 1533. Como «ciudad» india era la mayor del nuevo hemisferio, aunque no mucho mayor que el «pueblo» en México, y sus soberbios edificios y ajuares llenaron de asombro a los españoles. Se encontró gran cantidad de oro en cuevas y otros escondrijos. En un sitio había varios grandes jarrones de oro, figuras de oro y plata que representaban llamas y personas, y ropajes recamados con abalorios de oro y plata. Entre otros tesoros, refiere Pedro Pizarro, testigo presencial y cronista de aquellos hechos, que se halló diez toscas «tablas» de plata de veinte pies de largo, un pie de ancho y dos pulgadas de grueso. La totalidad del botín recogido se evaluó en 580.000 pesos de oro y 215.000 marcos de plata, o sea un equivalente de 7.600.000 pesos de nuestra moneda. Pizarro entonces coronó a Manco como gobernante del Perú, y esto fue muy del agrado de los indígenas. El buen padre Valverde fue nombrado obispo de Cuzco; se estableció una catedral, y los devotos misioneros españoles se dedicaron activamente a educar y convertir a los herejes, tarea que prosiguieron con su acostumbrada eficacia.

Quizquiz, uno de los capitanes de guerra subalterno de Atahualpa y caudillo de alguna valentía, se mantuvo en abierta rebelión. Almagro, con unos cuantos jinetes, y Manco con sus secuaces indígenas, salieron en su persecución y derrotaron a los rebeldes; pero Quizquiz no se rindió y fue muerto por su misma gente.

En marzo de 1534, Pedro de Alvarado, el valeroso teniente de Cortés, a quien se había recompensado por sus servicios en México nombrándole gobernador de Guatemala, desembarcó y se dirigió a Quito, averiguando después que pertenecía al territorio de Pizarro. Hízose un convenio entre los dos: se le dio a Alvarado una compensación por su infructuosa jornada, y se volvió de nuevo a Guatemala.

Dedicose con ahinco Pizarro al desenvolvimiento del país que había conquistado y a poner los cimientos de una nación. El día 6 de enero de 1535 fundó la Ciudad de los Reyes en el hermoso valle de Rímac. Ese nombre se cambió poco después por el de Lima, y Lima, capital del Perú, ha seguido siendo desde entonces. El insigne conquistador empezaba a mostrar otra faceta de su carácter: su genio como organizador y administrador. Emprendió con mucha energía la tarea de urbanizar a Lima, y en la dirección de todos los asuntos de su incipiente gobierno mostró tener mucha previsión y prudencia.

En el ínterin, su hermano Hernando había sido comisionado para ir a llevar el tesoro a la Corona de España, adonde llegó en enero de 1534. Además de la quinta parte que a la Corona correspondía, llevó medio millón de pesos de oro, pertenecientes a los aventureros que habían preferido gozar su dinero en casa. Hernando causó en España muy favorable impresión. La Corona confirmó todas las mercedes que había concedido a Pizarro y extendió su territorio setenta leguas más al sur; mientras que a Almagro se le autorizó a conquistar a Chile (que se llamaba entonces Nueva Toledo), empezando al extremo sur del dominio de Pizarro y hasta doscientas leguas más allá. Hernando fue armado caballero y se le encomendó una expedición: una de las más numerosas y mejor equipadas que habían salido de España. Tuvieron un tiempo horrible en la travesía hasta el Perú, y muchos perecieron durante el viaje.

De cómo se fundó una nación. Sitio de Cuzco

Pero, antes de que Hernando llegase al Perú, uno de su séquito llevó allá a Almagro la noticia de su adelantamiento, y esta prosperidad le hizo perder la cabeza a aquel grosero y poco escrupuloso soldado. Olvidándose de todos los favores de Pizarro y de que a este debíale cuanto era, el falso amigo en el acto se impuso como amo y señor de Cuzco.

Fue esta una vergonzosa ingratitud y bellaquería, y estuvo a punto de producir una guerra civil entre los españoles. Pero la lenidad de Pizarro orilló al fin la dificultad, y el día 12 de junio de 1535 los dos caudillos renovaron su amistoso convenio. Marchó poco después Almagro para emprender la conquista de Chile, en lo cual fracasó, y Pizarro dedicó de nuevo su atención al desenvolvimiento de su conquistada provincia.

En los pocos años de su carrera administrativa obtuvo Pizarro notables resultados. Fundó varias ciudades en la costa, y a una de ellas le dio el nombre de Trujillo, en memoria de su pueblo natal. Sobre todo deleitose en urbanizar y hermosear su predilecta ciudad de Lima, y en fomentar el comercio y otros factores necesarios para el desenvolvimiento de la nueva nación. Un contraste muy notable pone en evidencia lo acertadas que eran sus disposiciones. Cuando los españoles llegaron por vez primera a Caxamarca, un par de espuelas costaba 250 pesos de oro. Unos cuantos años antes de la muerte de Pizarro, la primera vaca que se llevó al Perú se vendió en 10.000 pesos; y dos años después podía comprarse allí la mejor vaca en menos de 200. La primera barrica de vino se vendió en 1.600 pesos; pero tres años después se consumía vino del país en vez del importado, y podía obtenerse en Lima a un precio módico. Lo mismo puede decirse de todo lo demás. Se había vendido una espada en 250 pesos; una capa en 500; un par

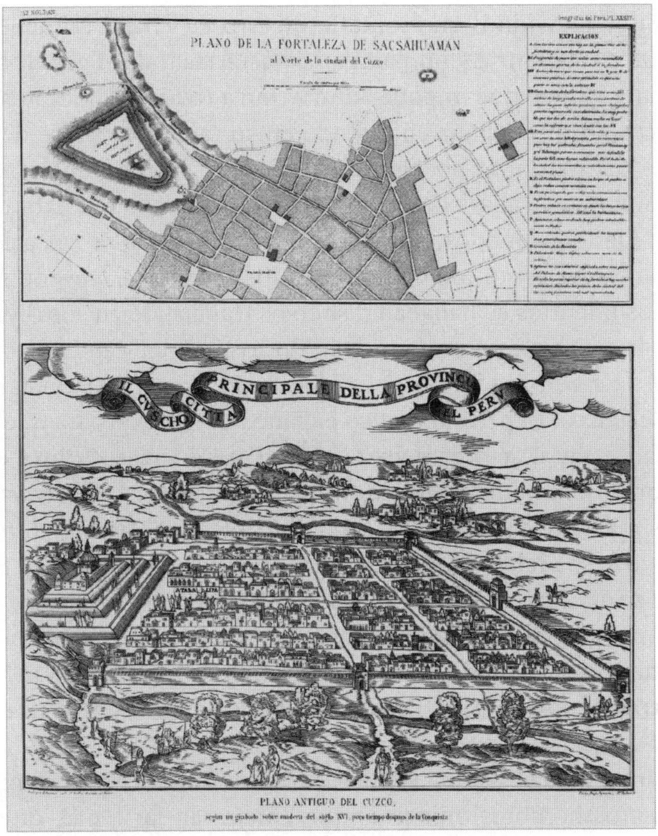

Plano de Cuzco sacado de un grabado xilográfico del siglo XVI, poco después de la conquista.

de zapatos, en 200; un caballo, en 10.000; pero bastaron dos o tres años de la sorprendente aptitud administrativa de Pizarro para poner los artículos de primera necesidad al alcance de todo el mundo. No tan solo fomentó el comercio, sino también la industria del país, y desarrolló la agricultura, la minería y las artes mecánicas. En suma, estaba poniendo en práctica con gran éxito el principio general de los españoles de que la principal riqueza de un país no consiste en su oro, o en sus bosques, o en sus tierras, sino en su pueblo. El empeño de los exploradores españoles en todas partes, fue educar, cristianizar y civilizar a los indígenas, a fin de hacerlos dignos ciudadanos de la nueva nación, en vez de eliminarlos de la faz de la tierra para poner en su lugar a los recién llegados, como por regla general ha sucedido con otras conquistas realizadas por algunas naciones europeas. De vez en cuando hubo individuos que cometieron errores y hasta crímenes, pero un gran fondo de sabiduría y humanidad caracteriza todo el generoso régimen de España, régimen que impone admiración a todos los hombres varoniles.

Mientras Pizarro estaba enfrascado en su tarea, Manco se desenmascaró. No es del todo improbable que desde un principio hubiese meditado la traición y que se aliase con los españoles simplemente para tenerlos en su poder. De todos modos, entonces se escabulló, sin provocación alguna, para ir a levantar gente con que atacar a los españoles, creyendo que podía someterlos mientras se hallaban dispersos trabajando en sus diversas colonias. Los indios leales avisaron a Juan Pizarro, el cual capturó y aprisionó a Manco. A la sazón llegó de España Hernando Pizarro, y Francisco le dio el mando de Cuzco. El pérfido Manco engañó a Hernando para que le pusiese en libertad, y en el acto comenzó a reunir sus fuerzas. Contra él se envió a Juan con sesenta jinetes, quienes por fin hallaron en Yucay varios miles de indios mandados por Manco. En un terrible combate que duró dos días, lograron los españoles mantenerse firmes, si bien con muchas pérdidas, y entonces se alarmaron con la noticia que les trajo un mensajero de que los indios habían sitiado a Cuzco. A marchas forzadas llegaron aquella noche a la ciudad, que hallaron rodeada por numerosa hueste. Los indios les dejaron entrar, sin duda en su deseo de tenerlos a todos en la ratonera, y en seguida atacaron a la malhadada urbe.

Hernando y Juan estaban, pues, encerrados en Cuzco. Tenían menos de doscientos hombres, mientras que afuera, en las lomas de cerca y de lejos, lucían las fogatas del enemigo, tan innumerables que parecían «un cielo estrellado». Por la mañana temprano, en febrero de 1536, comenzó el ataque. Los indios arrojaron dentro de la ciudad bolas de fuego y flechas ardiendo, con las cuales lograron pegar fuego a las bardas de los techos. Los españoles no podían apagar aquel fuego, que duró varios días. Del único modo que pudieron salvarse de perecer quemados o asfixiados, fueron apiñándose todos en la plaza pública. Hicieron varias salidas; pero los indios habían clavado estacas y puesto otros obstáculos que entorpecían la marcha de los caballos.

No obstante, los españoles desembarazaron el camino bajo un terrible fuego y dieron una valiente carga, que fue rechazada con igual valentía.

Eran expertos los indios no tan solo en el manejo del arco, sino también de la reata; así es que con el lazo lograron cazar a muchos españoles, a quienes dieron muerte. La carga hizo retroceder un trecho a los indígenas, pero costándoles esto muy caro a los españoles, quienes tuvieron que internarse de nuevo en la ciudad. Mas no se les dio punto de reposo; los indios los acosaron con repetidos ataques, y la situación tomó muy mal cariz. Francisco Pizarro estaba sitiado en Lima; Jauja también se hallaba bloqueada, y los españoles, en las pequeñas colonias, habían sido sometidos y asesinados. Sus ensangrentadas cabezas fueron arrojadas al interior de Cuzco y rodaron a los pies de sus horrorizados compatriotas. Tan desesperado les parecía el trance en que se hallaban, que muchos proponían que saliesen en masa para abrirse paso a través de los indios y ganar la costa; pero Hernando y Juan no quisieron escucharles.

Cuzco dibujado por Guamán Poma. Pese a su estilo ingenuo se reconoce la distribución de los espacios y la ubicación de edificios emblemáticos.

Sobre el cerro que domina la ciudad de Cuzco estaba la notable fortaleza Inca de Sacsayhuaman, que todavía existe. Es una obra ciclópea. Por el lado que mira a la ciudad el casi inexpugnable cerro se hizo inexpugnable del todo construyendo en él una inmensa muralla de mil doscientos pies de largo y de mucho espesor. Al otro lado del cerro el suave declive estaba protegido por dos murallas, levantadas una más arriba de la otra, de mil doscientos pies de largo cada una. Las piedras de esas murallas estaban trabadas con notable pericia, y algunas de ellas medían treinta y ocho pies de largo, dieciocho de ancho y seis de grueso. Y lo más sorprendente era que se habían sacado de una cantera que se hallaba a doce millas de distancia, y las habían transportado los indios al sitio en que estaban colocadas. Finalmente, la cima del cerro estaba defendida por dos grandes torres de piedra.

Esta imponente fortaleza de los aborígenes se hallaba en poder de los indios y les permitía hostigar a los españoles sitiados de un modo más eficaz. Era necesario desalojarlos de aquella posición. Como medida preliminar para ver realizada esa última esperanza, salieron tres destacamentos al mando de Gonzalo Pizarro, Gabriel de Rojas y Hernando Ponce de León, para echar de allí a los indios. La lucha fue desesperada. Los indios trataron de aplastar a sus enemigos con la furiosa acometida de su mayor número; pero al fin los españoles obligaron a la tenaz hueste a ceder el terreno, y se retiraron a la ciudad.

Para el asalto de la fortaleza de Sacsayhuaman se eligió a Juan Pizarro, y no podía confiarse tan aventurada empresa a más valiente caballero. Saliendo de Cuzco a la puesta del sol con su pequeña fuerza, Juan dio un rodeo como si fuese a forrajear; pero en cuanto oscureció, dio la vuelta y se dirigió apresuradamente a Sacsahuaman. La gran fortaleza estaba sumida en la oscuridad y en el silencio. Se había cerrado su poterna con grandes piedras, trabadas como las macizas murallas, y el separarlas sin hacer ruido fue tarea difícil para los españoles. Cuando al fin pudieron pasar y se hallaron entre las dos gigantescas murallas, cayó sobre ellos una horda de indios. Juan dejó la mitad de su fuerza peleando con ellos y con la otra mitad abrió la poterna de la segunda muralla que había sido cerrada de igual manera. Cuando los españoles lograron apoderarse de la segunda muralla, los indios se refugiaron en las torres, y se hizo necesario asaltar estas últimas y peligrosísimas defensas. Los españoles acometieron con aquel característico valor quc no se rendía ante ningún obstáculo de la naturaleza o de los hombres; pero en la primera arremetida sufrieron una pérdida irreparable. El denodado Juan Pizarro había sido herido en la quijada, y su yelmo le molestaba tanto la herida que se lo quitó y dirigió el asalto con la cabeza descubierta; en la lluvia de proyectiles que arrojaban los indios, una roca le dio con fuerza en la cabeza y lo derribó al suelo. Pero aun tendido agonizante en un charco de sangre, daba alientos a sus hombres y les acuciaba a seguir adelante, mostrando hasta el fin su intrepidez española. Fue cuidadosamente conducido a Cuzco, donde se le prodigó toda clase de atenciones: pero la fractura de su cráneo no tenía remedio, y después de unos pocos días de agonía se apagó para siempre aquella fluctuante vida.

Los indios continuaron dueños de su fortaleza; y, dejando a su hermano Gonzalo encargado de la defensa de la sitiada Cuzco, Hernando Pizarro salió con una nueva fuerza a dar un nuevo ataque a las torres de Sacsayhuaman. Fue aquel un asalto furibundo; pero al fin afortunado. Pronto se apoderaron de una torre; pero en la otra, que era la más fuerte, el resultado fue por algún tiempo dudoso. Entre sus defensores llamaba la atención un corpulento e impertérrito indio, que arrojaba a los españoles por encima de las escalas a medida que trepaban por ellas para tomar la torre. Su valor llenó de admiración a los soldados. Siendo ellos mismos unos héroes, sabían ver y respetar el heroísmo hasta en sus enemigos. Hernando dio órdenes estrictas de que no se lastimase a aquel indio; había que sujetarlo, pero no herirlo. Colocáronse varias escalas en diferentes lados de la torre, y los españoles acometieron simultáneamente, mientras Hernando a voces intimaba al indio a que se rindiese, prometiéndole que no se le haría daño. Pero aquel Hércules de color bazo, viéndolo todo perdido, se cubrió la cara y la cabeza con el manto, y se arrojó desde lo alto de la torre, quedando muerto en el acto.

Sacsayhuaman cayó en poder de los españoles, aunque con grandes pérdidas, y con ello disminuyó materialmente el poder ofensivo de los indígenas. Hernando dejó en la fortaleza una pequeña guarnición y regresó a la ciudad asediada, para sufrir allí con sus compañeros las duras peripecias del sitio. Este duró cinco meses, que fueron cinco meses de terribles sufrimientos y peligros. Manco y su hueste rodeaban la ciudad, cuyos habitantes perecían de hambre; caían con mortal furia sobre los grupos que, impulsados por el hambre, salían en busca de alimento, y hostilizaban sin cesar a los supervivientes. Todos los colonos españoles que vivían fuera de la ciudad fueron asesinados, y la situación iba de mal en peor.

Francisco Pizarro, sitiado en Lima, había rechazado a los indios gracias a las favorables condiciones del país; pero los naturales andaban constantemente por los alrededores. Causábanle mucha ansiedad sus compatriotas de Cuzco, y envió cuatro expediciones sucesivas, que en junto sumaban cuatrocientos hombres, para prestarles auxilio. Pero estos fueron sucesivamente sorprendidos en emboscadas en los pasos de las montañas, y casi todos perecieron. Dícese que en aquella guerra desigual murieron setecientos españoles. Algunos de los sitiados pedían que se les permitiese ir hasta la costa, embarcarse y huir de aquella mortífera tierra; pero Pizarro no consentía que se le hablase de abandonar a sus valientes compatriotas de Cuzco, y decidió apoyarlos y salvarlos, o sufrir la misma suerte. Para quitar a los egoístas toda tentación de fugarse, despachó todos los buques con cartas a los gobernadores de Panamá, Guatemala, México y Nicaragua, explicando la desesperada situación en que se hallaban y pidiendo auxilio.

Por fin, en agosto, Manco levantó el sitio de Cuzco. Su numerosa hueste consumía los recursos del país, y a menos que los habitantes volviesen a sus plantaciones no tardaría en dejarse sentir el hambre. En consecuencia, envió muchos de los indios a trabajar en sus campos; dejó una considerable fuerza para vigilar y hostilizar a los españoles y se retiró a uno de sus fuertes con una buena guarnición. Entonces tuvieron los españoles mejor fortuna en

Manco, protagonista del levantamiento y resistencia de Cuzco.

sus salidas para forrajear, y pudieron librarse del hambre; pero los indios que estaban en acecho los atacaban constantemente, copando hombres y pequeños grupos sin darles respiro. La hostilidad era tan continua y desastrosa que, para ponerle coto, concibió Hernando el atrevido plan de apoderarse de Manco en su propia fortaleza. Saliendo con ochenta de sus mejores jinetes y alguna infantería, realizó una marcha larga y tortuosa con la mayor cautela y sin dar la alarma. Atacando la fortaleza al romper el día, pensó tomarla por sorpresa; pero detrás de aquellas tremendas murallas los indios lo estaban acechando, y levantándose súbitamente lanzaron sobre los españoles una espesa lluvia de proyectiles. Con el valor de la desesperación aquel puñado de soldados se lanzó por tres veces al asalto; pero tres veces también el excesivo número de salvajes les obligó a retroceder. Entonces los indios abrieron las compuertas de las presas más altas e inundaron el campo; y los españoles, diezmados y ensangrentados, se batieron en retirada, perseguidos de cerca por los regocijados enemigos. En aquella hora terrible, Pizarro fue traicionado por el hombre que, más que ningún otro, debió serle leal; por el vulgar traidor Almagro.

Obra de traidores

Almagro había penetrado en Chile, sufriendo grandes penalidades al cruzar las montañas. De nuevo dio muestra de cobardía, pues, descorazonado desde el principio, retrocedió, regresando al Perú. Parece como si hubiese decidido que le sería más cómodo robar a su camarada y bienhechor que llevar a cabo por sí mismo una conquista, especialmente sabiendo la situación en que a la sazón se hallaba Pizarro. Este, enterado de su regreso, salió a recibirlo. Manco atacó a los españoles en el camino; pero fue rechazado después de una encarnizada lucha.

A pesar de los sensatos argumentos de Pizarro, Almagro no quiso abandonar su plan. Insistió en que se le cediese Cuzco, la ciudad principal, bajo pretexto de que estaba al sur del territorio concedido a Pizarro; en realidad se hallaba situada dentro de los límites que a Pizarro concedió la Corona; pero esto no era óbice para un hombre como él. Por fin se convino en una tregua hasta que una comisión pudiese medir y demarcar la frontera sur de las tierras de Pizarro. En el ínterin se comprometió Almagro, con un solemne juramento, a tener los cepos quedos. Pero no era hombre capaz de mantener su juramento ni su palabra de honor; así fue que, en la oscura y tempestuosa noche del 8 de abril de 1537, se apoderó de Cuzco, mató a los centinelas e hizo prisioneros a Hernando y Gonzalo Pizarro. Iba entonces Alonso de Alvarado en auxilio de Cuzco con bastante fuerza; pero, traicionado por uno de sus oficiales, fue hecho prisionero con todos sus hombres por Almagro.

En tan crítica situación, Pizarro reanimóse con la llegada de su antiguo valedor, el licenciado Espinosa, con doscientos cincuenta hombres y un cargamento de armas y provisiones que le enviaba su primo Hernán Cortés. Salió con dirección a Cuzco; pero al saber la pasmosa noticia de la descarada traición de Almagro, regresó a Lima y fortificó su pequeña capital. Tenía

Capitulo.cxxxv. De como Almagro tomo por fuerça el Cuzco alos Piçarros, y comiençan las guerras ciuiles entre ellos.

Stando Almagro guerreando a Chile, llego Juan de Rada con las prouissiones de
gouernacion, que hauia traydo Fernando Piçarro: con las quales (aunque le costa
la vida) se holgo mas que con quanto oro, ni plata hauia ganado: ca era codicioso de h
ra. Entro en consejo con sus capitanes sobre lo que hazer deuia: y resumiose con par
cer delos mas, de boluer al Cuzco a tomar en el (pues en su iuridicion cabia) la posse
gouernacion. Bien huuo muchos que le dixeron y rogaron poblasse alli, o enlos Charc

Diego de Almagro tomó por fuerza el Cuzco.

verdaderos deseos de evitar un derramamiento de sangre, y en vez de marchar con un ejército a castigar al traidor, envió una embajada, en la que iba Espinosa, para tratar de traer a Almagro a la razón y la decencia. Pero aquel vulgar soldado era refractario a todos los argumentos. No tan solo rehusó entregar Cuzco, sino que con mucha frescura anunció su determinación de apoderarse también de Lima. Espinosa murió repentina y oportunamente en el campamento de Almagro, y Hernando y Gonzalo Pizarro hubieran sido ejecutados, a no ser por los esfuerzos de Diego de Alvarado (hermano del héroe de la «Noche Triste»»), el cual evitó que Almagro añadiese esta crueldad a sus vergonzosos actos. Hacia la costa marchó después Almagro para fundar un puerto, dejando a Gonzalo bajo una fuerte guardia en Cuzco y llevándose a Hernando como prisionero. Mientras construía la ciudad, a la que dio su nombre, Gonzalo Pizarro y Alonso de Alvarado se escaparon y llegaron sanos y salvos a Lima.

Todavía Francisco Pizarro trató de evitar el llegar a las manos con el hombre que, aun cuando ahora había sido traidor, fue en otro tiempo su camarada. Al fin se concertó una entrevista, y los dos jefes se apersonaron en Mala. Almagro agasajó hipócritamente al hombre a quien había traicionado; pero Pizarro era hombre de otra fibra. No deseaba tener enemistad con su antiguo amigo; pero tampoco podía profesar amistad a semejante persona. Recibió con digna frialdad la falsa acogida de Almagro. Acordose someter la cuestión al fallo arbitral de fray Francisco de Bobadilla, y que ambos contendientes respetasen su decisión. El árbitro falló por fin que se enviase un buque a Santiago, y desde allí midiese con dirección al sur para determinar el límite exacto de la concesión de Pizarro por aquel lado. Entretando, Almagro debía entregar a Cuzco y poner en libertad a Hernando Pizarro. El usurpador rehusó acatar tan equitativo fallo, violando nuevamente todo principio de honor. Hernando Pizarro estaba en inminente peligro de morir asesinado, y Francisco, queriendo salvar a su hermano a toda costa, compró su libertad a cambio de la cesión de Cuzco.

Almagro mata a Pizarro el Mozo.

Al fin, agotada ya la paciencia de Pizarro por los repetidos actos de traición de Almagro, le dio aviso de que había terminado la tregua, y emprendió la marcha sobre Cuzco. Almagro hizo cuantos esfuerzos pudo para defender su robada presa; pero a cada paso le venció la táctica militar de Pizarro. Además estaba minado por una vergonzosa enfermedad, castigo de su licenciosa vida, y tuvo que confiar la campaña a su teniente Orgóñez. El día 26 de abril de 1538, los españoles leales al mando de Hernando y Gonzalo Pizarro, Alonso de Alvarado y Pedro de Valdivia, tuvieron un contacto con las fuerzas de Almagro en Las Salinas. Hernando hizo decir misa, excitó a sus hombres exponiéndoles la conducta de Almagro y dirigió una carga contra los rebeldes. Siguió una terrible lucha; pero finalmente

Orgóñez fue muerto, y sus secuaces no tardaron en ser derrotados. Los españoles victoriosos se apoderaron de Cuzco e hicieron prisionero al architraidor. Fue juzgado y convicto de traición, pues traicionando a Pizarro había sido también traidor a España, y se le sentenció a muerte. El hombre que en alguna circunstancia mostró tener algún valor físico, fue un cobarde en el postrer momento. Con la mayor pusilanimidad pidió que le perdonasen la vida; pero la pena era justa, y Hernando Pizarro rehusó revocar la sentencia. Francisco Pizarro había salido para Cuzco; pero antes de llegar, ya Almagro había sido ejecutado, quedando vengada una de las más viles traiciones que registra la historia. A Pizarro le impresionó profundamente la noticia de la ejecución, pero no pudo menos de comprender que se había hecho justicia. Movido de sus naturales impulsos, Pizarro se hizo llevar a su casa a Diego de Almagro, hijo ilegítimo del traidor, y le atendió como si fuese su propio hijo.

Hernando Pizarro volvió a España. Allí se le acusó de haber cometido crueldades, y el Gobierno de España, más pronto que ningún otro a castigar delito de esta clase, le condenó a presidio. Durante veinte años el encanecido prisionero vivió entre rejas en Medina del Campo; y cuando salió de allí, su período de actividad se había agotado, aun cuando llegó a vivir cien años.

La situación en el Perú, si bien mejoró con la muerte de Almagro y la sofocación de su malvada rebelión, distaba mucho de ofrecer seguridad. Manco estaba revelando lo que desde entonces se ha considerado como táctica característica de los indios. Había visto que el sistema primitivo de acometer al enemigo en masa para aplastarle bajo el peso del mayor número, se estrellaba contra la disciplina. Por lo tanto adoptó la táctica del hostigamiento y la emboscada; la práctica de matar por detrás, que nuestros Apaches aprendieron del mismo modo. Andaba siempre atisbando a los españoles, como un lobo a un rebaño, esperando ocasión para lanzarse sobre ellos cuando estuviesen descuidados, o cuando unos pocos se hallasen separados del cuerpo principal. Es ese un medio eficaz de hacer la guerra y el más difícil de combatir. Muchos de los españoles fueron víctimas de él: de una simple redada cogió y mató a treinta de ellos. Era inútil perseguirlo: las montañas le ofrecían un retiro inexpugnable. Como único medio de librarse de su persecución, Pizarro adoptó un nuevo procedimiento. En los distritos más peligrosos estableció puestos militares; alrededor de estos sitios seguros crecieron rápidamente algunas ciudades, y así la gente pudo vivir tranquila. Llegaban emigrantes al país, y el Perú iba formando con ellos y con los indígenas educados una nación civilizada. Pizarro importó toda clase de semillas de Europa, y la agricultura fue allí una nueva y adelantada industria.

Además de este desarrollo de aquella nueva y pequeña nación, Pizarro iba ensanchando los límites de las exploraciones y conquistas. A ellas envió al valiente Pedro de Valdivia, aquel hombre notable que conquistó Chile e hizo allí historia, que se hallaría llena de espeluznante interés si tuviésemos aquí espacio para narrarla. También envió a su hermano Gonzalo como gobernador de Quito, en 1540. Esta expedición fue uno de los hechos más asombrosos y característicos de la exploración de los españoles en América, y quisiera disponer de espacio suficiente para relatar aquí toda su historia. Durante dos años, el caballeroso jefe y su puñado de hombres sufrieron penalidades *sobrehumanas*. Algunos murieron helados en las nieves de los Andes; otros de calor en las desiertas llanuras, y los demás se internaron en las pantanosas selvas de la parte superior del río Amazonas. Un terremoto engulló una ciudad india de centenares de casas ante sus propios ojos. Paso a paso tuvieron que abrirse camino con sus machetes por las exuberantes selvas tropicales. Construyeron un pequeño bergantín con indecible trabajo, prestando Gonzalo su ayuda lo mismo que los demás, y bajaron por el Napo hasta el Amazonas. Francisco de Orellana y cincuenta hombres no pudieron reunirse con sus compañeros, y bajaron flotando por el Amazonas hasta el mar, volviendo a España los supervivientes.

Arresto y muerte de Almagro.

Gonzalo tuvo por último que volver trabajosamente a Quito, jornada que llevó a cabo en medio de incomparables horrores. De los trescientos valientes que tan alegremente habían salido en 1540 (sin contar los cincuenta de Orellana), entraron tambaleándose en Quito, en junio de 1542, solamente ochenta esqueletos desarrapados. Esto dará una ligera idea de lo que habían sufrido aquellos infelices.

Entretanto, una calamidad irreparable cayó sobre aquella joven nación, y de un golpe villano le arrebató una de sus más heroicas figuras. Los viles secuaces que participaron en la traición de Almagro, habían sido perdonados y se les trató bien; pero no cambió su carácter y continuaban conspirando contra el hombre sabio y generoso que les había dado cuanto tenían. Hasta Diego de Almagro, a quien Pizarro atendiera tiernamente como a un hijo, se unió a los conspiradores. El cabecilla se llamaba Juan de Herrada. El domingo 26 de junio de 1541, aquella partida de asesinos se abrió paso súbitamente y penetró en la casa de Pizarro. Las personas desarmadas que en ella se hallaban huyeron en busca de auxilio, y los fieles servidores que opusieron resistencia fueron asesinados. Pizarro, su hermanastro Martínez de Alcántara y un probado oficial que se llamaba Francisco de Chaves,

Estocada mortal que acabó con la vida de Pizarro.

tuvieron que afrontar solos el combate. Como fueron cogidos por sorpresa, Pizarro y Alcántara trataron de vestirse apresuradamente la armadura, mientras ordenaban a Chaves que cerrase la puerta. Pero, sin darse cuenta, el soldado la entreabrió para parlamentar con los villanos, y estos le atravesaron con la espada y a puntapiés arrojaron su cadáver por la escalera. Alcántara se lanzó a la puerta y luchó heroicamente, sin arredrarse por las numerosas heridas que recibía. Pizarro, echando a un lado la armadura, que no tuvo tiempo de vestirse, se lio una manta al brazo izquierdo para escudarse, y cogiendo con la otra la buena espada que había blandido en tantas luchas desesperadas, saltó como un león sobre aquella manada de lobos. Era ya viejo, y tantos años de sufrimientos y penalidades le habían quebrantado. Pero su gran corazón no había envejecido, y peleó con un valor sobrehumano y con sobrehumana fuerza. Su rápida espada atravesó a los dos que iban delante, y por un momento vacilaron los traidores. Pero Alcántara había caído, y turnándose para cansar al anciano héroe, los cobardes le acosaban sin cesar. Durante algunos minutos prosiguió aquella lucha desigual en el angosto pasillo, cuyo suelo hacía resbaladizo la sangre derramada: un anciano lleno de canas y de brillantes ojos, contra una veintena de bandidos. Al fin Herrada cogió en sus brazos a su camarada Narváez y, protegido por aquel escudo viviente, arremetió contra Pizarro. Este atravesó a Narváez con varias estocadas; pero en el mismo instante uno de aquellos asesinos le hirió en la garganta. El conquistador del Perú vaciló y cayó, y los conspiradores hundieron en su cuerpo sus espadas. Pero aun entonces aquella voluntad de hierro hizo que el cuerpo obedeciese el último sentimiento de un gran corazón, e invocando a su Redentor, Pizarro mojó un dedo en su propia sangre, trazó en el suelo una cruz, doblegose y besando el sagrado símbolo, expiró.

Así vivió y así murió el hombre que empezó la vida como porquerizo en Trujillo y la acabó como conquistador del Perú. Fue el más grande de los exploradores; un hombre que de modestos principios se elevó más alto que nadie; un hombre en quien se ha cebado la maledicencia y la calumnia de los historiadores apasionados; pero un hombre a quien la historia, sin embargo, colocará en una de sus más altas hornacinas; un héroe a quien se gozarán algún día en venerar cuantos admiren el heroísmo.

Tal fue la conquista del Perú. De la historia romántica que allí siguió, nada puedo decir aquí; no puedo, pues, hablar de la lamentable caída del valiente Gonzalo Pizarro; del notable Pedro de la Gasea; del ascenso del gran Mendoza al virreinato, ni de cien otros capítulos de una historia que fascina. Solo he querido dar al lector una idea de lo que era realmente una conquista española en punto a superlativo heroísmo y sufrimientos. Fue la de Pizarro la conquista más grande; pero no son muchas otras inferiores en heroísmo y penalidades, sino únicamente en genio; y la historia del Perú es muy parecida a la historia de las dos terceras partes del Nuevo Mundo.

Índice onomástico

Índice toponímico

Otros títulos en esta colección

- *Leones del mar. La Real Armada española en el siglo* XVIII.
  Guillermo Nicieza Forcelledo.
- *Anclas y ballonetas. La Infanteria de Marina española en el siglo* XVIII.
  Guillermo Nicieza Forcelledo.
- *Castilla imperial.*
  VV.AA.
- *Presidio. La historia documentada de 300 años en la frontera norte.*
  Jorge Luis García Ruiz
- *La vuelta al mundo maldita.*
  Tomás Mazón
- *Las arterias del mundo. Una historia de la humanidad a través de los ríos.*
  Luis E. Íñigo
- *La conquista del océano. La carrera por las especias entre España y Portugal.*
  David Ramírez Muriana
- *España mi natura. Vida, honor y gloria en los Tercios.*
  Juan Víctor Carboneras
- *Tercios de España. La infantería legendaria.* Fernando Martínez Laínez y José María Sánchez de Toca
- *Matanzas, 1628. La captura de la flota de Nueva España de Juan de Benavides Bazán.* Rafael Castro Rodríguez.
- *Expediciones científicas españolas del siglo* XVIII.
  Agustín R. Rodríguez González